seth

NEUE BOTSCHAFTEN ÜBER DIE REALITÄT DER WELT

CASANDRA SMITH / MARK FROST

seth

NEUE BOTSCHAFTEN ÜBER DIE REALITÄT DER WELT

Aus dem Englischen übersetzt von Jochen Lehner

Ansata

Die amerikanische Originalausgabe erschien 2004
unter dem Titel »9/11 The Unknown Reality of the World«
im Verlag Seth Returns Publishing, San Rafael, USA.

FSC
Mix
Produktgruppe aus vorbildlich bewirtschafteten Wäldern und anderen kontrollierten Herkünften
Zert.-Nr. SGS-COC-1940
www.fsc.org
© 1996 Forest Stewardship Council

Verlagsgruppe Random House FSC-DEU-0100
Das für dieses Buch verwendete
FSC-zertifizierte Papier *Munken Premium Cream*
liefert Arctic Paper Munkedals AB, Schweden.

Ansata Verlag
Ansata ist ein Verlag der Verlagsgruppe Random House GmbH

ISBN 978-3-7787-7335-2

1. Auflage 2007

Einbandgestaltung: SWSP Design, München
Layout/Herstellung: Ursula Maenner
Gesetzt aus der Slimbach bei Leingärtner, Nabburg
Druck und Bindung: GGP Media GmbH, Pößneck

Inhalt

Vorwort

Casandra 9
Mark 14
Seth 21

Einleitung 27

1 Der Lebensplan

Übergänge 32
Lebensrückblick und der nächste Entwicklungsschritt 37
Die Abmachung und wie man aus Verlusten lernt . 42
Tod durch eigene Hand 44
Schuldgefühle 47
Negative Energien 50
Übung 1: Die Schachtel 52

2 Ihr seid eins

Die Wirklichkeit der Seele 55
Schwarz und Weiß 56
Übung 2: Mit Fremden sprechen 60
Kulturen 60
Wut und Hass 62
Über Schmerz und Verlust hinaus 64
Übung 3: Gedanken und Überzeugungen abklopfen 66

3 Gemeinsame Evolution

Eigenverantwortung 67
Gefährliche Zeiten 69
Natürliche Impulse 71
Euer Punkt der Kraft: Jetzt 74
Übung 4: Der Punkt der Kraft 76

4 Eine Welt in Aufruhr – und wie ihr zu helfen ist

Wirtschaftsvandalismus und Globalisierung 77
Die Zeit drängt 80
Kleine Schritte 82
Altes Wissen wieder neu 84
Übung 5: Das ganze Land heilen 87

5 Eine neue Zukunft schaffen

Toleranz 89
Kulturgebundene Überzeugungen infrage stellen 91
Übung 6: Glaubenssätzen auf die Spur kommen 93
Was die Mächtigen glauben 94
Eure Verbindung zu anderen Lebensformen 98
Die Zukunft wird umgeschrieben 102

6 Religion als Mittel der Unterdrückung

Religiöser Glaube 104
Der Gott des Menschen 106
Gott ist, was ihr seid 109
Die Manipulation spiritueller Wahrheiten 111

7 Das neue Bewusstsein

Ihr seid Schöpfer 115
Kommunikation 117
Gesundheit und die Evolution der DNA 119
Übung 7: Die Chakren öffnen 123
Spirituelle Erkenntnis 124

8 Ein verzerrtes Weltbild

Die Macht abgeben 128
Die Macht des Fanatismus 130
Die einzig wirksame Abhilfe 132
Übung 8: Heilendes Licht 133
Idealisten und Fanatiker 133
Einer der Anführer 135

9 Die Maschinerie der Macht

Die Medien 138
Eine Naturgeschichte der Macht 140
Religion und Regierung 142
Der Westen: Macht, Leerlauf und Stillstand 144
Der Weckruf 146
Terror und Angst 147

10 Von der Wirklichkeit der Seele

Simultane Leben 152
Andere Leben, andere Wirklichkeiten 155
Eure innere Wirklichkeit 157
Übung 9: Andere Anteile deiner selbst sehen und heilen 159
Lebenspläne 161

Die Macht der Gedanken 163
Das Ego und die Seele 166
Ein Leben ohne Angst 168

Ausblick
Sich selbst annehmen 170
Übung 10: Der Blick in den Spiegel 172

Fragen an Seth 175

Vorwort

Casandra

Während ich dies schreibe, ist mir bewusst, dass ich aus dem kosmischen Schlaf aufgeweckt worden bin, in dem ich den größten Teil meines Lebens zugebracht habe. Wie die meisten ringsum war ich gänzlich von all dem in Anspruch genommen, was der Alltag bietet, und dachte nicht viel über mein Weltbild oder dessen Hintergründe nach. Das begann sich jedoch nach dem 11. September zu ändern. In der Erschütterung und Kopflosigkeit nach diesen Ereignissen erlebte ich intensive Gefühle von Schutzlosigkeit in diesem Land, das ich bis dahin für unbesiegbar gehalten hatte. Mir war unerklärlich, wie so etwas hatte passieren können. Es ging mir wie anderen, ich hatte nicht aufgepasst, nichts gemerkt.

Meine Geschichte beginnt damit, dass meine Schwester mir ein Buch über frühere Leben schickte. Mir machte die Lektüre Spaß, und ich fing an, mir Gedanken zu machen, was ich wohl in früheren Leben gemacht haben mochte. Ob es wohl interessant war zu sehen, was ich erreicht oder nicht erreicht hatte? Vielleicht würde ich in einem früheren Leben sogar die Gründe dafür finden, dass ich mich in diesem Leben nicht dazu durchringen konnte, meine künstlerische Neigung zu leben. Ich habe diese künstlerische Begabung, und wir hatten sogar ein Atelier für mich eingerichtet. Aber ich malte nicht. Ich dachte mir, dass ich vielleicht mit meiner Malerei weiterkommen würde, wenn ich die Wurzel des Problems aufdecken könnte. Also suchte ich mir einen Hypnotherapeuten und machte einen Termin aus. Die erste Hypnosesitzung führte mich offenbar in ein Leben während der Zwanzigerjahre zurück, ich erlebte auch meinen Tod in dieser Existenz. Gegen Ende der Sitzung fühlte ich mich wie von Frieden und Wärme eingehüllt und spürte eine energetische Präsenz, als wäre jemand bei mir, ein Geistwesen. Diese Sitzung dauerte ungefähr drei Stunden. In der zweiten Sitzung geschah dann etwas, wodurch mein Leben für immer verändert wurde. Ich wurde mir meiner Seele bewusst und dazu einer unfassbaren Glückseligkeit, in die sie eingebettet war. Es war Liebe von so überwältigender Kraft, dass ich vor lauter Freude lachen musste. Seitdem habe ich vieles in meinem Leben zum Besseren verändern können. Ich weiß, dass Leben einfach eine Erfahrung und der Tod nicht zu fürchten ist.

In diesem euphorischen Zustand gegen Ende der zweiten Sitzung begann ich in einer anderen Sprache zu sprechen. Sie heißt Sumari, wie ich später erfuhr. Zunächst verstand ich selbst nicht, was ich da redete, aber es schien sich um Fragen zu handeln, die ich selbst beantwortete. Etwas später fiel mir auf, dass ich sogar auf Sumari dachte. Das verblüffte mich sehr, schließlich sprach ich nur Englisch und hatte in diesem Leben nie eine andere Sprache gelernt. Inzwischen singe ich sogar auf Sumari und kann die Sprache jederzeit sprechen; meist geschieht das allerdings beim Meditieren. Mir ist gesagt wurden, auf Sumari stünde ein reicher Schatz an Information für mich bereit, den ich weitergeben könne, ich müsse nur lernen, wie Sumari zu übersetzen ist. Das ist vielleicht kein ganz einfaches Projekt, weil ich sonst niemanden kenne, der diese Sprache spricht, aber ich werde es auf jeden Fall versuchen.

Die ganze Zeit hatte ich das Gefühl, dass etwas oder jemand mich zu diesen Erfahrungen hinführte. Ich wünschte mir mehr über mein Seelen-Ich zu wissen und begann mit täglicher Meditation, wobei ich immer diesen Lieblingsort zwischen den Leben aufsuchte. Dort führte ich längere Gespräche mit jemandem, und schließlich fragte ich diesen Jemand nach seinem Namen. Seth sei sein Name, sagte er. Kein übermäßig spektakulärer Name, dachte ich. Angesichts der Form dieser Kommunikation hätte ich mit einem kosmischeren Namen gerechnet.

Ich war in dieser Zeit auf der Suche nach einem Hypnotherapeuten in meiner Gegend, bei dem ich die Rückführungen fortsetzen konnte. Im Telefonbuch stieß ich auf den unkonventionellen Eintrag eines Mark Allen Frost und rief ihn gleich an. (Erst später erfuhr ich, dass Seth das alles in die Wege geleitet hatte.) In den ersten Sitzungen bei Mark traute ich mich noch nicht, die Sache mit Seth anzusprechen. Ich wollte erst einmal sehen, ob er wohl aufgeschlossen für so etwas war. An dem Tag, an dem unsere dritte Sitzung stattfinden sollte, war ich vorher noch im Buchladen auf der Suche nach Büchern, mit denen ich meinen übersinnlichen Fähigkeiten weiter auf die Sprünge helfen konnte. Wenn man schon mit so einem Wesen spricht, dachte ich, sollte man so gut wie möglich vorgebildet sein. Ich nahm ein Buch zum Thema aus dem Regal und schlug meiner Gewohnheit folgend hinten im Buch nach, ob der Autor Lektüreempfehlungen gab und welche. Und da stand: *Gespräche mit Seth*. Plötzlich klopfte mir das Herz bis zum Hals. War das womöglich mein Seth? Ich sah mich gleich nach dem empfohlenen Buch um, und wahrhaftig, direkt vor mir im Regal stand es: *Gespräche mit Seth*.

Meine Hände zitterten, als ich danach griff. Beim Lesen der kurzen Einleitung wurde mir sehr seltsam zumute, und es beschlich mich der Gedanke, das hier könne vielleicht doch eine Nummer zu groß für mich sein.

Man muss hier wissen, dass ich mein Leben lang darauf getrimmt worden bin, immer hübsch innerhalb der Grenzen konservativen Denkens zu bleiben. Immer wenn ich mich freizukämpfen versuchte, fühlte ich mich wie an Tauen zurückgezerrt. Aber ich wagte es, ich kaufte das Buch, setzte mich in meinen Wagen und begann zu lesen. Sehr schnell bekam ich beim Überfliegen der Seiten den Eindruck, dass die hier mitgeteilten Ideen sich mit dem deckten, was mein Seth zu mir gesagt hatte. Jetzt wurde ich wirklich neugierig: Wer war dieser Typ, und weshalb hatte ich noch nichts von ihm gehört? *Gespräche mit Seth* war in meinen Hippietagen geschrieben worden, also hätte ich doch wenigstens gesprächsweise davon erfahren müssen. Allerdings, »wach« war ich damals wirklich überhaupt noch nicht gewesen. Ich habe damals keine Bücher dieser Art gelesen. (Seth hat übrigens gesagt, es habe damals Gründe gegeben, diese Sachen noch von mir fernzuhalten.)

An diesem Nachmittag fragte ich Mark, ob er schon einmal von Seth gehört habe. Er hatte. Und er meinte, wir sollten versuchen, ob ich Seth unter Hypnose direkt sprechen lassen könne. Mark schien mit dem Seth-Material bestens vertraut zu sein und stellte gleich eine Reihe von Bestätigungsfragen, um die Echtheit des Kontakts sicherzustellen. Der Seth, mit dem ich gesprochen hatte, kam tatsächlich in der Hypnose durch. Er sprach durch mich und sagte, er sei tatsächlich der Seth, der schon früher (bis 1984) zahlreiche Bücher veröffentlicht hatte. Wir stellten schnell fest, dass sich Seth sehr gut durch mich mitteilen konnte und gern etwas über die Ereignisse des 11. September schreiben wollte. Nun ist es so, dass ich die Hypnose durchaus genieße, weil sie so schön entspannt, aber ich war mir gar nicht sicher, ob ich so begeistert von dem Gedanken war, dass diese Wesenheit oder

Energiepersönlichkeit, wie er sich selbst nennt, durch mich sprechen wollte. Irgendwie fand ich das beängstigend, aber natürlich auch interessant. Ich würde versuchen, aufgeschlossen zu bleiben. Wenn er etwas zu sagen hatte, sollten wir es uns zumindest einmal anhören und aufschreiben.

In den weiteren Sitzungen blieben wir erst einmal bei der hypnotischen Prozedur, weil ich überzeugt war, es sei notwendig, um mich zu entspannen – aber Seth hatte anderes im Sinn. Er kündigte an, wir würden eine Sitzung abhalten, in der ich während der Hypnose die Augen öffnen würde und versuchen sollte, trotzdem in dem Zustand zu bleiben. Diese Sitzung ist mir noch gut in Erinnerung. Ich konnte tatsächlich die Augen öffnen, und Seth sprach weiter. Es fühlte sich so an, als säße ich neben mir, während Seth sich im Zimmer umsah und die Umgebung zur Kenntnis nahm. Es war ein ganz seltsames Gefühl, in diesem Zimmer, zugleich aber auch außerhalb zu sein. Das ging über einige Sitzungen so, dann sagte Seth, wir brauchten jetzt nicht mehr die ganze Hypnose. »Du kannst es auch so«, sagte er. In der folgenden Sitzung wollte ich mich wie üblich hinlegen, aber Seth meldete sich einfach gleich zu Wort und fand einen Stuhl besser geeignet. Von da an saß ich immer auf dem Stuhl, und Seth sprach ganz direkt mit Mark.

An vieles von dem, was Seth diktierte, habe ich keine Erinnerung. Ich hörte ihn sprechen, aber ich hörte meine eigene Stimme lauter und tiefer wie in einem Hallraum. In dem Raum vor meinen Augen entstand eine Art verschwommenes Gefühl, als wäre Mark leicht unscharf. Anfangs machten sich alle möglichen Empfindungen bemerkbar, bei denen es sich, wie ich später erfuhr, um kleine »Justierungen« handelte, die Seth vornahm, um den Kontakt mit mir zu erleichtern. Es berührte mich ziemlich eigenartig, dass jemand anderes denselben Raum einnahm wie ich. Seth sprach häufig tagsüber mit mir, aber durchaus auch in der Nacht, wenn ich dalag und ihm zuhörte, und manchmal sogar im Traum. Für mich fühlte es sich so an, als würde das Mitgeteilte in großen Blöcken in mich einfließen – und es waren Dinge, auf die ich angesichts meines äußerst begrenzten Wissens auf diesem Gebiet niemals selbst hätte kommen können.

Viele meiner inneren Barrieren sind eingestürzt, seit Seth in mein Leben kam. Mir wurden andere Dimensionen der Wirklichkeit eröffnet, und ich habe tiefen inneren Frieden erlebt. Ich sehe meine Mitmenschen jetzt mit viel mehr Verständnis für unsere innige Verbundenheit miteinander und mit dieser Erde. Seth hat inzwischen begonnen, ein weiteres Buch durch mich zu diktieren. Es gibt so viel, was er der Menschheit vermitteln möchte, und solange er spricht, werde ich mein Bestes tun, es weiterzugeben.

Mark

Während der letzten Wochen vor meinem Diplom hatte ich wirklich viel um die Ohren. Da war zunächst die Diplomarbeit selbst, aber daneben hatte ich auch noch einen vollen Terminkalender mit all den Fällen, die ich im Rahmen meiner Ausbildung betreute, und schließlich musste ich mich auch schon um den Aufbau meiner späteren hypnotherapeutischen Praxis kümmern. Ich freute mich auf die Zeit nach dem Diplom – ein paar Wochen frei, vielleicht ein Flug nach Maui mit meiner Freundin Carol oder einfach zu Hause rumhängen und mal richtig ausspannen. Dann rief mich aber eine Frau an und sagte, sie wolle sich mit »früheren Leben« auseinandersetzen. Das fand ich spannend, auch weil ich mich in dieses so populär gewordene Spezialgebiet der Hypnotherapie einarbeiten wollte. Wir verabredeten einen Termin für die folgende Woche und trafen uns in meiner Praxis. Mir fiel gleich ein Funkeln in den Augen dieser Frau und ihre sehr humorvolle Art auf. Außerdem war aber etwas seltsam Vertrautes an ihr, rätselhaft. Schon in der ersten Sitzung stellte sich heraus, dass wir uns blendend verstanden. Sie schien meine Fragen erraten zu können, bevor ich sie äußerte, und umgekehrt war es auch so. Unsere Verbindung war nach wenigen Sitzungen so stark und sicher, als hätten wir schon eine ganze Weile intensiv miteinander gearbeitet. Rückblickend muss ich sagen, dass diese ersten Treffen in meiner etwas überfüllten, aber ansonsten sehr netten kleinen Praxis etwas Surreales hatten. Es mag abgedroschen klingen, trifft jedoch exakt zu: Ich wusste es noch nicht, aber mein Leben stand vor einer radikalen äußeren und inneren Kehrtwende.

Kurz vor unserer dritten Sitzung rief meine neue Klientin mich an und fragte: »Haben Sie schon mal von Seth gehört? Ich bekomme Mitteilungen von jemandem, der sich Seth nennt.« Mir fiel beinahe der Hörer aus der Hand, so perplex war ich, aber dann zwang ich mich, ganz beiläufig einzuräumen, dass ich ein bisschen über Seth wisse. Was mich so vorsichtig antworten ließ, war ein Gefühl, dass da etwas behütet werden musste. Seth hatte schon lange einen Platz in meinem Leben als Sucher und als einer, der lernen möchte zu heilen. Ich hatte mich über etliche Jahre mit dem Seth-Material auseinandergesetzt und behielt diese Beziehung strikt für mich – wie es übrigens auch bei vielen anderen ist, die sich ernsthaft damit beschäftigen. Wollte diese Frau irgendwelche Späßchen mit mir treiben? Es erschien mir undenkbar, dass sich dieser alte Knabe nach all den Jahren wieder zu Wort melden würde, und dann auch noch ausgerechnet durch meine Klientin. Es wirkte irgendwie eingefädelt. Aufgeregt und voller Zweifel machte ich also einen weiteren Termin für eine Rückführung aus, und wir versuchten Kontakt zu dem Geistwesen aufzunehmen, das sich Seth nannte.

Und ob ich es glauben mochte oder nicht, die dritte Sitzung mit meiner neuen Klientin wurde die erste Seth-Sitzung. Aus meinem privaten Buchbestand hatte ich ein paar meiner liebsten Seth-Bücher mitgebracht und in der Praxis ins Regal gestellt, damit sich Seth gleich heimisch fühlen konnte, sollte er tatsächlich in Erscheinung treten. Dann kam meine Klientin, und ich schaltete die Videokamera ein, um alles festzuhalten, was sich zeigen mochte. Meine Klientin legte sich auf die Couch, wo ich für Entspannung sorgte und dann mit ganz traditionellen Suggestionen die Hypnose induzierte. Und wahrhaftig, nach zwanzig Minuten »fand« sie Seth, der sich ihrer auch gleich bediente, um über alles Mögliche zu sprechen. Ich war, um es einmal ganz vorsichtig zu formulieren, beeindruckt. Mir war danach, wie ein Kind und mit sehr kindlichen Lautäußerungen herumzuspringen. Es schien wirklich der Seth zu sein, der *Gespräche mit Seth* und all die berühmten Bücher diktiert hatte. Seine Energie erfüllte geradezu fühlbar das Zimmer. Seine Menschenliebe und sein Humor waren da, wie ich sie aus den Büchern kannte, und während der anderthalb Stunden dieser Sitzung nahm er mich immer wieder gutmütig auf den Arm. Irgendwie hatte ich dann noch die Geistesgegenwart, ein paar Testfragen zu stellen, um auszuschließen, dass es sich um einen ausgeklügelten Schwindel oder irgendeine psychische Anomalie handelte. Ich stellte also Fragen bezüglich der ersten Person, durch die er gesprochen hatte, und nach den Umständen der Kontaktaufnahme damals. Meine Klientin als Seth beantwortete das alles mit sichtlich vergnügtem Lächeln, nannte den Namen der Frau von damals, erzählte von der Kontaktaufnahme über das Ouija-Brett. Ich stellte weitere und jetzt wirklich zugespitzte Fragen über Seths kreative Projekte, die er zusammen mit dieser Frau und ihrem Mann verwirklicht hatte. Er konnte ohne jedes Zögern detailliert Auskunft geben wie jemand, der sehr gut wusste, wovon er sprach. Manches von dem, was er sagte, hatte ich bis dahin noch nie gehört, und auch meine Klientin konnte unmöglich davon wissen. Sie sagte, sie sei eben erst auf das Seth-Material gestoßen, und ich hatte keinen Grund, ihr nicht zu glauben. Im Übrigen war sie ja hypnotisiert, alle klassischen körperlichen Anzeichen waren an ihr zu erkennen. Über weite Strecken dieser Sitzung erörterte Seth bestimmte Fragen der öffentlichen Gesundheitsversorgung, die in unserer Gegend gerade akut waren, und er ließ mich wissen, wie die Probleme zu lösen seien.

Ich mühte mich vergeblich, die ganze ungeheure Tragweite dieser Szene zu erfassen, und muss wohl selbst in einem veränderten Bewusstseinszustand gewesen sein.

Während der nächsten Sitzungen unterbreitete Seth seine Pläne für seine Rückkehr auf den Buchmarkt nach achtzehn »Sabbatjahren«, wie er es ausdrückte. Mit der neuen Kommunikation wollte er »Licht in das Bewusstsein der Leser bringen« und jedem auf seinem ganz eigenen Pfad des Lernens in diesen chaotischen Zeiten weiterhelfen. Uns wollte er dadurch auf dieses Abenteuer vorbereiten, dass er uns alles, was in Buchform veröffentlicht werden sollte, im Schlaf »eingab«. Aber wir konnten, wie er sagte, auch tagsüber jederzeit telepathisch mit ihm in Verbindung treten, wenn wir das wünschten. Casandra, von allen Cas genannt, hat dafür eine natürliche Begabung, aber ich brauchte ein paar Wochen, um Seths Stimme aus meinen vielstimmigen inneren Dialogen herauszuhören. Es gelang mir schließlich, und dann war ich froh, Seths treffende Antworten auf meine so gar nicht spirituellen Fragen über Finanzen und persönliche Dinge zu »hören«.

Gut, das klingt vermutlich alles so, als müsste man Mark jetzt doch mal in die Psychiatrie einliefern und genau untersuchen lassen, aber bedenken Sie bitte: Ich habe gerade eine fünfjährige Ausbildung zum Psychologen abgeschlossen; ich verfüge deshalb über das Rüstzeug, um die klassischen Syndrome zu erkennen, und weiß, wie psychische Krankheiten aussehen … zumindest das, was wir gegenwärtig so nennen. Ich kann Ihnen versichern, dass es sich bei dem, was Sie hier lesen, nicht um das Dokument einer psychischen Krankheit handelt. Im Gegenteil, was ich erlebe, ist das Maximum an geistiger Gesundheit – zugegebenermaßen etwas sehr Seltenes. Um ganz ehrlich zu sein, muss ich allerdings zugeben, dass es unterwegs durchaus Abschnitte von psychischer »Wildwasserfahrt« gegeben hat. Das Ego wird hier bis an die Grenzen seiner Möglichkeiten herausgefordert, wenn es noch völlig mit dem identifiziert ist, was es (wie alle anderen Egos) als Realität zu sehen gelernt hat, und dann aufgefordert wird, sich »einfach für die Vieldimensionalität deiner Seele zu öffnen«. Da darf man sich ganz schön strecken, ich jedenfalls; aber sogar ich bekomme allmählich Übung. Manchmal komme ich mir so vor, als würde ich auseinandergenommen, und vielleicht ist das ganz gut so. Psychische Panzer brechen auf und bröckeln weg. Ich bin um einiges offener und kann viel mehr akzeptieren. Es ist ungefähr so, als würde sich das periphere Blickfeld immer mehr weiten, bis man auch das sieht, was hinter einem ist. Seths Übungen trainieren die Wahrnehmungsfähigkeit der Seele – bis wir plötzliche kurze Einblicke in eine unbekannte Wirklichkeit gewinnen.

Seth ist also wieder da, und es sieht so aus, als wollte er ein Weilchen bleiben und ein paar Bücher schreiben, wenn auch vielleicht nicht in genau dem Stil, der ihn berühmt gemacht hat. Das wird vielleicht manchen bedenklich stimmen. Ich habe nicht das Gefühl, zu Seths neuem Unternehmen etwas sagen zu müssen oder auch nur zu wollen – außer dass es mir Spaß macht und ich mehr und mehr lerne, während ich dieses Material lese und verinnerliche. Und was Seth sagt, spricht heute wie damals für sich, so jedenfalls habe ich es immer empfunden. In meiner gesamten »philosophischen« Lektüre klingt das hier am lautesten nach Wahrheit, und so ähnlich habe ich es von zahllosen anderen Lesern des Seth-Materials gehört. Wer es genau wissen möchte, kann die Aussagen dieses Buchs mit all dem vergleichen, was vor über zwanzig Jahren veröffentlicht worden ist: die gleichen Metaphern, der gleiche Tonfall, der gleiche hintersinnige Witz. Seth hat auch damals schon sehr eindringlich gesprochen, aber dem, was er heute sagt, ist eine noch größere Dringlichkeit anzumerken.

Seth hat mir aufgetragen, seinen Lesern mitzuteilen, dass er wieder da ist, um die simplen Tatsachen des Lebens erneut auszusprechen, damit wir jetzt keine fatalen Fehler machen, die unsere Erde gefährden könnten. Dieses erste Buch ist eine Art Einführung, ein Grundtext, deshalb die eingestreuten kleinen Übungen, die harmlos aussehen, es aber in sich haben. Es geht ihm um die Evolution der Seele und die entscheidende Bedeutung, die Liebe, persönliche Verantwortung und positive Intention für diesen Prozess haben. Ich kann dem Leser also nur zuraten, sich auf das hier Gesagte einzulassen. Beobachten Sie, ob es etwas in Ihnen öffnet, ob es Sie an etwas Großes erinnert, das in Vergessenheit geriet, etwas noch Unabgeschlossenes auf Ihrer Seelenreise.

Und was mich angeht, so scheint es, dass ich in eine ganz neue Lebensform eingestiegen bin, völlig anders als alles, was ich mir vorgestellt hatte, aber dieses andere Leben liegt mir sehr, wie ich inzwischen feststellen konnte. Urlaubspläne und was mir so als häusliche Normalität vorgeschwebt hatte – all das konnte ich abschreiben, aber ich bin dankbar, ich fühle mich geehrt durch die neue Entwicklung in diesem Leben, in dieser Zeit. In der Rückschau wird auch immer mehr von dem klar, was ich früher ganz unverständlich fand. Ich sehe das Ineinandergreifen zahlloser kleiner Richtungsentscheidungen an unzähligen Punkten, die alle zusammen auf dieses Dimensionen übergreifende gemeinsame Unterfangen hinauslaufen. Und vielleicht gibt es irgendwo hier in der »simultanen Zeit« einen Punkt, an dem wir alle einander jetzt, da Seth wieder da ist, begegnen und uns über unsere persönlichen Abenteuer mit diesem Material austauschen können. Suchen Sie diese Verbindung, knüpfen Sie diese Verbindung. Es steht jetzt an, dass wir die Einzigartigkeit unserer verkörperten Seele zu ihrer ganzen Schönheit und Liebe entfalten – und unsere Anzahl zählt.

Um auch die für manchen vielleicht interessante praktische Seite dieser Zusammenarbeit noch anzusprechen: Während Seth durch Cas sprach, habe ich sein Diktat direkt in ein Textverarbeitungsprogramm transkribiert. Außerdem habe ich alle Sitzungen, die in meiner Praxis stattfanden, auf Video aufgenommen und die Bänder später zur genauen Überprüfung meiner Mitschriften benutzt. Wir waren mit Seth einer Meinung, dass wir dieses Buch ohne Anmerkungen und Kommentare herausbringen würden, um den Gedankengang so klar wie möglich zu halten und den Fluss nicht zu unterbrechen. Ich denke, dass Seths wunderbare Sprache so ganz schön zur

Geltung kommt. Wir arbeiten weiterhin an der Feinabstimmung des Verfahrens, damit Seths Worte genauso festgehalten und veröffentlicht werden können, wie er es möchte.

Seth

Zuerst einmal möchte ich mich vorstellen. Ich bin die Energiepersönlichkeits-Essenz, die Seth genannt wird, und mein Standort ist nicht mehr die stoffliche Realität der dreidimensionalen Welt, die ihr Erde nennt. Viele von euch werden sich an das eine oder andere oder sogar alle früheren Werke erinnern, die ich durch mein erstes »Sprachrohr« verfasst habe. Jetzt ist die Zeit da, mich wieder zu Wort zu melden. Es sind nach eurer Erdenzeit etliche Jahre vergangen, seit ich mich das letzte Mal durch eine meiner menschlichen Entsprechungen schriftstellerisch betätigt habe. Ich halte mich in höheren Dimensionen auf, wo es das, was ihr unter Raum und Zeit versteht, nicht gibt. Mein »Körper« besteht aus ätherischer Materie.

Wieder möchte ich dir, dem Leser, den ich nicht sehen kann, ein paar grundlegende Wahrheiten in Erinnerung rufen, die ihr vergessen habt. Obwohl ich euch nicht sehe, gehe ich davon aus, dass ihr wirklich vorhanden seid – und lege euch nahe, es mir gegenüber auch so zu halten. Was in diesem Buch mitgeteilt wird, soll euch Einblick in eure Wirklichkeit verschaffen und dazu anregen, eure Überzeugungen und Wertvorstellungen infrage zu stellen. Wenn ich grammatisch maskuline Pronomina und Artikel verwende, folge ich damit nur euren Sprachkonventionen und meine nicht etwa reale Geschlechtsunterschiede: Es sind immer beide Geschlechter gemeint, denn die Seele kennt kein Geschlecht.

Aus Gründen der besseren und leichteren Übermittlung kommuniziere ich diesmal von einem anderen Anteil meiner Energie und von einem anderen Zeitrahmen (nach eurem Verständnis) aus als bei der ersten Zusammenarbeit. Ansonsten wird das neue Material aber auf ziemlich die gleiche Art von mir telepathisch übermittelt wie damals. Es wird nur in diesem Zeitrahmen, auf den ihr ausgerichtet seid, von einem anderen Ausläufer der Seth-Energiepersönlichkeit mitgeteilt, der diesmal Casandra Smith heißt.

Mir war es wichtig, diesmal alles *so einfach wie möglich* zu halten, denn was ihr Zeit nennt, geht in diesem gegenwärtigen Kapitel der Menschheitsevolution seinem Ende entgegen. Ich benutze hier auch die Ausdrücke »Gott« und »Der Schöpfer«; gemeint ist die Energiequelle, aus der alles Leben auf eurem Planeten »geschöpft« ist. Es ist auch die Energiequelle, die sich in allem Lebendigen regt. Ich möchte mich einer Sprache bedienen, die im allerbreitesten Sinne verständlich ist und die euch vertrauten Ausdrücke für diese grenzenlose, unerschöpfliche Energie verwendet. Hier wird keiner der euch bekannten Religionen das Wort geredet und keiner wird widersprochen. Die verwendeten Begriffe sind so gehalten, dass sie aus dem Zusammenhang verständlich werden; die meisten findet ihr außerdem in den Gesprächen erläutert, die Mark und ich zur Vorbereitung des eigentlichen Buchdiktats geführt haben und die ganz am Schluss als »Fragen an Seth« nachzulesen sind.

Das Erwachen der Menschheit zur Dimension des geeinten Bewusstseins steht unmittelbar bevor. Nach den Ereignissen des 11. September befinden sich viele Seelen auf diesem Planeten in einem Zustand der Verwirrung. Manches wird sich da wieder entwirren, sobald ihr die Wirklichkeit eurer Welt noch einmal neu und genauer betrachtet. Doch wie es immer schon war: Ihr habt, was die Evolution der Seele angeht, den freien Willen zu tun, was ihr wollt. Ich hoffe, dass ich dir, dem Leser, mehr Verständnis für deine eigene Natur und für den Übergang der Erde und ihrer Bewohner in die vierte Dimension vermitteln kann. Ich möchte ein paar noch unbekannte Realitäten zu Bekanntem für dich machen und dir zeigen, wie du die Kraft deiner Gedanken, Überzeugungen und Handlungen nutzen kannst, um das Bewusstsein der Menschheit zu heilen. Ich bin so real wie du, und durch das, was du hier lesen wirst, möchte ich dich meiner Liebe zu dir versichern. Ich hoffe, dass es dich auf eine neue Ebene der Bewusstheit hebt, dir ganz klarmacht, wer du bist, und dich verstehen lässt, was es mit dem 11. September auf sich hat.

Wer ich bin

Es scheint einige Unklarheit über meine Identität zu bestehen, deshalb möchte ich darüber jetzt noch ein paar Worte verlieren. Fangen wir damit an, dass wir die Seth-Wesenheit als Ganzes betrachten. Wir sind eine sehr umfangreiche und vielschichtige Wesenheit, die sich überall in der Vielzahl der Universen an bestimmten Bewusstseinspunkten mitteilt. Ich bin dieselbe Wesenheit, die damals zu meinem ersten Medium Kontakt aufgenommen hat, aber ich bin mehr als das. Es sind in dieser gegenwärtigen Kommunikation Anteile von mir involviert, die damals keine Rolle spielten, und umgekehrt. Wenn du verstehst, dass die Seth-Wesenheit in ihrer Gesamtheit und nicht nur mit bestimmten Anteilen für diese Kommunikation verantwortlich ist, wirst du auch dich selbst in der jetzt vielleicht noch unvorstellbaren Ausdehnung deiner Vieldimensionalität besser verstehen.

Der Name Seth steht für ein »Frequenzband«, das wir zur Verständigung mit Menschen und anderen Lebensformen verwenden. Er ist sozusagen unsere Trägerwelle. Es gibt nur sehr wenige Menschen, die sich aufgrund ihrer besonderen geistigen Veranlagung auf diesen Frequenzbereich einstimmen können. Aber wir haben schon immer und auf verschiedenen Ebenen mit Menschen kommuniziert. Und wenn ich jetzt von diesem Bereich der Gesamtwesenheit aus Kontakt aufnehme, dann nicht als gleichsam abgeschlossene Einzelidentität, sondern als Bestandteil des Ganzen. Was ich also zu sagen habe, schöpfe ich aus dem Ganzen der Seth-Wesenheit.

Nehmen wir dich als Beispiel, damit du leichter verstehst, wie ich das meine. Du wirst deine Finger und Zehen sicher nicht als von dir getrennt betrachten, nur weil sie Bewegungen machen können, die deutlich anders sind als die der ganzen Hand oder des ganzen Fußes. Sie gehören zu deinem Körperbau und sind Bestandteile des Ganzen. Und wie alle Organe deines Körpers sowohl unabhängig als auch in perfekter Abstimmung arbeiten, so ist es auch mit den Anteilen der Seth-Wesenheit. Wenn ihr das verstanden habt, könnt ihr Seth einfach als einen »Sender« oder »Kanal« betrachten. Es ist ein Kommunikationskanal mitsamt den Frequenzabstimmungen und der genauen Wellenlänge, die für »guten Empfang« erforderlich sind.

Wir sind keine Außerirdischen. Niemand kann den Sender Seth empfangen, der nicht selbst zur Seth-Wesenheit gehört. Das gehört zu den Dingen, die bisher noch unklar waren. Es gibt auch viele Außerirdische, wie ihr sie nennt, die jetzt Kontakt zu Menschen suchen. Sie kommunizieren über ein sehr breites Wellenband, auf das sich viele Empfänger abstimmen können, um auf diesem telepathischen Wege Information zu erhalten. Die Seth-Wesenheit kommuniziert nicht über diesen Wellenbereich. Unser hochspezifisches Frequenznetz dient ausschließlich der Kommunikation innerhalb der Wesenheit – die allerdings ist sehr weit gefächert, denn wir operieren vieldimensional in vielen Sonnensystemen. Das allein ist schon nur zu verstehen, wenn man eine klare Vorstellung von Dimensionen und parallelen Universen hat. Und deshalb können nur sehr wenige Menschen mit der Seth-Wesenheit kommunizieren. Wir müssen verhindern, dass die Informationen entstellt werden, und das würde unweigerlich geschehen, wenn wir in so zugänglichen Wellenbereichen senden würden wie die Außerirdischen. Wenn ein »Finger« der Seth-Wesenheit hier auf der Erde so weit ist, kann die Kommunikation beginnen. Bei Cas ist es so, alle Komponenten waren an Ort und Stelle, und wir konnten den Kontakt aufnehmen. Ich bin der Seth, der mit meiner ersten menschlichen Entsprechung kommuniziert hat, aber ich bin wie gesagt auch anders und mehr, und das liegt an Cas' geistiger Statur und Persönlichkeitsstruktur. Es sind andere Anteile der Seth-Persönlichkeit involviert, die bei der früheren Kommunikation nicht nötig waren, und doch sind der alte und der neue Seth ein und derselbe.

Wenn wir von deinem Körper sprechen, verstehst du ohne Weiteres, dass die verschiedenen Anteile relativ unabhängig fungieren und zugleich eine fein abgestimmte Einheit bilden. So ist es auch mit dem Ganzen dessen, was du bist: Du bestehst aus einem riesigen Komplex von Ich-Wesenheiten, die alle zusammen deine Ganzheit ausmachen, das Ganze dessen, was du bist. Darauf möchte ich dich in diesem Buch aufmerksam machen. Du, wie du dich siehst, bist wie ein Finger oder Zeh an deinem größeren Ich. Und von da aus geht es weiter: Dein größeres Ich ist wie ein Finger oder Zeh an einem noch größeren Ich und so weiter bis zum größeren Ich dessen, was wir hier Alles-Was-Ist nennen. Die Seth-Wesenheit in ihrer gewaltigen Ausdehnung und Vielschichtigkeit ist nur ein winziger Energie-Bruchteil von Allem-Was-Ist.

Es ist viel darüber gerätselt worden, wer ich bin und wie, wann und wodurch es zu Seth-Kommunikationen wie dieser kommt. Weil meine erste menschliche Entsprechung der verkörperten Form entwachsen ist, glauben viele von euch heute noch, dass ich nicht mehr existiere. Aber keiner von uns beiden hat aufgehört zu existieren, und du wirst auch nicht aufhören zu existieren, wenn du für diesen Körper keine Verwendung mehr hast. Ich bin nach wie vor der Lehrer meiner früheren menschlichen Entsprechung, denn auch er – obwohl es eine Frau war, sage ich »er«, weil sein größeres Ich männlich war – ist wie ich ein Teil der Seth-Wesenheit, nur eben ein anderer. Ich nehme die Kommunikation jetzt durch Cas wieder auf, weil dieser Anteil der Seth-Wesenheit bereit war und noch als Mensch verkörpert ist. Wir haben der Menschheit so viel mitzuteilen, deswegen bin ich jetzt wieder da und produziere Bücher.

Ihr werdet vielleicht feststellen, dass die Sprache nicht ganz dieselbe ist. Das liegt daran, dass Cas nicht über den umfangreichen Wortschatz meines früheren Sprachrohrs verfügt – aber dem Mitgeteilten tut das keinen Abbruch. Wie es bei mittelbaren Kommunikationen dieser Art nicht anders sein kann, wird das Mitgeteilte durch die Wortwahl des Empfängers gefärbt. Ich kann mich aber inzwischen wirklich gut durch Cas äußern und meine Gedanken so vermitteln, dass sie den Leser nicht verwirren. Die eigentliche Schwierigkeit bei dem, was ich mitzuteilen habe, liegt ganz woanders, nämlich in eurem noch sehr begrenzten Vermögen, euer größeres Ich zu verstehen und eure Konditionierung zu durchschauen. Genau das wollen wir jetzt zusammen versuchen.

Einleitung

Menschen haben sich schon immer schwergetan, die ihnen zugedachten telepathisch »ausgestrahlten« Mitteilungen zu empfangen. Sie haben alles in allem lieber ihre kosmischen Scheuklappen angelegt, um bei ihrem alten Aberglauben bleiben zu können. Furcht vor dem Unbekannten hält ihre Wahrnehmung in abgelegenen dunklen Verliesen gefangen, beiseitegeschoben wie störende Zweige auf dem Pfad. Viele der Botschaften, die dem Fortgang ihrer Evolution dienen könnten, überhören sie geflissentlich, und so, in Angst und Zorn gefangen, zappeln sie herum wie Fische auf dem Trockenen und suchen nach etwas, das ihnen in dieser Zwangslage helfen könnte. Dann werden sie auch noch von allen Seiten von lauter Negativmeldungen der Medien bestürmt und landen schließlich scharenweise beim Psychotherapeuten, der ihnen erklären soll, warum es ihnen so geht, wie es ihnen geht. Da bekommen sie oft nur Rezepte für allerlei pharmazeutische Seelentröster und werden wieder nach Hause geschickt. In diesem ganzen Wust von in sich selbst kreisender Logik stecken sie mal bis zum Hals, mal nur bis zu den Knien in ihrem eingebildeten Dilemma, bis das alles schließlich nicht mehr zu bewältigen ist und sie ernsthaft krank werden. Und die medizinische Zunft steht bereit, um diese Anomalien mit allerlei Namen zu versehen, die heute gern auf »-Syndrom« enden. Dann verlässt der Patient die Praxis und darf davon ausgehen, dass er oder sie wirklich etwas »hat« und es ihm zusteht, wieder nur nach den Scheinlösungen zu greifen und die eigene innere Stimme wie bisher zu übertönen oder zu knebeln. So kann man den Pfad der Selbstzerstörung weiter beschreiten und sich auch noch einreden, dass gar nichts anderes möglich sei. Das eigene Verhalten unter die Lupe nehmen oder ihm gar auf den Grund gehen? Nein, dazu haben wir doch unsere Pillen, und schließlich müssen wir uns ja auch noch um den Alltag kümmern. Wieder und wieder werden die Symptome beiseitegeschoben. So dreht sich dieses Verhalten im Kreis, bis wieder eine neue Krankheit kommt und dann wieder eine und immer so weiter. Die aus dem Ruder gelaufenen Energien einer angstbesetzten Gesellschaft sind euer selbstverständlicher Alltag geworden. Und die allermeisten Menschen halten zäh an dieser Unlogik fest und lassen keine anderen Erklärungen gelten, wenn sie nicht den Stempel »wissenschaftlich« tragen.

Viele haben sich destruktive Glaubenssätze zu eigen gemacht und leben so, als könnten Habgier und Egoismus wirklich ein befriedigendes Leben schaffen. Aber so ist die Seele in Wirklichkeit nicht. Ohne all die negativen Impulse von allen Seiten würde die Seele zu jenem friedvollen »Summen« zurückkehren, in dem sie schon immer existiert hat. Die Menschheit wäre im Einklang mit der Erde und allem Erdenleben, das eure Dimension bevölkert. Würdet ihr lernen, euch mit dem Licht und der Energie des Schöpfers zu umgeben, ihr wäret schnell fertig mit dem Gespinst aus Ängsten, das euch umgibt. Liebe und Licht, Erkenntnis also, das ist alles, was ihr braucht, um den Weg der Selbstzerstörung endlich zu verlassen. Liebe und Licht lösen Schicht um Schicht alles Negative auf, wie die Sonne Fruchtsäure in die Süße der Reife verwandelt, und eure Seele wird aus ihrer spirituellen Betäubung geweckt. Bei jedem Einzelnen von Euch ist die Essenz der Seele ständig bemüht, sich den negativen Energien, die sich um euer Dasein ballen, zu entwinden.

Viele von euch sind bereits aus dem spirituellen Schlaf erwacht und beteiligen sich an dem Unterfangen, die übrige Menschheit ins Reich der Bewusstheit zu führen. Aber was meine ich mit negativen Einflüssen oder Energien? Es ist zum einen eure Neigung, euch ganz von den Begehrlichkeiten des Ego leiten zu lassen anstatt vom Licht der Seele – und nur die Seele weiß um das Licht und die Liebe. Zum anderen sind es bestimmte Energien in eurem Planeten und seiner Umgebung, die der Evolution gemäß dem Plan des Schöpfers nicht dienen.

Sobald ihr eure Lebenswirklichkeit als etwas selbst Geschaffenes erkannt habt, könnt und werdet ihr sie zum Besseren wenden. Um sich selbst zu finden, muss man den Blick nach innen wenden, denn innen ist die Vollkommenheit Gottes und der Welt, die ihr letztlich seid. Irgendwann wird jeder von euch das Licht erblicken, wenn nicht jetzt, dann später. Die aber, die sich nicht entwickeln wollen, sondern ohne Rücksicht auf ihre Mitmenschen den Weg der Habgier und Selbstsucht weitergehen, können damit rechnen, dass sie von den brausenden Rhythmen des Übergangs eurer evolvierenden Erde in die friedvolle vierte Dimension vorerst ausgeschlossen bleiben und in einem zweidimensionalen Bereich von niederer Schwingung verweilen müssen – bis in ihrer Seele irgendwann die Sehnsucht nach Läuterung und nach dem Licht erwacht. Wie ein von einem ganzen Berg umschlossener Stein werdet ihr dann warten, bis ihr Zeit genug hattet, euch für das Licht der Liebe zu entscheiden. Das soll aber jetzt kein finsteres Untergangsgemälde werden, denn diejenigen, die in dieser Dimension verwahrt werden müssen, bilden in keiner Weise die Mehrheit. Die meisten von euch werden sehr bald aufhorchen und verstehen und in Richtung Licht gehen. Was aber euch Übrige angeht, die ihr bei eurem Katz-und-Maus-Spiel bleiben und alles und jeden auf der Welt unter eure Herrschaft zwingen wollt, so muss ich sagen, dass eure Evolution nicht so schnell vonstattengehen wird wie die der übrigen Bewohner dieses Planeten. Ihr werdet wahrscheinlich zurückbleiben. Ich habe schon früher viel darüber gesagt, wie ihr eure Wirklichkeit durch eure Gedanken ändern könnt. Und es ist nicht schwierig, denn eure Wirklichkeit *ist* eure Gedanken.

Das auf den folgenden Seiten Dargestellte soll die Menschheit auf den anstehenden Bewusstseinswandel auf der Erde vorbereiten und euch Anleitung geben, wie ihr eure Glaubenssätze überprüfen, eure Gedanken analysieren und euch innerlich für die größere Wirklichkeit eurer selbst bereit machen könnt. Ihr werdet aufwachen und in eine neue, spirituelle Daseinsform eintreten, in der euer Einssein mit allen Menschen euch bewusst ist. Eine Bewusstseinsverschmelzung auf breiter Basis steht bevor, und auf die Glaubensgebäude der Welt wartet ein Umbruch, wie es noch keinen gegeben hat.

Vor vielen Jahren habe ich euch das Kommen der dritten Gestalt der Christus-Dreiheit angekündigt. Die Christus-Dreiheit, das sind Johannes der Täufer, Jesus Christus und der zum Paulus gewandelte Saulus. Die Saulus- und die Jesus-Wesenheit sind bereits als Mitglieder der spirituellen Hierarchie der Erde unter euch präsent und lehren zusammen mit anderen. Außerdem, und dafür sind bestimmte Wahrscheinlichkeits-Konstellationen auf eurem Planeten verantwortlich, tritt die Christus-Wesenheit selbst jetzt als Mensch in eurer Welt auf. Er ist dabei, eine neue Gesamtwesenheit zu bilden und wird in eurer Welt in Erscheinung treten, wie es in den Schriften des Christentums als »Wiederkunft« prophezeit ist.

Das ist aber nicht das Ende der Welt, wie es in euren Schriften völlig entstellt dargestellt worden ist, sondern geschieht, um die Menschheit hier und jetzt anzuleiten. Er ist zurückgekehrt, um ein neues Denken in die Welt zu tragen: Die Menschen sollen sich wieder ihrer Verbundenheit bewusst werden, und die vom Christentum verbreiteten Entstellungen spiritueller Ideen, die eigentlich der Menschheitsevolution dienen sollen, müssen richtiggestellt werden. Er ist als Menschheitslehrer gekommen und bringt andere mit, die bei der Neugestaltung der Welt mithelfen werden. Und er kommt als vieldimensionales Wesen – nicht einem Geschlecht, einer Hautfarbe oder einer Rasse zuzuordnen. Gemäß dieser Vieldimensionalität seines Wesens kann er sich in allen erdenklichen verschiedenen Gestalten manifestieren. Er wird klar und deutlich aufzeigen, wie jeder Einzelne zu inniger Verbundenheit mit seinem eigenen gesamten Sein und dem des Schöpfers finden kann. Er wird die Menschen im Gebrauch der inneren Sinne ihrer wahren spirituellen Natur unterweisen, damit sie die Vieldimensionalität ihrer Wirklichkeit erfassen können. Durch die Evolution eures Bewusstseins werdet ihr euch alle mit Erinnerungen an eure sämtlichen Leben konfrontiert sehen. Allen wird eine grundlegende Neuorientierung der Beziehung zu eurer eigenen Seele und der Beziehungen zu anderen bewusst werden. Das geschieht jetzt, und bis zu seinem öffentlichen Auftreten ist es nicht mehr weit.

1 Der Lebensplan

Übergänge

Ihr seid Energie. Eure Seelen-Essenz besteht aus Energie, und diese Energie kann niemals erlöschen. Sie nimmt mal diese, mal jene Form an, während ihr in immer neue Leben eintretet und sie wieder verlasst. Eure Seelen-Essenz ist ewig und alterslos. Wie ihr die Energie des Schöpfers auch nennen wollt – Gott, Buddha, Allah, Christus –, sie lebt in allem Geschaffenen und ist unzerstörbar. Wenn ihr an die Opfer des 11. September (oder irgendeines anderen Ereignisses) denkt, so sind sie nicht wirklich »umgekommen«, sondern haben einfach die Energieform gewechselt. Sie sind nicht »weg«, sondern haben den nächsten Schritt der Evolution ihrer Seele getan.

Der Körper ist lediglich die materielle Form, deren sich die Seele auf eurer grobstofflichen Ebene bedient, um sich ausdrücken und weiterentwickeln zu können. Er ist den Schwingungsverhältnissen einer als dreidimensional wahrgenommenen Wirklichkeit angepasst. Und in diesem Wirklichkeitsrahmen wird er auf der Reinkarnationsreise viele Male gestaltet und neu gestaltet, je nach den Entwicklungsbedürfnissen der Seele. In dieser materialisierten Form ist die Energie auf einen bestimmten Schwingungsbereich beschränkt, weshalb der Körper den menschlichen Sinnen als fest, dicht und real erscheint, aber in einem anderen als dem dreidimensionalen Rahmen wäre er transparent oder völlig durchsichtig. Seine Energie ist transformierbar und wird in eurer Welt von seinem »Inhaber« als Basis aller Lebenserfahrung erlebt. Denkt bitte daran, dass ich hier alles so einfach wie möglich darstelle; die Dinge besitzen schon noch wesentlich mehr Tiefe, aber ich möchte sie hier leicht verständlich halten.

Weil die Menschen so ausschließlich auf die Sterblichkeit des Körpers starren, nehmen sie häufig an, dass sie nur dieser physische Untersatz und sonst nichts sind. Aber in diesem Vehikel führt die Seele das Ruder; sie ist sich ihrer selbst und ihrer Weisheit sehr wohl bewusst und ohne Weiteres imstande, ihre Energie neu zu formieren, wenn sich für den Körper eine Katastrophe abzeichnet: Wenn der gewaltsame Tod des Körpers erkennbar bevorsteht, verlässt die Seele ihn unmittelbar vor dem Ereignis. Keine Seele möchte bei einem grauenhaften Tod dabei sein. Sie verfolgt dann zwar noch, was geschieht, erlebt aber das körperliche Trauma nicht. Die Dimension, in der solche Seelen sich anschließend aufhalten, ist der euren ziemlich ähnlich, nämlich ebenfalls ein Bereich der Illusion. Sie können hier jede Illusion erzeugen, die sie sich wünschen, um an ihrer Existenz im eben verlassenen Zeitrahmen oder an irgendeine Inkarnation erinnert zu werden, auf die ihre Energie einmal ausgerichtet war.

Immer wenn eine Seele sich auf eurer physischen Ebene inkarniert, bringt sie irgendein Erinnerungsbruchstück aus früheren Inkarnationen mit. Beim Eintritt in eine neue Inkarnationserfahrung auf der Erde wird der größte Teil eurer Seelenerinnerungen ausgeblendet, damit sie die derzeit anstehende Lernerfahrung nicht beeinflussen. Eine Seele leitet vor der Inkarnation eine Vielzahl wahrscheinlicher Ereignisse in die Wege, die sie nach und nach Erfahrung werden lässt, und dazu gehört auch der Augenblick des Todes der körperlichen Form. Viele der am 11. September Gestorbenen befanden sich in einem Zustand der Verwirrung und wussten nicht, dass es sich um den Augenblick ihres Todes handelte – vielmehr dessen, was *ihr* Tod nennt. Unverhofft war plötzlich der Übergang von einer energetischen Ausrichtung zu einer anderen da. Und weil viele unvorbereitet waren und alles so plötzlich kam, kann es sein, dass manche sich noch eine Weile in der Nähe aufhalten und sich denen mitzuteilen versuchen, die sie lieben. Aber die meisten suchen das Licht der Seele und ziehen weiter.

Hier möchte ich jetzt ein wenig bei der Frage verweilen, wie sich physisch manifestierte Form zur ätherischen Form reiner Energie wandelt und dadurch während eines traumatischen Ereignisses den Übergang aus der dreidimensionalen Wirklichkeit auf die astralen Ebenen ermöglicht.

Den Opfern eines tödlichen Ereignisses bleibt das Erleben des schweren körperlichen Traumas erspart. Die Seele wird gegen das physische Umfeld abgeschirmt. Sie sind dann wie in einem eigenen Kokon, etwas abseits vom Körper, sodass sie die Geschehnisse wie im Fernsehen verfolgen können. Am 11. September war es so, dass die Seelen in der letzten Minute vor den Einschlägen abgeschirmt wurden. Das ist immer und ganz besonders bei solchen Massenereignissen notwendig, damit die Seele das körperliche Trauma nicht miterlebt. Dasselbe geschah auch mit den Opfern in den Gebäuden. Sie mussten ihre grausige Wirklichkeit nicht erleben. Der Körper agiert in diesen Minuten gleichsam als eine leere Schale. Die Seele verlässt ihn kurz vor dem Ende. Der verlassene Körper funktioniert dann zwar noch irgendwie, aber er wird nicht mehr vom eigentlichen Bewusstsein geleitet. Man tritt gleichsam in eine Art Zwischendimension ein, bis die Seele sich ihrer gegenwärtigen Lage bewusst wird und bereit ist, sich in Richtung des Lichts, das heißt auf die astrale Bewusstseinsebene zu bewegen. Bei solchen Massenereignissen sind natürlich viele Geistführer zugegen und sorgen dafür, dass die Energien der Gestorbenen durch die astrale Ebene in ihre Heimatdimension gelangen. Die astrale Ebene hat etliche Schichten, und wo eine bestimmte Seele ihre Heimatdimension hat, hängt ganz davon ab, welchen Entwicklungsstand sie durch ihre Inkarnationserfahrungen erreicht hat. Hier findet die Seele Ruhe und Zuspruch, zumal sie doch oft eine gewisse Traumatisierung mitbringt. Sie wird mit Liebe förmlich überschüttet und wird vielleicht für einige Zeit völlig abgeschirmt, um sich zu erholen.

Alles, was der Seele angenehm ist, wird von den Wesen der astralen Dimension bereitgestellt, um den Übergang zu erleichtern. Alle Seelen, die die Erde verlassen, gelangen zuerst auf die astrale Ebene, die sie auf der Suche nach dem Licht durchmessen. In vielen Berichten von Nahtodeserfahrungen wird das als Durchgang durch einen Tunnel beschrieben. Das ist der mit dem Sonnengeflecht verbundene Silberstrang. Wenn man zum Beispiel im Traumzustand Reisen durch die Astralebene unternimmt, bleibt man durch diesen Strang mit dem Körper verbunden. Und wenn ein Mensch auf der Erde stirbt, wandert seine Energie durch diesen Silberstrang, der dann als Tunnel erlebt wird. Anschließend wandert die Energie weiter durch die Astralebene und ins Licht – das Licht der Essenz eurer Seele. Das Licht leitet euch zur Heimatdimension eurer Seelenenergie, und dort erwartet euch der – holografisch erzeugte – Anblick vertrauter Dinge und Personen. Dort erwarten euch auch Energieformen, die ihr »Führer« nennt und die euch weiterhelfen.

Das Ganze kann etwas schwieriger sein, wenn euer Licht wegen der im vergangenen Leben begangenen oder unterlassenen Taten nicht besonders hell leuchtet. Und wenn ihr sehr tief in der Materie dieser Welt verwurzelt seid, kann es sogar sein, dass ihr einen deutlichen Zug zurück zur Erde spürt. Viele Seelen irren in den astralen Bereichen umher und versuchen ihr Licht zu finden. Manche so lange, dass man auf der Erde von Jahrhunderten sprechen würde. Je mehr ihr euch in diesem Leben den göttlichen Energien des Schöpfers angleicht, desto klarer euer Licht und desto leichter der Übergang. Häufig haben sich solche Seelen zu sehr mit dem Körper identifiziert und den Seelenaspekt ihres Bewusstseins nicht beachtet. Deshalb befinden sie sich jetzt in einem unentschiedenen Zwischenzustand und wissen nicht recht, wohin sie sich wenden sollen. Wenn ihr also dabei bleibt, euch mit der materiellen Form zu identifizieren und den Seelenaspekt eurer selbst gering zu achten, werdet ihr es schwerer haben, wenn der Übergang für euch ansteht. Ihr schwimmt in endloser Unsicherheit und Verwirrung und findet nicht heraus. In welcher Situation man sich also nach dem Tod wiederfindet, hängt sehr davon ab, wie man gelebt hat und was man glaubt.

Aber nehmen wir an, ihr habt eure Heimatdimension erreicht. Die Erinnerungen eurer Seele setzen sich in Bilder von geliebten Menschen um, die vor euch die Erde verlassen haben. Es sind sehr lebensecht wirkende »holografische Einblendungen«, und ihr seht euch hier von euren Lieben empfangen und begrüßt, die vor euch den Übergang bewältigt haben. Sie werden in der Lichtmatrix erscheinen, und die Energie der Seele, die sich gerade erst von der Erde gelöst hat, muss sich auf dieses Licht zu bewegen. Wenn etwa deine Mutter oder dein Vater schon den energetischen Übergang hinter sich hat, wird deine Seele sich während ihres eigenen Übergangs mit diesen Personen verbinden wollen. Dieser Wunsch setzt sich in eine holografische Matrix um, und die ersehnte Person erscheint in einer Gestalt, die der Seele, die eben die Erde verlässt, sehr vertraut ist und den Durchgang durch die Astralebenen viel leichter und angenehmer macht. Die Wesenheiten, von denen die Seele in Empfang genommen wird, entsprechen äußerlich den letzten Erinnerungsbildern der Seele von diesen Menschen. Macht euch bewusst, dass es sich meist um Führer handelt, um energetische Wesen; sie lassen Bilder erscheinen, die euch vertraut sind. Aber auch eure Freunde und Verwandten werden sich manifestieren und euch begrüßen, sofern sie nicht bereits wieder in anderen Bereichen tätig sind.

An dieser Stelle würde ich gern noch etwas anderes klären. Ich verwende hier das Wort »Seele«, weil es am besten euren Vorstellungen in eurer jetzigen Realität entspricht. Das Wort beinhaltet, dass ihr von eurer körperlichen Form unabhängig seid. Euer Körper, euer »fahrbarer Untersatz«, ist das Instrument, mit dem ihr als Seele in der Dreidimensionalität kommunizieren könnt. Ein stofflicher Körper ist endlich, und wenn seine Zeit kommt, kehrt er in die Energiequelle zurück, aus der er stammt, und wird in etwas anderes verwandelt.

Lebensrückblick und der nächste Entwicklungsschritt

Eine Seele inkarniert sich oftmals immer und immer wieder mit denselben anderen Seelen, und nach dem Tod des Körpers sieht sie sich nach den letzten Erinnerungsbildern dieser anderen Seelen um, weil sie noch sehr an der eben verlassenen Erde hängt. Hat die Seele dann ihre astrale Heimatdimension erreicht, folgen Beratungen zusammen mit ihren energetischen Führern, und es wird alles für einen Lebensrückblick in die Wege geleitet. Diese Selbsterforschung kann in irdischen Begriffen Monate oder sogar Jahre in Anspruch nehmen. Das hängt davon ab, wie viel traumatisches die Seele erlebt hat; jedenfalls ist ein Lebensrückblick immer angezeigt und geht allem Weiteren voraus, wenn sich die Seele in die Realität ihres energetischen Übergangs hineingefunden hat. Der Lebensrückblick ist notwendig und wird immer von euren Geistführern begleitet. Und er geht nur diese Seele selbst an; andere, die mit ihr inkarniert waren, sind nicht beteiligt.

Im Verlauf dieses Rückblicks wird die Seele erkennen, ob sie ihren Teil der Abmachung eingehalten hat oder nicht. Ich verwende euren irdischen Begriff »Abmachung«, aber eigentlich geht es um die bewusste Auswahl einer Reihe von Erfahrungen, die die Seele sich für ihre Inkarnation vorgenommen hatte – und um die Frage, ob sie erreicht hat, was sie wollte. Man kann also genauso gut einfach von einem »Thema« statt von einer »Abmachung« oder gar einem »Vertrag« sprechen. Nehmt den Ausdruck, der euch deutlich macht, dass ihr mit einem Vorhaben auf euren Planeten gekommen seid. Aber bitte, das ist wirklich die allersimpelste Darstellung, und das Ganze hat in Wirklichkeit weitaus mehr Tiefe. Für die Einzelheiten würde ich euch meine früheren Werke empfehlen, zum Beispiel *Gespräche mit Seth*.

Diese Abmachung besteht zwischen dir und dem Schöpfer und ist ein notwendiger Schritt in deiner Entwicklung als Seele. Du bist Teil dieser grenzenlosen Energiequelle. Du bist gleichsam eine Abzweigung oder ein Ausläufer dieser Energie, und als verkörpertes Wesen lebst du dein Leben mit der Lichtenergie aus der Quelle des Schöpfers. Die Energie von Allem-Was-Ist könnte unmöglich einen eigenen Körper annehmen, sie ist so gewaltig, dass sie sich im begrenzten Raum eines einzelnen Körpers nicht manifestieren könnte, ganz davon abgesehen, dass kein einzelner Körper ihr standhalten könnte. Deshalb sind Seelen erschaffen worden. Jede Seele ist ein Funke dieser unermesslichen Energiequelle, und alles, was sie erfährt, ist auch Erfahrung von Allem-Was-Ist. Es ist sowohl die Natur als auch das Verlangen der Seele, nach der Vervollkommnung ihrer selbst wieder mit diesem Ursprung aller Energie zu verschmelzen.

Wenn ihr euch in eurer Heimatdimension eine Weile erholt und das zurückliegende Leben genau betrachtet habt, folgen Unterweisungen und Studien, durch die ihr – wie bisher auch schon – lernt, wie man mit Energie umgeht. Ihr seid nämlich die Mitschöpfer eures Universums und aller Dinge und Wesen, die es birgt. Das übersteigt zwar eure Fähigkeiten in der Dreidimensionalität, aber irgendwann im Verlauf eurer weiteren Entwicklung werdet ihr Planeten und Lebensformen erschaffen können. Ich will darauf aber jetzt nicht näher eingehen, weil es hier erst einmal vorwiegend um die euch bekannte gegenwärtige Realität gehen soll. Nach der Ruhezeit und dem Lebensrückblick erhaltet ihr eine weitere Gelegenheit, auf eurem Pfad der Evolution ein Stück weiterzugehen.

Von der Auswahl möglicher Erfahrungen könnt ihr euch über holografische Einblendungen ein Bild machen und so leichter zu einer Entscheidung finden. Die Wahl trefft ihr selbst, denn als Eingeweihte der Erdensphäre habt ihr die Freiheit, euch der Energie des Schöpfers so weit und so schnell anzunähern, wie ihr wollt.

Da es Zeit außerhalb der irdischen Dimension nicht gibt, könnt ihr euch so viele eurer im Gesamtzusammenhang eurer Seelen-Evolution möglichen Energie-Konstellationen und

Lebenserfahrungen ansehen, wie ihr wollt. Das kann in der subjektiven Erfahrung der Seele eine Ewigkeit dauern, aber alle werden schließlich weitergehen und ihre Evolution fortsetzen wollen. Jedenfalls könnt ihr in dieser Übergangsphase jede Realität kreieren, die euch vorschwebt. In dieser Heimatdimension lässt es sich wirklich leben; sie soll ein wenig an die Erde erinnern, ist aber viel schöner. Und Frieden herrscht hier. Die Seelen lassen ihr Leben Revue passieren und tauschen sich untereinander aus. Viele bleiben hier lange und fühlen sich sehr wohl. Es hat etwas von dem Himmel, den eure religiösen Schriften beschreiben, aber »im Himmel sein« ist eigentlich etwas anderes, nämlich die Verschmelzung eures Bewusstseins mit der grenzenlosen Energiequelle von Allem-Was-Ist.

Seelen, die sich an ihren Mitmenschen schwer vergangen haben, erhalten allerdings keinen Zutritt zu dieser erholsamen Astraldimension. Sie werden prompt wieder auf der Erde geboren, um die versäumten Lernschritte nachzuholen. Das hat etwas von euren Höllenbildern, denn die Seele fällt ohne die erholsame Erfahrung in ihrer friedlichen Heimatdimension gleich wieder in das Gefühl der Trennung vom Schöpfer zurück. Mit ihrem ganzen ungelösten inneren Aufruhr muss sie zurück auf die Erde, zurück in all das Negative, das dort herrscht. Grundsätzlich sind die Übergangsphasen aber dazu da, dass die Seele studieren und aus ihren Erfahrungen lernen kann, um ihren Entwicklungsweg fortsetzen zu können, der sie auf höhere Schwingungsebenen führt oder für den Dienst in Bereichen niederer Schwingung bereit macht, wo sie den dort existierenden Seelen bei deren Evolution hilft.

Letzteres setzt voraus, dass man viele Lebensformen auf allen Erfahrungsebenen durchmessen und transzendiert hat.

Je mehr Erfahrung sich die Seele vornimmt, um daraus zu lernen, desto eher gelangt sie auf die höheren Schwingungsebenen ihrer Evolution. Christus, Buddha, Krishna und viele weitere gehören zur spirituellen Hierarchie eures Planeten und können sich in selbst erschaffenen Körpern inkarnieren, die nicht Geburt und Tod unterworfen sind. Für diese Wesenheiten ist ein verkörpertes Leben der Art, wie ihr es kennt, nicht mehr nötig, sie haben alle Beschränkungen der Dreidimensionalität transzendiert. Sie haben viele Leben auf eurem Planeten verbracht und bleiben in dieser Phase ihrer Entwicklung willentlich im »Erden-Dienst«. Und wie gesagt, manche sind bereits wieder in eure Welt eingetreten. Sie werden dem Weltlehrer assistieren, der seinen Körper bereits manifestiert hat und behutsam unter den Menschen wirkt, um die Lebewesen eures Planeten auf eure neue Bewusstseinsstufe zu führen.

Auf allen Planeten gibt es spirituelle Hierarchien, deren verschiedene Ebenen mit den Seelen dieser Planeten arbeiten. Diese Seelen befinden sich auf ganz unterschiedlichen Stufen der Evolution. Die spirituelle Hierarchie der Erde ist also dazu da, die Menschheit in ihrer Evolution zu fördern. Die Angehörigen dieser Hierarchie sind den verschiedenen Ebenen der spirituellen Entwicklung und der religiösen Anschauungen unter den Bewohnern der Erde zugeordnet. Zurzeit arbeiten sie alle mit ihren jeweiligen Gruppen, um die Einigung des Bewusstseins anzubahnen und eure spirituellen Anschauungen, aber auch das Bild, das ihr von euch selbst habt, mit der Realität der Hierarchie und des Schöpfers in Einklang zu bringen. Viele der großen Probleme in eurer Welt sind auf eure spirituelle Unwissenheit zurückzuführen. Der Weltlehrer ist der Christus selbst, sehr hoch entwickelt. Er nimmt unter den eurem Planeten zugeordneten Wesenheiten einen sehr hohen Rang ein. Und alle diese Wesen waren einst Menschen mit Körpern wie euren, nur dass sie auf dem Pfad der Evolution schon viel weiter sind. In dieser kritischen Zeit sind sie da, um euch anzuleiten.

Die Abmachung und wie man aus Verlusten lernt

Ihr seid auf der Erde, um zu lernen und euch zu entwickeln. Wenn ihr einen bestimmten Erfahrungsbereich im Laufe eurer Inkarnationen bewältigt habt, geht ihr zum nächsten über und lernt, was dort zu lernen ist – bis ihr die irdische Erfahrung ganz ausgeschöpft habt und die Beschränkungen dieser Daseinsform endgültig von euch abfallen.

Alle Seelen müssen immer weiter den Weg ihrer Evolution gehen. Wenn euch der Tod eines anderen sehr schwer trifft, ist es so, als würdet ihr dieser Seele das friedliche Dasein, das sie jetzt haben könnte, nicht zugestehen. Die Sehnsucht der Hinterbliebenen nach dem Verstorbenen kann dessen Seele erheblichen Schaden zufügen. Anstatt nämlich den Übergang einfach zu bejahen und das Licht zu suchen, wird diese Seele das Gefühl bekommen, sie dürfe sich keine angemessene Ruhezeit in ihrer Heimatdimension gönnen, sondern müsse sich möglichst schnell wieder auf der Erde inkarnieren. So bleibt ihre Energie irgendwie auf der Astralebene hängen und gelangt gar nicht erst in ihre Heimatdimension. Manche dieser Seelen irren wegen dieses Zugs, der von ihren Lieben auf der Erde ausgeht, jahrelang in den Astralbereichen umher und versuchen verzweifelt zurückzukehren. Wenn ihr von jemandem nicht lassen könnt, dann macht euch bitte klar, dass ihr dieser Seele nicht die Freiheit gewährt, ihre eigene Entwicklung fortzusetzen. Lasst sie ziehen, ihr werdet alle diese Seelen wiedersehen. In den meisten Fällen habt ihr ohnehin schon viele Inkarnationen mit ihnen verbracht. Sie gehören alle zu eurer Seelengruppe, die aus sehr vielen oder relativ wenigen bestehen kann. Ihr habt auch alle schon verschiedene Rollen innerhalb einer Familie gespielt, wobei die Seele sich immer andere Elemente der Lebenserfahrung erarbeitet und immer wieder Neues lernt.

Zwischen dir und den übrigen Mitgliedern deiner Seelengruppe bestehen Abmachungen, die ihr lange vor deiner jetzigen Inkarnation getroffen habt und die darauf hinauslaufen, dass jeder eine bestimmte Rolle für den Lernprozess der anderen spielen würde. Manchen können negativ erscheinende Rollen zugefallen sein, anderen positive – aber all das ist im Voraus vereinbart worden, damit jeder das für ihn Notwendige lernen kann.

Also, die Seelen, die die Erde verlassen und weiterziehen, setzen auch ihre Evolution fort, und für die Zurückbleibenden, die ihr Erdenleben fortsetzen, beinhaltet das eine Lektion. Ihr sollt aus diesem Verlust, auf den ihr euch wie gesagt *vor* dieser Inkarnation verständigt habt, etwas lernen. Euch obliegt es, euren Teil der Abmachung einzuhalten, bis alles erfüllt ist und ihr selbst den Schritt hinüber tun könnt.

Es ist ganz natürlich, dass ein Verlust euch traurig macht, aber eigentlich ist es gar kein Verlust. Nur weil ihr es als Verlust seht, empfindet ihr Verlust. In eurem Denken erzeugt ihr eine Idee, wie ihr euch fühlt, und dann fühlt ihr so. Euer Denken ist auf diesem Abschnitt eures evolutionären Weges im Allgemeinen vom Ego motiviert. Wenn ihr glücklich zu sein beschließt, werdet ihr glücklich sein. Entscheidet ihr euch für Depression und Angst, dann ist eben das eure Realität. Es bringt euch nichts ein, bei euren Verlusten zu verweilen, zumal es wie gesagt gar kein Verlust ist, sondern der Übergang von einer energetischen Existenzform in eine andere. Lasst die Seelen der Verstorbenen ziehen, begleitet sie mit liebevollen Gedanken, mit Gedanken der Freude, damit sie heimgehen können, dorthin, woher ihr alle kommt. Entlasst sie mit so viel Liebe, wie ihr aufbringen könnt, in ihre neue Existenz, feuert sie an. Macht euch klar, dass ihr nicht verlassen worden seid und euch nur noch dem Jammer hingeben könnt, sondern dass ihr in eine neue Lernphase eintretet und einen weiteren Schritt der Entwicklung eurer Seele zu tun habt. Das Licht und die Liebe des Schöpfers sind um euch und werden es immer sein: Ihr seid nicht davon getrennt. Ihr müsst nichts weiter tun, als euch auf die göttliche Energie des Schöpfers auszurichten, und ihr werdet alle Hilfe bekommen, die ihr für die Entwicklung eurer Seele braucht. Ihr müsst nur darum bitten, mehr nicht. Das kann durch Gebet oder Meditation geschehen, durch das, was euren gegenwärtigen spirituellen Überzeugungen am besten entspricht.

Tod durch eigene Hand

Ich möchte an dieser Stelle noch ein anderes Thema im Zusammenhang mit dem 11. September ansprechen, nämlich Selbstmord. Der Körper ist ein Geschenk, es ist sehr wichtig, sich das bewusst zu machen. Einige von euch, meinen Lesern, werden an diesem Tag geliebte Menschen verloren haben und den Verlust vielleicht als unerträglich empfinden. Euch möchte ich sagen, dass die an den Ereignissen beteiligten Seelen diesen Tod als eine der Wahrscheinlichkeiten ihres Lebens gewählt haben, und nicht nur für sich selbst, für die Entwicklung ihrer eigenen Seele, sondern auch für euch. Zur Frage des Selbstmords gibt es sehr klare Regeln: Du darfst dir nicht das Leben nehmen. Selbstmord ist ein Verstoß gegen das universale Gesetz. Manche werden das Gefühl gehabt haben und vielleicht noch haben, dass sie einfach nicht mehr weiterkönnen. Trotzdem, führt dieses Leben zu Ende und lernt, was ihr euch vor dieser Inkarnation vorgenommen habt zu lernen.

Was nun die Selbstmordattentäter angeht, sie sind alle bereits wieder inkarniert, und zwar in ganz ähnliche Lebensumstände hinein wie in ihrem letzten Leben. Erneut wachsen sie in ihrem früheren gesellschaftlichen Glaubenssystem auf und haben unter den gleichen äußeren Bedingungen eine neue Chance, in Richtung Licht zu gehen.

Wer andere Menschen oder sich selbst getötet hat, dessen Seele kann, wenn sie den Körper abgestreift hat, nicht ihre Heimatdimension aufsuchen. Die Geistführer werden diese Seele vor den Rat bringen, wo die Ältesten ihr eröffnen, dass sie zurückkehren muss. In Einzelfällen kann eine Selbsttötung durch die Ratsversammlung in Anwesenheit der Seele gerechtfertigt werden. Aber es gibt nur ganz wenige Umstände, unter denen das möglich ist. Wenn du todkrank warst und dich im Endstadium des körperlichen Verfalls getötet hast, wird dir der Zugang zu deiner Heimatdimension nicht verwehrt. Hast du dein Leben aber mit Drogen, Alkohol und dergleichen ruiniert, gilt das als Selbstmord, und du wirst zurückgeschickt, um es besser zu machen. Der Rat ist auf der astralen Ebene die einzige Instanz, die über Grenzfälle befinden und sie gegebenenfalls billigen kann. In klaren Fällen ist ebenso klar, dass die Seele diesmal nicht in ihre Heimatdimension weiterziehen kann.

Ich möchte an dieser Stelle erklären, was ich mit Heimatdimension meine. Nach dem Tod des Körpers gelangen die allermeisten Seelen in die Heimatdimension der Astralebene, wo sie einander begegnen, sich austauschen und studieren. Es gibt viele Heimatdimensionen, alle dem jeweils erreichten Stand der Evolution entsprechend. Und wie ich schon sagte, es ist schön dort. Die Seele findet hier Frieden und Liebe und verbringt hier den größten Teil ihrer Zeit zwischen den Inkarnationen. Die Seelen entscheiden hier auch, ob sie erneut einen Teil ihrer Energie transferieren wollen, und wenn ja, welchen Planeten sie aufsuchen werden; für die allermeisten wird das wieder die Erde sein – so lange, bis die Erd-Erfahrung abgeschlossen ist.

Von eurem spirituellen Entwicklungsstand hängt es ab, wo und in welcher Form ihr euch erneut inkarnieren werdet. Es müssen immer bestimmte Erfahrungen gemacht und bewältigt worden sein, bevor man in die höheren Dimensionen aufsteigen kann. Alle Wesen nehmen sich bestimmte Erfahrungen vor, die sie in verkörperter Form machen wollen, und wählen freudig den dazu passenden Körper. Das kann ein grobstofflicher oder ein ätherischer Körper sein, ganz auf die Dynamik des Bereichs zugeschnitten, in dem sich diese Existenz abspielen wird. Viele Lebensformen sind für die Bewohner der dreidimensionalen Schwingungsebene nicht sichtbar. Ihr seht sie nicht, aber sie sind vorhanden, und an irgendeinem Punkt der Entwicklung eurer Seele werdet ihr sie wahrnehmen können.

Schuldgefühle

Ich möchte jetzt in unserem nächsten Gesprächsabschnitt auf das zu sprechen kommen, was ihr als Schuld wahrnehmt. Ich sage bewusst »wahrnehmt«, denn es handelt sich in der Regel um ganz subjektive Regungen, um Einbildungen. Wenn etwas vorfällt, das euch Unbehagen bereitet, nützt es gar nichts, euch auch noch Selbstvorwürfe zu machen. Es wurde etwas unternommen, was nicht zum gewünschten Resultat führte, weiter nichts. Es war eine Lernerfahrung, und wahrscheinlich habt ihr tatsächlich etwas gelernt. Dann geht man weiter. Mit Selbstvorwürfen setzt man nur eine Kettenreaktion in Gang, die Körper und Geist am Ende mit mehr als bloß Schuldgefühlen belastet. Solche Gedanken setzen sich nämlich in allerlei Störungen seelischer oder körperlicher Art um. Und solche Störungen manifestieren sich, weil ihr eure Zellen mit den Gedanken, die ihr ihnen aufladet und einimpft, ihres freien Willens beraubt. Sich selbst überlassen, haben sie nichts anderes im Sinn, als etwas Ganzes und Gesundes zu schaffen – dich. Negative Gedanken belasten und verändern das Bewusstsein der Zellen, bis schließlich das körperliche Gesamtbewusstsein nicht mehr in der Lage ist, den Körper gesund zu erhalten.

Verweilt nicht bei Schuldgefühlen, sie tun euch nicht gut – zumal es Schuld im Grunde ohnehin nicht gibt. Schuldgefühle sind Produkte eures Denkens. Und sie führen zu nichts. Wenn ihr euch mit Vorwürfen bestraft, könnt ihr euch nicht verzeihen, und damit schließt ihr das Licht des Schöpfers aus. Ändert bewusst euer Denken und lasst die Schuldgefühle los, damit tut ihr mehr Gutes, als auf den ersten Blick erkennbar ist. Negative Gedanken, die nur endlos in sich selbst kreisen, unterbinden das Wachstum eurer Seele.

Manche von euch werden beim Lesen dieser Sätze sagen: »Das klingt ganz gut und auch wahr, aber wie kann ich verhindern, dass solche Gedanken sich einstellen.« Indem ihr sie ganz bewusst wahrnehmt. Seht euch an, warum ihr solche Gedanken und Gefühle habt, fragt euch nach den Hintergründen. Macht euch auch die begleitenden Körperempfindungen bewusst und untersucht sie. Gibt es noch andere Gefühle und Gedanken, die an der Erzeugung solcher Empfindungen beteiligt sind? Ihr werdet sehen, dass es in der Tat noch weitere gibt, vielleicht eine ganze Menge. Über eure Gedanken wäre vieles zu sagen, denn sie sind letztlich das, was ihr seid. Ohne sie würdet ihr nicht existieren. Wenn ihr einmal ganz unvoreingenommen eure Gedanken betrachtet, werdet ihr sehen, dass ihr nicht nur die Schuldgefühle selbst erzeugt, sondern auch die meisten anderen Gefühle, die die Entwicklung der Seele empfindlich stören können. Ich werde euch in diesem Buch eine Reihe von Übungen zeigen, mit denen ihr eure Gedanken klar erkennen und eure tiefen Überzeugungen korrigieren könnt.

Euer Körper ist ein wahres Wunderwerk, und eigentlich soll er euch Freude machen, denn durch ihn könnt ihr all das erfahren, was die Erde zu bieten hat. Ganz sicher ist er nicht als etwas Beschämendes gemeint, das man besser mit Textilien verhüllt, so gut es geht. Natürlich sage ich damit nicht, dass ihr nackt auf die Straße rennen sollt; in eurer Gesellschaft gibt es Regeln, und man würde euch vermutlich festnehmen. Aber nehmt dieses Bild als Metapher und befreit eure Energie aus der Umklammerung eurer Glaubenssätze. So setzt ihr eure schöpferischen Kräfte frei. Gewöhnt euch an, eure Mitmenschen wieder mit echtem Interesse zu betrachten – jeder

Einzelne entspringt derselben göttlichen Energiequelle und gehört zu ihr. Wir sehen euch zu, und wir schicken euch Liebe. Alle Manifestationen der göttlichen Energie möchten im Grunde im Einklang miteinander leben. Doch das mag zum Thema Schuld erst einmal genügen. Was ich hier gesagt habe, lässt sich auf jede Situation anwenden, in der euch negative Regungen bewusst werden, die ihr gern los wäret.

Negative Energien

Alle Seelen, die am 11. September die Energieebene gewechselt haben, wussten bereits vor dem Eintritt in dieses Leben, dass sie durch ihre Beteiligung an einem die ganz Welt umspannenden Aufwachen und Bewusstseinswandel mitwirken würden. Das Ende ihres Erdendaseins wurde lange vor ihrer Geburt so geplant und abgemacht. Diese tapferen Seelen wussten, dass diese Ereignisse dem Bewusstsein der Menschen wieder eine gemeinsame Ausrichtung geben und der stagnierenden Evolution einen neuen Impuls geben würde. Es war kein vergebliches Opfer. Viele Menschen wurden sich in dem Schock endlich wieder ihrer selbst und ihrer Beziehung zu allen anderen Menschen bewusst. Eure gegenwärtigen Gedanken setzen sich in Handlungen um, die für eure zukünftige Realität entscheidend wichtig sind. Ich werde in diesem Buch sehr deutlich machen, wie unmittelbar eure Gedanken eure Wirklichkeit gestalten und was folglich zu tun ist, um Veränderungen zum Besseren zu bewirken.

Immer wenn eine Gesellschaft an großen inneren Spannungen krankt, treten Ereignisse ein, die das Bewusstsein auf friedliche Daseinsformen zurücklenkt. Das war schon bei der Pest und bei allen großen Kriegen so: Solche Massenereignisse geben Impulse in Richtung Evolution. Die Menschen lernen aus ihnen und finden zu einem besseren Gleichgewicht der Gesamtgesellschaft. Die Seelen des 11. September wussten vor ihrer Inkarnation, dass die Ereignisse zur wahrscheinlichen Wirklichkeit ihres Lebens gehören würden, sie wussten um die Wahrscheinlichkeit ihres Todes. Nach der Geburt und in diesem Leben freilich wussten sie nichts mehr davon. Wahrscheinliche Wirklichkeit bleibt wahrscheinlich, bis sie durch das Denken und den freien Willen des Menschen realisiert wird. Für viele, viele andere bestand ebenfalls diese Wahrscheinlichkeit, aber aus diesem oder jenem Grund wurde sie bei ihnen nicht Wirklichkeit.

Die Leute, die ihr Terroristen nennt – sie terrorisieren die Menschheit jedoch vor allem mit ihren Glaubenssätzen –, unterscheiden sich in der Essenz ihrer Seele nicht von euch. Sie sind trotz allem die Energie des Schöpfers, daran ändern die vom Ego diktierten fehlgeleiteten Gedanken und Taten nichts. Wir alle, in allen Universen, sind miteinander verbunden, wir sind eins. Mir ist klar, dass viele von euch das nicht ohne Weiteres akzeptieren können. Wer Einzelne oder ganze Völker terrorisiert, steht unter dem Einfluss negativer Kräfte, das liegt für jeden auf der Hand. Der 11. September war ein Weckruf für die Menschheit, und es werden weitere folgen, bis eure Regierungen endlich aufhören, mit Atomwaffen und anderen Massenvernichtungswaffen zu drohen, um stattdessen Armut, Angst und Leid in der Welt zu beseitigen.

Würdet ihr doch nur einmal anhalten und alles, was ihr für wahr haltet, genau betrachten! Ihr würdet sehen, dass ihr die meisten dieser Wahrheiten einfach ungeprüft übernommen habt. Ihr gebt euch mit den von anderen verbreiteten »Wahrheiten« zufrieden, zum Beispiel der, dass die Welt und die Menschen es auf euch abgesehen haben. Wo Menschen unter dem Einfluss negativer Ego-Energien stehen, kann es ja tatsächlich so aussehen. Doch das scheint nur vorübergehend so, solange die Betroffenen sich im Gespinst solcher Einflüsse verfangen haben. Sobald man klar sieht, dass es diese Kräfte gibt, kann man besser aufpassen und verhindern, dass sie sich an euer Licht heften.

Ihr erlebt derzeit den Zusammenbruch vieler eurer für unantastbar und unzerstörbar gehaltenen Institutionen. Ihr könnt außerdem nicht mehr an den Gräueln in eurer Welt vorbeischauen und seht euch manchen der finstersten Kräfte auf euren Planeten direkt gegenüber. Die nahe Zukunft wird eure alten Glaubenssysteme noch um einiges weiter abbröckeln lassen. Das gehört einfach zu dieser Evolutionsphase der Erde und ihrer Bewohner. Einige der für vollkommen sicher gehaltenen gesellschaftlichen Glaubenssätze werden sich in nichts auflösen – weil sie von vornherein keinerlei Wahrheitsgehalt besaßen.

Alle Seelen möchten sich entwickeln, das ist ihre Natur; aber wo sie negativen Kräften das Ruder überlassen, wissen sie nicht mehr, wie sie es anstellen sollen. Viele von euch laufen verängstigt und verzweifelt umher, weil ihr die Ereignisse ringsum so wahrnehmt und auslegt, dass eure Seele gar nicht mehr wissen kann, wozu sie eigentlich auf eurer schönen Erde ist. Ich werde euch ein paar einfache Übungen zeigen, mit denen ihr dem Einfluss negativer Kräfte auf euch entgegenwirken könnt. Ihr müsst unbedingt lernen, wie ihr alles, was auf euch zukommt, filtern könnt, um das auszusondern, was nicht gut ist. Sehr viele nehmen ja alles, was von der Obrigkeit oder aus den Medien kommt, für bare Münze. Aber was da als Wahrheit daherkommt, ist meist etwas ganz anderes. Horcht alles genau ab, und was euch ein ungutes Gefühl macht und keine positive Lebenshaltung zulässt, das sortiert aus.

ÜBUNG 1: DIE SCHACHTEL

Wenn du dich ängstigst und negative Gedanken hast oder mit solchen Gedanken im Gespräch mit anderen bombardiert wirst und dich nicht davon lösen kannst, rate ich dir zu Folgendem: Statte dich mit einer kleinen Schachtel aus, einer imaginären Schachtel. Die trägst du dann immer bei dir, wohin du auch gehst. Wenn Negatives auf dich einstürmt, machst du deine Schachtel auf, packst diese Gedanken, steckst sie hinein und machst den Deckel wieder zu. Du kannst dir vorstellen, dass du die kleine Schachtel um den Hals trägst oder in der Tasche hast, aber immer, wenn negative Gedanken nicht abzuschütteln sind, steckst du sie sofort in die Schachtel. Deckel zu. Wenn du sie hineingesteckt hast, streich sie bewusst aus deinem Gehirn. Das funktioniert sehr gut, und nicht nur mit Gedanken, sondern sogar mit Leuten. Du kannst das Vorstellungsbild einer kompletten Person in die Schachtel stecken und dir dabei vorstellen, dass sie da geläutert und heil und ganz dem Universum zurückgegeben wird. Immer wenn du das machst, trägst du dazu bei, dass etwas von der Negativität anderer »aufgeräumt« wird – auch wenn sie selbst nichts davon merken. Was sie dir auch nach deiner Meinung angetan haben mögen, steck sie mit ganz viel Liebe in deine Schachtel. Wenn es nämlich liebevoll geschieht, verwandelt sich alles in Liebe und kommt so zu dir zurück. Wenn du dann merkst, dass sich die Gedanken doch wieder einstellen, die Leute dir doch wieder zusetzen, dann mach einfach die Schachtel auf und steck sie erneut hinein – bis du darin wirklich gut bist. Es wird Routine. Was da an Gedanken kommt, kann Hass, Habgier, Vorurteil oder irgendetwas sein. Wenn du zum Beispiel mit dem Auto unterwegs bist und dich plötzlich über irgendwen aufregst, dann besinn dich, pack diesen Gedanken beim Schopf, und ab in die Schachtel. Das heißt, es wirkt in beiden Richtungen, einwärts und auswärts.

Die Gedanken der Menschen breiten sich ins Universum aus und werden dort von höherdimensionalen Wesen neutralisiert. Wir können nicht zulassen, dass eure negativen Gedanken auf andere Wesen in anderen Sonnensystemen einwirken. Da Gedanken Energie sind und Energie unzerstörbar ist, verfügen wir über sehr effektive Methoden, eure Gedanken mit Hilfe von Kristallen zu neutralisieren beziehungsweise zu transformieren und dann als Liebesenergie zu eurem Planeten zurückzuschicken. Wenn ihr negative Gedanken in eure Schachtel steckt, tut ihr im Grunde das Gleiche. Stellt euch die Schachtel als einen tiefen, unten mit Kristallen ausgekleideten Schacht vor. Die Kristalle fangen die negative Energie der Gedanken auf und neutralisieren sie. Wenn eine Person in die Schachtel wandert, stellt ihr euch vor, dass sie von den heilenden Energien der Kristalle eingehüllt wird. Und wenn ihr das oft genug so gemacht habt, werdet ihr positive Veränderungen an euch selbst und anderen bemerken.

2 Ihr seid eins

Die Wirklichkeit der Seele

Alle nicht inkarnierten Seelen setzen sich in harmonischer Zusammenarbeit für die Evolution aller ein. So etwas wie Rassenvorurteile gibt es hier natürlich nicht. Die Seelen, die nach dem Tod des Körpers ihre Heimatdimension aufsuchen, nehmen in dieser Zeit zwischen zwei Inkarnationen, wo man keinen Körper braucht, gern irgendein äußeres Erscheinungsbild an, mit dem sie sich wohlfühlen – männlich oder weiblich, dunkel oder hell, alle Möglichkeiten stehen offen. Manche mischen sich zur Erinnerung an alle möglichen Leben, die ihnen etwas bedeuten, ein bunt gewürfeltes Aussehen zusammen. Andere brauchen überhaupt kein bestimmtes Aussehen und strahlen einfach das Licht ihrer Liebe aus. In diesem Bereich zwischen den Leben erkennt ihr einander in jeder nur erdenklichen Aufmachung. Man kann das zuerst gewählte Aussehen auch wieder ändern, und viele tun es. Alle, die ihr gekannt habt, sehen euch so, wie ihr im Grunde seid, und eure Essenz wird auch von denen erkannt, mit denen euch eher unerfreuliche Begegnungen verbinden. Gedanken werden telepathisch gelesen. Auf der Erde beginnt ihr in der gegenwärtigen Phase eurer Evolution gerade erst etwas von dieser Fähigkeit zu ahnen.

Ich will natürlich darauf hinaus, dass ihr auch als inkarnierte Seelen schon lernen solltet, alle Menschen so unterschiedslos zu betrachten, einerlei, wie sie aussehen oder was sie glauben. Ihr entspringt alle derselben Energiequelle und seid demnach als Brüder und Schwestern verbunden. Ihr selbst und ihr allein entscheidet, in was für einen Körper und in welches Glaubenssystem ihr euch inkarnieren werdet, damit die Seele in jeder erdenklichen Existenzform Erfahrungen sammeln und sich entwickeln kann – männlich und weiblich und in allen Hautfarben, die auf der Erde vorkommen. Jeder von euch hat schon selbst den Völkern angehört, auf die ihr jetzt argwöhnisch oder geringschätzig herabblickt. Da eure sämtlichen Inkarnationen eigentlich parallel oder simultan stattfinden (darauf wird noch detailliert einzugehen sein), wirken sich die Gedanken dieses Lebens auf alle anderen Leben aus. Alles in allem sollte jedenfalls klar sein, dass die Zukunftsaussichten durchaus gut sind, wenn die Menschheit sich nur endlich auf schlichte Vernunft besinnt.

Schwarz und Weiß

Die Evolution der Rassen folgt einem Plan und hat einen Zweck. Ich verwende das Wort »Rasse« hier, weil es euer Begriff ist und ich in eurem gewohnten Denkrahmen mit euch sprechen möchte. Bei dem, was ihr als Rassen bezeichnet, handelt es sich eigentlich gar nicht um Rassen, sondern um Variationen ein und desselben Themas, von euch selbst »komponiert«. Hier kamen, wie überhaupt bei der Gestaltung eures Planeten, viele Faktoren zusammen. Der Schöpfer hat verschiedene Körpertypen geschaffen, die am besten an die Bedingungen in den unterschiedlichen Klimazonen der Erde angepasst waren. Das ist auch schon alles. Dunklere Haut da, wo man stärker der Sonne ausgesetzt ist. Helle Haut da, wo die Sonneneinstrahlung nicht so stark ist. Stärker pigmentierte Haut wirkt einfach als Sonnenschutz. Seht euch um in der Welt, und es wird euch einleuchten, zumindest sollte es niemanden überraschen. Man sieht einfach in Südamerika nicht lauter käsige Weißlinge. Das ist das ganze Geheimnis.

Es sind aber auch Seelen aus anderen Sonnensystemen hierhergelangt. Sie wurden verpflanzt, um die Vielfalt auf der Erde zu vergrößern. Ihr stammt nicht von Affen ab, wie eure Wissenschaftler euch einzureden versuchen. Sicher, sie haben Übereinstimmungen festgestellt, aber das ist auch schon alles. Die Affen und Gorillas und die Menschen der Urzeit wurden aus anderen Sternensystemen hierherverpflanzt. Die Körper, mit denen ihr euch jetzt identifiziert, stammen ursprünglich alle aus anderen Systemen. Die meisten von euch entstammen jetzt der Zivilisation von Atlantis und sind sehr eng mit den Bewohnern des Sirius verbunden. Deshalb werden die Wissenschaftler die Evolution der Menschheit so lange nicht wirklich zurückverfolgen können, bis sie ihre Augen auch für andere Erfahrungsdimensionen öffnen.

Die meisten von euch haben mal in dieser, mal in jener Rasse gelebt, immer den jeweiligen Lern- und Evolutionsbedürfnissen entsprechend. Leider geistern viel zu viele Ideen von Gut und Böse in euren Köpfen und haben euch jetzt so weit gebracht, dass ihr weiß für gut und dunkel für schlecht haltet. Doch das ist angesichts der genannten wahren Gründe für die verschiedenen Hautfarben derart abwegig, dass es aus unserer Perspektive wie schierer Wahnsinn aussieht. Wir sehen uns eure seltsame Logik an und finden es sehr traurig, wie ihr die Schönheit dieser Schöpfung mit euren Hirngespinsten und Ängsten entstellt. Ihr nehmt etwas Schönes und verwandelt es in euren Gedanken in Hässliches. Und dann fürchtet ihr euch vor der Realität, die ihr mit euren eigenen Gedanken geschaffen habt. Ihr habt euch von euren Ängsten vor anderen mitreißen lassen und glaubt jetzt den Kampf der Guten gegen die Bösen führen zu müssen. Es wird Zeit, dass ihr euch diesen Gedanken aus dem Kopf schlagt, hell sei gut und dunkel schlecht. Das gilt natürlich umgekehrt auch für die dunkelhäutigen Rassen. Auch für euch wird es Zeit, mit dem Gedanken aufzuräumen, weiß sei böse und dunkel gut. Es ist eure gemeinsame Evolution, ihr seid eins! Für die Evolution der Seele spielt hell oder dunkel nicht die geringste Rolle. Alle künstlichen Grenzen, die hier gezogen werden, verhindern vielmehr die Evolution der Seele.

Wegen dieser verdrehten Gedanken habt ihr euch alle irgendwo in separaten Gemächern eingeschlossen und die Schlüssel aus dem Fenster geworfen. So lebt ihr in abgeschotteten Gesellschaften, hinter Schmiedeeisernem verbarrikadiert, immer in Ängsten, dass jemand von falscher Hautfarbe hereinkommen könnte und dann sehen würde, wer ihr wirklich seid, oder um euch etwas Kostbares wegzunehmen. Um all diese Einbildungen zu beenden – »Einbildungen«, weil das, was ihr zu sehen glaubt, in Wirklichkeit nicht existiert –, müsst ihr nur eure Ängste einmal nüchtern betrachten. Was ihr als Realität seht, ist einfach die Manifestation eures Bewusstseins, eures Denkens. Eure wahre Wirklichkeit ist etwas anderes, nämlich Manifestation dessen, was im Geist Gottes ist. Alles andere ist Illusion. Ihr habt es wahrlich verstanden, euch Steine in den Weg eurer eigenen Evolution zu legen. Aber euer Bewusstsein weitet sich, und ihr werdet lernen, euch selbst und eurer Intuition zu vertrauen, sodass ihr nicht mehr den negativen Kräften zuarbeitet, die euch in euren Separées halten möchten. Es ist höchste Zeit, dass ihr als Brüder und Schwestern in Einklang zu leben lernt. Einer kann ohne den anderen nicht sein, denn durch euren gemeinsamen Ursprung in der einen göttlichen Energiequelle *seid* ihr eins.

Macht euch klar, wie wichtig eure Beziehungen zueinander sind. Viele hören gar nicht gern, dass die Ereignisse des 11. September ein Weckruf gewesen sein sollen, aber erinnert euch einmal an eure Gefühlslage danach. Hattet ihr nicht für einige Zeit (nicht sehr lange; wir beobachten, wie das schon wieder verblasst) ein Gefühl der Verbundenheit mit euren Mitmenschen? Gab es da nicht seit Langem endlich mal wieder Liebe und Mitgefühl? Blickt einem Fremden in die Augen. Gut möglich, dass ihr euch selbst da seht. Nach dem 11. September sahen wir euch die notwendigen Schritte zur Einleitung eurer weiteren Seelenevolution tun. Ihr fingt an, euch wirklich füreinander zu interessieren. Eure Mitmenschen lagen euch am Herzen, sie konnten mit eurem Mitgefühl und Zuspruch rechnen. Bleibt dabei. Vergesst nicht, was die Ereignisse euch offenbart haben, lasst sie nicht einfach Vergangenheit werden. Sie sind ein Teil eurer Evolution, und wenn ihr sie so nutzt und eure Welt verändert, werden die Gestorbenen ihr Leben nicht umsonst gegeben haben. Ihr müsst den Terroristen nicht in die Hände spielen; damit schürt ihr nur deren unstillbares Verlangen nach Macht und Herrschaft. Verbindet eure Energien wieder, um eine herrliche neue Welt zu schaffen, in der Frieden herrscht und ihr einander wohlwollend begegnet. Es ist nicht schwierig. Ihr müsst es euch nur aufrichtig wünschen.

Hier eine Übung, mit der ihr die Barrieren der Angst zwischen euch und euren Mitmenschen einreißen könnt:

ÜBUNG 2: MIT FREMDEN SPRECHEN

Sprich heute irgendwo jemanden an, den du überhaupt nicht kennst. Sei freundlich und zuvorkommend und sieh ihm oder ihr in die Augen. Vielleicht erkennst du diese Augen wieder, vielleicht nicht, aber denk daran: Ihr seid eins, ihr gehört beide zur selben Essenz der Energie Gottes. Sieh zu, ob du jemanden ansprechen kannst, den du normalerweise keines Gedanken würdigen würdest. Das ist vielleicht nicht ganz einfach, du wirst hier womöglich Barrieren der Angst und des Vorurteils durchbrechen müssen. Wenn du jeden Tag solche Vorstöße unternimmst, wirst du bald die Freude deiner Seele spüren und zumindest ahnen, was es mit deinem wahren Wesen auf sich hat. Äußerlich seid ihr sehr verschieden, doch das war eure eigene freie Entscheidung. Vergiss nie: Ihr habt alle eure Ängste selbst erzeugt. Wenn du regelmäßig übst, kannst du alle Schranken überwinden.

Kulturen

Sprechen wir von den Kulturen eurer Welt, denn die halten offenbar auch nicht, was sie einst versprachen. Die ersten kulturellen Bestrebungen auf eurem Planeten erwuchsen aus Freude an der Erschaffung des eigenen Bewusstseins, aus schierer Begeisterung für die wachsende Vielfalt menschlicher Ausdrucksformen und Identitäten. Nach der Entdeckung ihrer kreativen Fähigkeiten besaßen die Menschen immer mehr Möglichkeiten, sich unverwechselbaren Ausdruck zu verschaffen. Den Wegbereitern schlossen sich andere an, und so entstanden die ersten Kulturen. Denen entsprangen weitere und immer so fort, jede mit ihren ganz charakteristischen Eigentümlichkeiten. Die Vielfalt wurde immer größer, weil die Menschen den Glaubensüberzeugungen anderer ihr eigenes Gepräge gaben oder überhaupt zu ganz neuen Offenbarungen kamen. Dann kam die Zeit der Völkerwanderungen, und von da an waren mit den einzelnen Kulturen auch territoriale Vorstellungen verbunden. Die wandernden Völker nahmen das Gedankengut ihrer Ursprungskultur mit und erweiterten es, und so entstanden ganze Zivilisationen, die sich durch ihren Glauben und ihre Gebräuche definierten. Das Ganze evolviert immer weiter, ihr könnt das sogar heute noch verfolgen. Jetzt leben Menschen unterschiedlichster kultureller Herkunft auf dem gleichen Staatsgebiet, und die Glaubenssysteme ändern sich und werden erweitert. Von den meisten Kulturen wird dies oder jenes überleben, manches wird ausgesondert, anderes bewahrt, während die Menschheit in ihrer gemeinsamen Evolution voranschreitet. Es war alles als Bestandteil eures Lernprozesses auf der Erde gemeint, eine Fülle und Vielfalt der Erfahrung, aus der ihr schöpfen könnt.

Die Kulturen wollen sich also mischen, sie möchten zusammenfinden, nur ist das leider auch von Konflikten begleitet. Es gibt nach wie vor starke territoriale und kulturelle Überzeugungen, an denen die Völker festhalten möchten. Vielfach sieht es so aus, als würde eine Gesellschaft gezwungen, das Denken und die Kultur einer anderen zu übernehmen, und die daraus entstehenden Spannungen schüren Kriegsbereitschaft.

Die Vereinigten Staaten als »Schmelztiegel« aller Kulturen haben bekanntlich einiges an solchen rassischen und kulturellen Auseinandersetzungen erlebt. Noch heute lässt sich nicht mit Sicherheit sagen, ob dieses Experiment fehlschlagen oder zum Erfolg führen wird. Es wird von euren weiteren Entscheidungen abhängen – davon, ob ihr schnell oder langsam aufwacht. Der Plan des Schöpfers sieht so aus: Der nordamerikanische Kontinent sollte ein Experimentierfeld sein, auf dem sich herausstellen würde, ob die Menschheit in der Lage ist, in friedlichem Miteinander zu leben. Viele, die in ein solches Experiment hineingeboren werden, stellen sich vor, das Glück liege irgendwo anders. Aber das Glück liegt nie in einem anderen Land, es liegt immer in eurem eigenen Geist. In einem multikulturellen Land sieht man sich vor die Herausforderung gestellt, in einem so heterogenen Gebilde zu lernen, wie man als *eine* Nation zusammenleben kann. Was den verschiedenen Kulturen in diesem Schmelztiegel so große Schwierigkeiten macht, ist das Gefühl, ständig den Angriffen anderer ausgesetzt zu sein. Aber durch die weiteren Schritte ihrer Evolution und das Erwachen der Seele wird den Menschen klar werden, dass man nie von anderen, sondern immer nur von den Folgen der eigenen Glaubenssätze attackiert wird. Es ist einfach eine andere Perspektive.

Wut und Hass

Zuerst packt einen die Wut, dann folgt der Hass. Nach dem 11. September waren und sind viele von euch von Wut und Hass auf die Ausführenden der Anschläge erfüllt, und das ist angesichts eures gegenwärtigen Glaubenssystems nur zu verständlich. Was da geplant und ausgeführt wurde, war in der Tat grauenhaft. Aber wenn ihr eurem Zorn Ausdruck gebt, dann macht euch klar, woher er kommt, und lasst ihn los. Wenn ihr ihn Hass werden lasst, müsst ihr euch mit den Energien herumschlagen, die der Hass freisetzt und die sich dann stauen. Der Hass fällt schließlich auf den Einzelnen selbst zurück und macht ihn buchstäblich krank, sei es körperlich oder seelisch.

Eure natürlichen Aggressionen und sonstigen Gefühle angesichts dieses Ereignisses müssen geäußert werden, aber so, dass es anderen nicht schadet und ihr das universale Gesetz nicht verletzt. Ärger ist etwas ganz Natürliches und sollte nicht in entlegene Ecken des Bewusstseins verbannt werden, von wo aus er irgendwann doch wieder über euch herfällt. Seht nach, was hinter dem Zorn steckt, und ihr werdet Hilfeschreie hören, eigene und fremde. Es ist also in Ordnung, wenn euch die Taten anderer verhasst sind, aber nur dann, wenn ihr die dahinter stehenden Gefühle und Motive im Einzelnen verstanden habt, um sie dann loszulassen. Ich sage nicht, dass ihr eure Gefühle unterdrücken sollt, das ist keine gesunde Reaktion. Ich sage vielmehr: Seht euch eure Wut an, analysiert sie, fühlt sie, gebt ihr angemessen Ausdruck und lasst sie dann los. Nehmt das Gefühl bewusst wahr, aber verweilt nicht bei ihm, sonst verwandelt es sich in Hass.

In diesem Punkt habt ihr noch viel zu lernen, denn offenbar glaubt ihr, dass Hass in solchen Fällen vollkommen in Ordnung ist. Ihr glaubt es, weil eure Ängste euch gelehrt haben, so zu fühlen. Ihr lauft vor euren eigenen Ängsten und Einbildungen davon. Einbildungen verhindern echte Erkenntnis. Sie erzeugen Ängste. Sie erzeugen Glaubenssätze, die keinen Sinn und Inhalt haben, weil sie nicht wahr sind. Erkennt eure Wahrheit, seid eins mit euch selbst, und ihr werdet keine Angst mehr haben. Wenn ihr eure Einbildungen zurücklasst, ändert sich eure Wirklichkeit, und euer Denken wird keine Ängste mehr erzeugen können. Es steht in eurer Macht, Einbildungen zu überwinden und den Pfad der Liebe zu gehen. Aus der Asche der Angst wird sich die Liebe erheben, eure tiefere Wahrheit. Wer Einbildungen wegräumt, findet darunter immer die Wahrheit. Aber wer andere angreift, schürt nur die eigenen Ängste und die Ängste anderer. Helft ihr dagegen dem anderen, so löst ihr euch von den eigenen Ängsten und der andere kann es ebenfalls. Stellt euch der Angst, und die Wut wird verrauchen, sodass Hass gar nicht erst entsteht.

»Aber wie soll ich das machen?«, höre ich manchen fragen. »Ich habe nun mal diese Wut über die Ereignisse des 11. September.« Nun, Wut erreicht gar nichts, außer dass sie die negativen Energien immer weiter aufpeitscht. Das Problem des weltweiten Terrorismus löst sie ganz bestimmt nicht. Investiert die Energie eures Hasses lieber in Bemühungen, die Ereignisse zu verstehen. Das allein kann zu einer von Frieden und Liebe getragenen Lösung führen, die allen Völkern der Welt ihre Souveränität und Unabhängigkeit zurückgibt, in der ihr dann endlich zueinander finden und eins werden könnt.

Über Schmerz und Verlust hinaus

Seht euch den Gesamtzusammenhang an, in dem es zum 11. September gekommen ist, und ihr werdet erkennen, dass vieles in der Welt im Argen lag. Ich werde darauf später noch im Einzelnen eingehen. Niemand kann euch etwas antun, solange ihr ihm nicht die Macht dazu verleiht. Gesteht euch zu, eure Gefühle zu äußern, aber dann geht weiter. Wenn ihr Zorn und Hass in euch nährt, stimmt ihr euren Körper auf Krankheit und Katastrophe ein. Wer seelisch, körperlich und geistig gesund bleiben will, der versuche nicht, sich einzureden, solche Gedanken und Gefühle seien gerechtfertigt. Sie haben ihren legitimen Platz, aber diese Legitimität ist weit überschritten, wenn eine Grundhaltung von Wut und Hass daraus wird. Das kann nur Kettenreaktionen nach sich ziehen.

Macht euch ganz bewusst, was ihr über die Gewalttäter gedacht habt, aber seht auch, dass die Aktionen nicht gegen euch persönlich gerichtet waren. Etwas ist geschehen und viele waren davon unmittelbar betroffen. Auch von euch sind vielleicht einige betroffen, haben geliebte Menschen durch deren energetischen Übergang in ihre Heimatdimension verloren. Aber wenn ihr an Zorn und Hass festhaltet, hemmt ihr nur Wachstum und Entwicklung eurer Seele. Und wenn ihr wirklich mit eurer Wut auf die Welt und alle Bösewichter weiter durchs Leben gehen wollt, werdet ihr sehen, dass sich solche Gedanken und Gefühle nur zu einem nicht mehr handhabbaren Wust von Frust ausweiten. Ihr treibt euch damit nur in die totale Verwirrung und werdet euch selbst fremd. Nehmt bitte sehr klar zur Kenntnis, was passiert ist. Wenn ihr es nicht verstehen könnt, verweilt nicht bei diesem Unverständnis. Lasst das Geschehene Erinnerung sein, aus der etwas zu lernen ist, und belasst es dabei.

Viel Gutes wird am Ende daraus erwachsen. Das seht ihr wahrscheinlich jetzt noch nicht ein, aber ihr werdet erleben, dass Menschen für die Bedürfnisse anderer empfänglich werden. Es wird so kommen. Das heißt natürlich nicht, dass Gewalttäter einfach so weitermachen können, ganz und gar nicht. Wir haben uns ihrer angenommen, jedes Einzelnen. Es steht ihnen nicht zu, Amok zu laufen und Unschuldige mitzureißen, die wirklich nach dem Licht streben, ob sie es wissen oder nicht. Die Gewalttäter werden nicht mehr frei agieren können. Vielleicht werden sie es immer wieder versuchen, aber wir lassen nicht zu, dass sie eure Erde ernsthaft gefährden. Es wird nicht dazu kommen. Sie werden aus dem Verkehr gezogen.

Jetzt noch eine Übung, mit der ihr den Ursprüngen eurer Wut auf die Spur kommen könnt, um sie dann abzulegen.

ÜBUNG 3: GEDANKEN UND ÜBERZEUGUNGEN ABKLOPFEN

Meine Anregung geht dahin, dass du einen dieser Gedanken untersuchst, die deinen Zorn wecken. Verfolge ihn zurück, um zu sehen, was wirklich in deinem Bewusstsein vorging und dem Zorn Gelegenheit gab, sich zu manifestieren. Oft wird sich zeigen, dass du von anderen erwartet hast, sie sollten deinen Idealen entsprechen. Mach dir klar, dass andere einfach ihr Leben leben, wie du deines lebst. Ihr seid nicht alle an derselben Stelle eurer Seelenevolution. Etwas, woran du Anstoß nimmst, findet ein anderer vielleicht vollkommen in Ordnung. Erkenne diese Unterschiede und lass sie gelten, sonst wird Hass, Ärger und Wut daraus. Du könntest dich hier fragen, weshalb du so entschieden an deiner Überzeugung festhältst, aber bei dieser Übung sollst du vor allem herausfinden, ob deine Gedanken den Energien des Schöpfers entsprechen. Frage dich also, ob deine Seele sich mit solchen Glaubenssätzen in Richtung Licht entwickeln kann. Wenn nicht, dann gib sie auf und sieh zu, ob du einen positiveren Zugang findest. Indem du alte Überzeugungen abbaust, reißt du Barrieren ein; dann fließen dir neue Energien zu, und du kannst weitergehen.

3 Gemeinsame Evolution

Eigenverantwortung

Das Leben auf eurem Planeten ist so angelegt, dass es der Menschheit eine möglichst große Fülle und Vielfalt bietet. Ganz gewiss war nicht vorgesehen, dass Einzelne alles, was sie nicht verstehen oder was nicht zu ihren Idealvorstellungen passt, mit allen Mitteln niedermachen würden. Und da geht es nicht nur um Menschen, sondern um alle Spezies auf eurer Erde. Die Verschiedenheit der Kulturen war als Anregung für das Schöpferische im Menschen gedacht. Von Anfang an sollte die Erde der Planet sein, dessen Bewohner über Willensfreiheit verfügten und daher sehr unterschiedliche Kulturen schaffen konnten. Die Menschheit hat ihren freien Willen genutzt, aber auch selbst untergraben.

Weil ihr euch als unvollkommen betrachtet, sucht ihr Schuldige für das, was ihr als euer Versagen seht. Das Karussell der Schuldzuweisungen dreht und dreht sich überall. Aber jeder ist selbst verantwortlich für das, was er tut, niemand sonst. Ihr leitet euer Tun selbst in die Wege. Eure guten und schlechten Taten gehen von euren Gedanken aus, und so gibt es letztlich keine andere Möglichkeit, als dazu zu stehen. Aber die Menschen entziehen sich ihrer Rechenschaftspflicht trotzdem auf jede erdenkliche Weise und nutzen jeden noch so fadenscheinigen Vorwand, um anderen die Schuld zuzuschieben. Ihr könnt das sicher erkennen, wenn ihr den Meistern dieser Taktik, euren Politikern, zuhört. Wer seine Motive einmal schonungslos unter die Lupe nimmt, wird ganz sicher Punkte finden, wo er anderen die Schuld an den Missgeschicken seines Lebens gibt. Es bringt euch nur Vorteile, wenn ihr euch das eigene Versagen offen eingesteht und dann euren Weg fortsetzt, anstatt endlos andere für etwas zu bestrafen, was ihr einfach nicht wahrhaben wollt.

Ihr alle, ohne Ausnahme, seid hier, um euch spirituell zu entwickeln. Ich wünsche mir sehr, dass ihr, meine Leser, eure Beschwerden über andere aufgebt und euch zur Achtung des euch und anderen gegebenen Lebens entschließt. Ihr hattet das Glück, euch auf dieser wunderschönen Erde inkarnieren zu können. Abermillionen andere warten auf diese Gelegenheit, die relativ rar ist, weil euer Planet weniger Raum bietet als mancher andere. Er kann nur eine begrenzte Menge von verkörpertem Leben tragen und erhalten. Ihr solltet diese Gelegenheit nutzen und die überreichen Möglichkeiten der Erde freudig *teilen*, euch austauschen und diese Erdenerfahrung der Seele gemeinsam machen. Die Erde zählt nicht zu den besonders hoch entwickelten Planeten in der unendlichen Vielzahl der Universen, aber sie bietet so viel an Lernerfahrungen, dass sich viele hier inkarnieren möchten.

Wer sich auf Habgier, Gewalttätigkeit, Hass und Krieg einlässt, schließt sich damit selbst aus dem Kreis derer aus, die miterleben werden, wie die Erde als Ganzes auf eine höhere Bewusstseinsstufe gelangt. Andere Planeten werden vorbereitet, um die aufzunehmen, die den Weg zur Schwingungsebene des Friedens nicht mitgehen wollen. Wie ich erfahren habe, ist Pluto einer dieser nicht gar so wohnlichen Planeten, wo die Angst ein Ausmaß hat, das es bei euch nie gab. Da eure begrenzte Wahrnehmung nicht nachprüfen kann, was ich hier sage, werden manche von euch meinen Worten nicht glauben, aber das ändert nichts an den Tatsachen. Im

Übergangsprozess eurer Energie nach dem Tod eures Körpers werdet ihr nicht mehr daran zweifeln, dass eure jetzigen Gedanken eure nächste Wirklichkeit mitgestalten.

Niemand hat das Recht, die Kulturen oder Staatsgebilde anderer zu beschädigen. Ihr habt ja zurzeit genügend Beispiele für absolut rücksichtslose und fanatische Regierungen und Terrororganisationen vor Augen – wenn ihr das nicht in den Griff bekommt, steht euch noch einiges an Zerstörung ins Haus. Eure Welt war so gemeint, dass ihr voneinander lernen könnt, nicht dass ihr einander gegenseitig totschlagt wie lästige Mücken. Wer Anführern folgt, die Menschen zu Selbstmordattentaten anstacheln, schaufelt sich das eigene Grab. Und entgegen allen Versprechungen hat die Seele von solchen Taten keinerlei Lohn zu erwarten, wirklich gar nichts. Wer sich überreden lässt, wird die Folgen seiner Taten selbst in seiner nächsten Inkarnation zu spüren bekommen, er wird es noch schwerer haben als diesmal, vielleicht sogar anderswo als auf der Erde. Es ist jedermanns eigene freie Entscheidung. Ob ihr eure Evolution vorantreibt oder nicht, liegt ganz bei euch.

Gefährliche Zeiten

Derzeit spielt sich auf eurem Planeten ein großer Kampf ab: zwischen Kräften, die den Menschen wohlgesinnt sind und ihnen Frieden wünschen, und anderen, die nur auf Macht aus sind und die Menschheit beherrschen möchten. Sie halten sich im Augenblick die Waage, und das ist eine gefahrenträchtige Lage. Es sind deshalb jetzt viele wahrscheinliche Wirklichkeiten im Spiel, und es liegt an euch, das Überleben der Erde wirklich ernst zu nehmen. Seht euch genau an, was ihr glaubt, und ändert euren Glauben so, dass euer Überleben gesichert ist.

Den meisten von euch stehen noch etliche Inkarnationen bevor, die ihr gern erleben würdet. Das kann auf eurer Erde oder anderswo sein – nur dass anderswo möglicherweise keine so erfreuliche Option ist. Große Teile der Menschheit haben ihre Klangschwingung, ihr »Summen«, im Laufe der letzten dreißig Jahre angehoben, sodass sie sich dem göttlichen Plan für eure Erde annähern und bereit sind, höheres Wissen zu empfangen. Nach dem Gesetz der Nichteinmischung (von dem noch zu sprechen sein wird) kann euch dieses Wissen nur gemäß dem Stand eurer Entwicklung gegeben werden. Je mehr sich das Bewusstsein weitet, desto mehr von diesem Wissen wird freigesetzt. Deshalb gebe ich euch keinerlei spezifische Problemlösungen; ihr seid hier, um aus euren Erfahrungen zu lernen, und das könntet ihr nicht, wenn euch die Antworten einfach gegeben würden. Ihr müsst euren Überzeugungen selbst auf die Spur kommen, ihr müsst selbst herausfinden, worum es eurer Seele wirklich geht und wohin die Evolution führen soll. Dabei sind euch Fehler unterlaufen, aber ihr habt auch eine Menge gelernt.

Jetzt jedenfalls könnten eurem Planeten ein paar sehr unangenehme Dinge bevorstehen, wenn ihr euch nicht entschließt, einmal genau zu betrachten, was ihr bisher getan habt. Was ihr von jetzt an denkt und tut, ist entscheidend für den Bestand eurer Völkergemeinschaft und der Welt überhaupt. Nie zuvor hat es so viele Konflikte an allen Ecken und Enden der Welt gegeben. Nie zuvor hat die Menschheit über Massenvernichtungswaffen verfügt und so nah am Abgrund balanciert. Die negativen Kräfte, die euch von eurer weiteren Evolution abhalten wollen, werden in der Wahl ihrer Mittel nicht zimperlich sein. Aber die Kräfte des Lichts überschütten euren Planeten mit ihren Energien, um die dunklen Kräfte abzuschneiden und in ihrer eigenen Dimension zu halten. Das führt zwangsläufig zu Auseinandersetzungen, die euch unbeherrschbar erscheinen müssen, aber glaubt mir: Die Mauern der Finsternis müssen erst einstürzen, bevor sie aus Licht neu gebaut werden können.

Natürliche Impulse

In all den vielen Universen ist die Erde ein Planet von besonderer Schönheit. Leben tummelt sich hier in allen nur erdenklichen Spielarten, und so war es von Anfang an gemeint: ein fein ausgewogenes Ökosystem, das die denkbar breiteste Vielfalt an möglichen Erfahrungen bietet. Es gibt kaum einen besser geeigneten Ort, um das Dasein als inkarniertes Wesen zu erleben. Und es ist der einzige Ort, an dem der Erfahrung seiner Bewohner keine Grenzen gesetzt sind. Auf eurem Planeten herrscht Willensfreiheit, und das war von Anfang an der Plan. Schon die Geschichte von Adam und Eva soll euch zu verstehen geben, dass es in eurem Dasein um eben diesen freien Willen geht. Bereits in diesen alten Texten sind also die Grundzüge menschlichen Lebens dargelegt, und es war auch klar, dass diese Willensfreiheit einige Grenzziehungen notwendig machen würde. Leider sind die Grenzen so starr und abweisend geworden, dass ihr das Gefühl für die Essenz eurer Seele fast ganz verloren und aus schierer Frustration zahllose Kriege geführt habt.

Ihr Menschen habt natürliche Impulse, die euch genau sagen, wer ihr seid. Leider habt ihr euch auch selbst beigebracht, diese natürlichen Impulse nicht mehr wahrzunehmen, und so unterdrückt ihre eure Kreatürlichkeit, eure Natur. Würdet ihr diesen natürlichen Impulsen ihren Lauf lassen, stünde euch plötzlich ein ganzer Kosmos der Erfahrung offen, und ihr würdet mit Begeisterung all das erleben, was der Schöpfer für euch im Sinn hatte. Stattdessen liegt ihr unentwegt mit euch selbst und anderen im Streit, weil diese Impulse nicht mehr zu euch durchdringen. Ihr habt sie in das finsterste Verlies eures Inneren verbannt, weil ihr fürchtet, dass sie böse sind, weil ihr euch einredet, dass nur Narren impulsiv handeln – doch in Wahrheit beraubt ihr euch damit nur der ganzen Fülle eurer Kreatürlichkeit. Ungeborene, Neugeborene und alle nicht menschlichen Lebewesen erfahren ihr Dasein vollkommen impulsiv. Kein Tier käme je auf den Gedanken, seine Impulse zu unterdrücken. Sie tun genau das, was ihre Natur ihnen jeweils gerade sagt. Sie hinterfragen ihre Motive nicht, denn sie wissen instinktiv, was sie zum Überleben tun müssen. Säuglinge und Kleinkinder gehen immer ihren natürlichen Impulsen nach, um das Leben zu erkunden. Dann jedoch wird ihnen beigebracht, diesen Impulsen nicht zu trauen, und von da an spüren sie immer weniger von diesen Impulsen, bis sie scheinbar verstummen.

Könntet ihr euch diese Freiheit zugestehen, der Seele ihren Lauf zu lassen – viel würdet ihr lernen und niemand würde mehr Kriege führen wollen. Ihr würdet lernen, nur noch Herr eurer selbst sein, aber nicht mehr andere beherrschen zu wollen, und das würde eure Evolution enorm beschleunigen. Ich gebrauche das Wort »beherrschen«, weil es tatsächlich eure Art zu sein scheint, alles ringsum niederzuringen und zu beherrschen. Aber alles ringsum ist absolut in der Lage, sich selbst zu beherrschen, es besteht überhaupt kein Bedarf an Einmischungen, die ja doch nur den Spielraum der Erfahrung beschneiden. Kinder sind das perfekte Beispiel für ungebremste Lebenserfahrung – bis sie von allen

Seiten erstickende Glaubenssätze eingeimpft bekommen. Ließe man sie ungehindert die Wunder eurer Erde erleben, würde sich schnell herausstellen, dass sie absolut in der Lage sind, ganz aus eigener Kraft das Richtige zu lernen. Ich sage nicht, dass ihr eure Kinder ohne Aufsicht sich selbst überlassen sollt; aber wenn ihr sie so sehr lenkt und einschränkt, dass sie die Welt nicht mehr so erleben können, wie es ihrer Natur entspricht, dann drosselt oder erdrosselt ihr die schöpferischen Impulse eurer Kinder.

Ihr Menschen habt es wirklich zur Meisterschaft im Unterdrücken der natürlichen Impulse schon bei euren Kindern gebracht, und so entstehen immer weitere Generationen, die von Anfang an in das Glaubenssystem der vorangehenden eingesponnen werden. Die immer gleiche Indoktrination, von Generation zu Generation eingebläut, alles an Entwicklung und Weisheit Gewonnene immer wieder verschüttend. In eurem Bemühen, die Dinge zu beherrschen, impft ihre euren Kindern lauter Ängste ein – eure eigenen.

Wie wollt ihr euch als Menschheit entwickeln, wenn einzelne Gesellschaften um ihre Existenz fürchten müssen und niemand sich traut, das Leben voll und ganz zu erleben? Das kann nur dazu führen, dass die negativen Kräfte sich auf eurer Erde immer heimischer fühlen. Diese Kräfte ernähren sich bekanntlich von Ängsten und negativen Regungen aller Art. Sie haben es heraus, wie man euer tägliches Leben und euren antiquierten Glauben infiltriert. Ihr habt ihnen auf diese Art schon zu lange Zutritt gewährt, und sie werden wie die Fanatiker unter euch alle verfügbaren Mittel einsetzen, um euer Bewusstsein dumpf zu halten und euch weiter an ihr niederes Denken zu ketten. Damit es nicht so weit kommt, sind Lichtwesen und die Angehörigen der spirituellen Hierarchie eures Planeten eben jetzt dabei, der Erde gewaltige Energiemengen zufließen zu lassen. Aber in welche Richtung die Erde geht, hängt letztlich davon ab, wie ihr aus freiem Willen reagiert und entscheidet.

Euer Punkt der Kraft: Jetzt

Was ich euch hier mitteile, ist dazu da, dass ihr euch selbst erkennen könnt, dass ihr Zugang zu dem bekommt, was ihr im Grunde seid – ihr als Seele. Ihr seid jetzt auf dieses Leben in dieser Zeit ausgerichtet, und was ihr an eurem gegenwärtigen Punkt der Kraft in Bewegung setzt, wirkt sich auch auf alle eure simultanen Leben aus (davon wird ausführlich im 10. Kapitel die Rede sein). Ein Großteil eurer Energien ist auf den Zeitrahmen eures jetzigen Lebens festgelegt, aber es gibt Anteile eurer Seelenenergie, die in diesen anderen simultanen Leben wirksam sind. Ihr erlebt das wirklich alles gleichzeitig, ihr wisst es nur nicht.

Beim Übergang eurer Energie aus diesem Leben in eure Heimatdimension werdet ihr irgendwann Gelegenheit haben, einen großen Anteil eurer Energie auf ein anderes Leben oder mehrere eurer vielen Leben auszurichten, die ihr geplant und angelegt habt, um eurer Entwicklung den bestmöglichen Rahmen zu geben. Und ihr werdet in dieses oder diese Leben eintreten wie in das gegenwärtige und wieder in einem Abschnitt dessen, was ihr als Zeit seht. Von da an richtet ihr den Großteil eurer Energie auf diese Leben aus. Was ihr nun von eurem gegenwärtigen Kraftpunkt aus in Richtung dieser anderen Existenzen sendet, wird dort empfangen und hat seine Wirkung. Das ist wichtig, weil alles von euren Gedanken abhängt, der Verlauf eurer sämtlichen Existenzen und damit auch das Schicksal der Erde. Wer verhindern möchte, dass die Menschheit sich selbst vernichtet, der ändere seine Gedanken und Überzeugung in Richtung Frieden und Liebe und handle entsprechend. Euer Punkt der Kraft ist jetzt. Und jetzt müsst ihr den Hebel dort ansetzen, um für eure sämtlichen Existenzen und Vergangenheit, Gegenwart und Zukunft etwas zu tun. (Weiter unten werde ich euch dazu eine Übung geben.) Gar nichts habt ihr davon, wenn ihr die Verantwortung bei anderen seht und hofft, dass irgendwer an eurer Stelle die Sache in Ordnung bringen wird.

Da eure Erde mitten in einem großen Evolutionsschritt ist, hilft euch im Moment das, worauf ihr *jetzt* eure Aufmerksamkeit richtet, die Ideen und Überzeugungen, zu denen ihr jetzt gelangt. Viele von euch sind ja schon mit dem Gedanken vertraut, dass eure Energien den gesamten Planeten beeinflussen, und wer das im Bewusstsein hat, sollte sehen können, dass diese Auswirkungen überall erkennbar sind. Kurz, es ist jetzt wirklich nicht die Zeit, im Negativen zu verharren.

Wenn wir von unserer Dimension aus die Erde beobachten, ist seit einiger Zeit ein durchaus beunruhigender Wirbel von Energien rings herum zu sehen. Es hat viele Ereignisse von gewaltigem Ausmaß gegeben, teils in der Natur, teils in der Menschenwelt. Die Erde kann solchen Energien nicht mehr sehr lang standhalten. Wenn ihre Bewohner nicht bald anfangen, ihre Klangschwingung anzuheben, wird sich die Erde immer entschiedener mit Naturkatastrophen wehren. Da eure Energien auch das Wetter und alle erdumspannenden Phänomene mitbestimmen, wäre es ratsam, euch einmal ernsthaft zu vergegenwärtigen, was ihr bis jetzt so gemacht habt. Wenn ihr euch mit einer dichten negativen Atmosphäre umgebt, dürft ihr euch über beunruhigende Klimaänderungen nicht wundern. Alles im Ökosystem der Erde wird durch euer Denken, eure geistige Haltung, beeinflusst, ob ihr es merkt oder nicht. Und ihr könnt all die bedrohlichen Klimaänderungen rückgängig machen, wenn ihr umdenkt und euch zu Liebe und Frieden untereinander und im Umgang mit der Erde entschließt. Wenn ihr es von meiner Warte aus sehen könntet, würde es euch traurig machen, wie weit dieses einstige Paradies, in dem alle Wesen im Einklang miteinander lebten, schon zerstört ist. Aber es ist noch nicht zu spät.

ÜBUNG 4: DER PUNKT DER KRAFT

Wie ich in meinen früheren Büchern ausführlich dargestellt habe, kommt ihr durch Ausrichtung auf euren Kraftpunkt zur Erkenntnis eurer selbst, eurer Seele. Nehmt euch jeden Tag fünf Minuten, um euch ausschließlich euren emotionalen, spirituellen und psychischen Vermögen zuzuwenden. Das wird euch sehr helfen, weil es die Kluft zwischen eurer Körperlichkeit und der Seele schließt. Sammelt euch ganz auf euch selbst, eure Seele, und nichts anderes. Tut es in dem bewussten Wunsch, euch in eurem gesamten Sein wahrzunehmen. Lauscht auf eure Klangschwingung, euer »Summen«, fühlt das Summen eures Seins. Fünf Minuten – und dann denkt nicht weiter daran. Es ist wirklich so einfach. Macht euch bewusst, wie ihr euch nach den fünf Minuten fühlt. Es kann für Menschen geradezu berauschend sein, wenn sie plötzlich auf die Seelen-Seite ihrer selbst aufmerksam werden, auf den Frieden, der herrscht, wenn das Ego nicht involviert ist. Wenn ihr das jeden Tag macht, wird eure Schwingung immer mehr auf die Höhe der Gesamtevolution eures Planeten gelangen.

4 Eine Welt in Aufruhr – und wie ihr zu helfen ist

Wirtschaftsvandalismus und Globalisierung

Es wird Zeit, dass ihr aufhört zu konkurrieren und stattdessen zum Wohl aller zusammenzuarbeiten. Die nutzlosen Hegemoniebestrebungen eurer Regierungen haben vieles von dem, was sie eigentlich verhindern sollten, erst hervorgebracht. Die Regierungen vieler Staaten haben die Souveränität anderer Länder auszuhöhlen und ihre Kultur zu destabilisieren versucht, indem sie die Menschen in eine westliche Lebensform hineinmanipulierten, um sie ihrem eigenen kulturellen Erbe zu entfremden und ihre Eigenart auszulöschen. Damit will ich natürlich sagen, dass Amerika und andere so genannte »Mächte« sich nicht einbilden sollen, ihr Weg sei der einzige. Ich bejahe keinesfalls die Aktionen der Terroristen, aber ich sehe auf Seiten der amerikanischen und anderer Regierungen ein erhebliches Maß an Unfrieden stiftender Einmischung, die als Auslöser solcher Anschläge anzusehen ist.

Schon viele Jahre sind die berechtigten Anliegen der Völker ärmerer Länder von den mächtigeren weitgehend ignoriert worden. Man hat wenig unternommen, um die Leiden der Millionen zu lindern. Vielmehr haben eure Regierungen versucht, sie westlichen Normen anzupassen, um sie zu neuen Märkten für eure unersättliche Wirtschaftsmaschinerie zu machen. Jetzt fragt ihr euch, wie es zu diesen furchtbaren Ereignissen kommen konnte. Schaut euch einfach an, was eure Regierungen getan oder unterlassen haben, dann wisst ihr es. Ihr könnt die Erde und ihre Bewohner nicht einfach unterwerfen und ausplündern und glauben, es werde für euch folgenlos bleiben. Das wird nicht zugelassen. Und es kommt die Zeit, dass die wenigen Mächtigen vom Geist der Vielen zum Anhalten gezwungen werden.

Die westliche Wirtschaft wird immer mehr von rücksichtslosem Gewinnstreben beherrscht, und der Traum von der Ausbreitung des Kapitalismus bis in den letzten Winkel der Erde lässt viele Länder um ihre Selbstbestimmung fürchten. Wenn zwei Drittel der Welt hungern und der Rest ihre berechtigten Anliegen einfach nicht zur Kenntnis nimmt, wird der Terrorismus weitergehen. Das ist der Krebs in eurer heutigen Welt. So viele Menschen in den sogenannten zivilisierten Länder schwimmen in Geld und Luxus und geben ihr Geld für Waren aus, die unter Zwang in Entwicklungsländern produziert werden – und die können es sich aufgrund der Nachfrage aus dem Westen heute nicht einmal mehr leisten, ihre eigenen Nahrungsmittel herzustellen. Seht euch doch einmal um und beobachtet, wie leichtfertig eure Landsleute ihr Geld für Belanglosigkeiten ausgeben und die Not der vielen Hungernden auf der Welt einfach übersehen. Weil sich das nicht vor eurer eigenen Haustür abspielt, weigert ihr euch, etwas davon zu bemerken. Ihr seht keinen Anlass, euch zu engagieren. »Die Leute wollen es ja nicht anders« ist eine sehr faule Ausrede und schlichtweg falsch. Alle Menschen sollten das Leben auf eurer Erde genießen können, nicht nur dort, wo das Geld und die Macht sind. Die weltweit agierenden Firmen drängen den Menschen in ärmeren Ländern ihre Produkte auf, und damit zerstören sie ihre althergebrachte Lebensweise, um ihnen nach und nach westliche Habgier beizubringen. Für uns alle in meiner Dimension ist es sehr traurig zu verfolgen, mit wie viel Geringschätzung die sogenannte zivilisierte Welt auf den Rest der Menschheit herabblickt. Sie sind sie und ihr seid ihr, und doch seid ihr alle eins.

Globalisierung, wenn darunter einfach die Ausdehnung der westlichen Lebensweise auf die ganze Welt ohne Rücksicht auf die Kultur und Lebensweise anderer Völker verstanden wird, schürt die Erbitterung der betroffenen Menschen. Eure Großunternehmen in ihrer Unersättlichkeit rauben diesen Menschen ihre Identität und die Fähigkeit, sich selbst zu versorgen. Ihr im Westen füllt eure Konten und gönnt euch alles, was für Geld zu haben ist, und denkt einfach nicht an die anderen zwei Drittel der Menschheit, die ums bloße Überleben kämpfen und oft nicht wissen, woher die nächste Mahlzeit kommen soll und ob ihre Kinder die Nacht überleben werden. Die wohlhabenden Länder werfen unentwegt und auf Kosten der ärmeren nutzlosen Klimbim auf den Markt, immer wieder neue oder mit neuen Funktionen ausgestattete Gerätschaften jeder erdenklichen Art, um die sehr kurzatmig gewordene Aufmerksamkeit derer zu halten, die ohnehin schon alles haben und trotzdem immer Neues wollen. Die wenigen Hilfsorganisationen müssen ständig mit dem Klingelbeutel unterwegs sein. Und gespendet wird meist nur, wenn der Einzelne oder die Firma etwas davon haben, Steuervorteile. Ich sage nicht, dass niemand gibt. Aber wie sehen die Motive aus? Nur wenn das Geben ganz echt ist und von Herzen kommt, seht ihr die Not der hungernden Millionen und wisst, was die Seele zu tun hat. Hat das Geben eher politische und wirtschaftliche Interessen zum Hintergrund, ist nicht viel damit los, es ist kein echtes Geben der Seele.

Wer sein Leben und sein Ausgabeverhalten einmal bewusst näher betrachtet, dem kann nicht entgehen, dass ein Großteil eurer Ausgaben von dem Wunsch, euch besser zu fühlen, geleitet ist. Aber kein materieller Besitz wird euch das je verschaffen, denn als Seele wisst ihr es besser. Es sind lediglich Ego-Wünsche. Und was ist das Ego? Eine Stimme, die euch alles verspricht, aber eigentlich nichts davon liefern kann. Ihr habt es selbst erschaffen. Ihr habt an das Ego geglaubt und ihm so Macht verliehen. Es wird alle eure Versuche, euch wirklich gut zu fühlen, hintertreiben. »Sich gut fühlen« bedeutet für die Seele, einem mittellosen und hungernden Menschen zuzusehen, wie er ein nahrhaftes Mahl verspeist; es bedeutet, ihn gut untergebracht und medizinisch versorgt zu sehen. Lasst euer Ego einmal weg, und euer wahres Ich wird sich zeigen.

Die Zeit drängt

Die Welt steht am Rande eines gewaltigen Zusammenbruchs, und niemand kann mehr irgendwen dafür verantwortlich machen. Ihr wart nicht bereit, anderen zu helfen oder euch auch nur für etwas anderes als eure eigene kleine Illusionenwelt zu interessieren. Würde jeder Einzelne von euch jetzt anfangen, die Welt mit neuen Augen zu betrachten und den weniger Begünstigten zu helfen, ihr würdet ab sofort den Reichtum eures Planeten teilen und es gäbe keinen Anlass, andere zu fürchten oder zu bekämpfen. Die Welt bietet alles in Hülle und Fülle, aber ein paar Länder mit der größten politischen und wirtschaftlichen Macht haben das allermeiste davon an sich gerissen. Warum betreibt eure Regierung eine Vorratshaltung gigantischen Ausmaßes (wobei vieles auch noch verkommt), während andere nichts zu essen haben? Wie wollt ihr solch ein Verhalten rechtfertigen? In den Augen des Schöpfers gibt es keine »Supermächte«. Supermacht ist einfach Superegoismus, der über andere herrschen möchte. Die anderen brauchen nicht beherrscht zu werden. Was sie brauchen, ist, dass die selbst ernannten Supermächte den Reichtum der Erde mit ihnen teilen, dass man ihnen genau die Freiheiten und Vergünstigungen einräumt, die ihr im Westen in so überreichem Maße genießt.

Wenn die Superreichen in euren Ländern einmal von ihrem hohen Ross herabsteigen würden, wenn sie sich eingestehen würden, dass sie von Habgier und Machtwahn geleitet waren, wenn sie endlich den Ruf hören würden, der sie auffordert, ihre Imperien preiszugeben und der Menschheit zu helfen – sie wüssten dann sehr bald, was Liebe wirklich ist. Sie würden erstmals sich selbst lieben, weil Selbstliebe etwas anderes ist als der ganze Materialismus, von dem sie bis dahin beherrscht waren. Es ist eine Liebe der Seele. Aller materieller Besitz und die tollsten Urlaubsreisen der Welt bringen dich deiner eigenen Wirklichkeit kein bisschen näher; sie entfernen dich nur immer mehr von deiner Seele und halten deine Entwicklung auf.

Wenn ihr einfach dasteht und dem Hunger in der Welt zuschaut, werdet ihr selbst die Hungernden sein. Ihr werdet den Hunger der Ferne vom Schöpfer, von der göttlichen Natur eurer Seele, leiden und nicht wissen, wozu ihr hier seid. Wer das Licht nicht sehen will, dem wird es immer dämmeriger werden oder ganz ausgehen, bis eine Zeit kommt, in der er sich danach zu sehnen beginnt. Das kann dann wie das Dasein einer Muschel aussehen, wie Jahrtausende in Gestein eingeschlossen zu sein. Alles ist möglich. Das Licht ist schummrig geworden. Vielleicht ist das ja der Weg, den ihr gehen wollt.

Kleine Schritte

Euer Seelen-Ich weiß, ob ihr euer Leben im Einklang mit den göttlichen Energien des Schöpfers führt oder eurem Ego das Regiment überlasst. Das Ego wird immer bemüht sein, sich auf Kosten anderer zu erhöhen. Der Westen ist derart in seinem Materialismus verfangen, dass manche von euch sogar das schnellstens vergessen werden, was sie hier lesen. Zumindest versuchen werdet ihr es, aber die Seele weiß, dass es nicht mehr zu ignorieren ist, und auch das Ego weiß um sein Tun und Lassen, ob es sich dieses Wissen eingesteht oder nicht. Ihr werdet die allgemeine Habgier zu verteidigen versuchen. Ihr werdet sagen: »Aber wir müssen doch für unsere Familie sorgen« – oder was euch gerade einfällt. Freilich müsst ihr für eure Familie sorgen. Aber betrachtet es einmal neu: Warum nicht all das unnütze Zeug weglassen und sich auf nützliche Dinge für die Menschen eurer Welt konzentrieren? Nahrung, Kleidung, medizinische Versorgung einschließlich der notwendigsten Arzneimittel, sauberes Trinkwasser für alle, Hygiene und zweckdienliche, haltbare Unterkünfte. Die Menschheit hat viele nützliche Dinge erfunden, die den hungernden Millionen das Leben so viel leichter machen könnten. Und ihr könntet viel einfacher leben. Die meisten Dinge, mit denen sich das Ego glaubt ausrüsten zu müssen, braucht ihr nicht. Und viele von euch sehnen sich ja nach einem einfacheren Leben, wie ihr es in der Kindheit hattet.

Das sind nur ein paar der Umstellungen, mit denen ihr auf eurem Planeten eine ausgewogene Nutzung der Ressourcen wiederherstellen könnt. Die Welt ist voller begabter, gut ausgebildeter Leute, die den Unterprivilegierten der Welt alles Notwendige bereitstellen könnten. Es geht nicht darum, wie viel ihr habt, wie viel Reichtum ihr anhäufen könnt. Es geht darum, dass ihr die Schätze verteilt, dass ihr eure Mitmenschen liebt und euch aktiv für sie engagiert, damit alle in der Fülle eures Planeten leben können.

Wenn die reichen Länder der Welt sich dazu durchringen könnten, mit weniger auszukommen und dafür mit allen Kräften den anderen zu helfen, hättet ihr schnell eine neue Erde. Ihr müsst nicht mitspielen bei der Globalisierung der Habgier. Und ihr könnt diesem Aberwitz mit eurem Geld Einhalt gebieten. Ihr seid es, die den Bedürftigen beispringen können. Wenn ihr den weltweit agierenden Ausbeutern die Unterstützung entzieht und einfach ihre Produkte nicht mehr kauft, werden sie gezwungen sein, ihre Geschäftspraktiken zu überdenken, gerade weil es ihnen nur um Geld und Profit geht.

Wenn ihr alle, die ihr bisher das Gefühl hattet, ihr könntet für die Not leidende Menschheit nichts ausrichten, einen kleinen Schritt nach dem anderen tut, werdet ihr eine Welt des Friedens schaffen, in der alle in Freiheit leben können – ohne Angst, ohne Vorurteile, ohne Habgier. Die meisten von euch haben ein üppiges Leben mit vielem, was man nicht wirklich braucht. Davon ließe sich vieles an Hilfsorganisationen spenden, oder ihr macht es selbst zu Geld und sorgt dafür, dass es zu den Hungernden gelangt. Es braucht nur die Bereitschaft, die Not eurer Mitmenschen wahrzunehmen und etwas dagegen zu tun. Wenn ihr lediglich abwartet, dass andere es für euch tun, wird eure Evolution ebenfalls einfach nichts tun und auf euch warten. So einfach ist das.

Altes Wissen wieder neu

Dieser zerstörerische Pfad der negativen Energien wird einen hohen Preis fordern, wenn ihr ihn weitergeht. Erforscht euer Herz, und ihr werdet wissen, was ich meine. Jeder war irgendwann einmal an Dingen beteiligt, die mit Hass, Habgier, Selbstsucht und Unterdrückung zu tun hatten. Erforscht euer eigenes Herz, und ihr werdet wissen, dass eure Politiker und andere Inhaber von Machtpositionen den 11. September und andere Ereignisse selbst ausgelöst haben – durch Unterlassungen ebenso wie durch das, was sie taten und tun.

Hier geht es nicht um den Kampf zwischen Gut und Böse. Gut und Böse gibt es nicht, wie ich früher schon erklärt habe. Ich weiß auch, dass das für euch nicht ganz leicht zu verstehen ist, weil ihr einfach ganz selbstverständlich glaubt: Wo ein Gutes ist, da muss auch ein Böses sein. Das sind Dinge, die ihr selbst erschaffen habt und daher als Realitäten seht. Ihr glaubt daran, weil ihr nicht mehr gegenwärtig habt, welchen Platz eure Seele im Plan des Schöpfers hat.

Die Lichtwesen, die jetzt auf die Erde gelangen, bringen neue Energien mit, die ihr Menschen euch nach und nach zu eigen machen werdet. Mit »Energien« meine ich Ideen und uraltes Wissen, das in Vergessenheit geraten ist. Die Seelen, die sich jetzt inkarnieren, werden den Planeten auf seine neue Bewusstseinsebene führen. Und wir schicken dem Geist der Menschheit Energien, wir lassen Ströme der Liebe in eure Seele fließen, um eurem Aufwachen Rückhalt zu geben. Vom Innersten der Seele her wird das Er-innern kommen. Für jeden Einzelnen von euch steht Wissen in jeder Form bereit und wird euch immer zugänglicher, je weiter ihr aufwacht. Wichtig bleibt aber, dass ihr euch darum bemüht, die Augen aufzumachen, und dem Licht eurer Seele allen

Hass und alles Vorurteil aus dem Weg räumt. Wir haben euer Aufwachen behutsam gefördert. Wenn ich »wir« sage, spreche ich von mir und vielen anderen, die wie ich sind. Ich bin kein Einzelner und ganz gewiss nicht irgendein Superwesen, wie vielleicht mancher annehmen möchte. Ich bin nicht anders als ihr. Nur lege ich in meiner Dimension keinen dichten stofflichen Körper mehr an und habe deshalb alle meine Fähigkeiten und Erinnerung zur Verfügung. Sie stehen euch auch zur Verfügung, ihr habt nur vergessen, wie ihr an sie herankommt. Dieser klobige Körper und euer einprogrammiertes Weltbild stehen euch meistens im Weg. Aber ihr entwickelt euch, und ich entwickle mich.

Wir sind sehr in Sorge um den Planeten Erde, weil schon so viel Zerstörung angerichtet wurde. Mutter Erde kann das nicht mehr lange aushalten. Sie befindet sich nicht mehr im Gleichgewicht mit dem übrigen Universum. Sie ist aus dem Lot, und ohne die Intervention der Lichtwesen aus höheren Dimensionen hättet ihr die Erde inzwischen bereits zerstört. Radioaktive Abfälle wirbeln in ungeheuren Mengen in eurer Atmosphäre; sie sind für die meisten neuen Krankheiten und viele Krebsformen verantwortlich. Immer wenn ihr ein neues Kernkraftwerk baut oder unterirdische Atomwaffentests macht, leitet ihr buchstäblich euren eigenen Tod ein. Man mag euch noch so oft einreden, das sei alles unbedenklich, es gelangen doch jeden Tag winzige Partikel in die Atmosphäre. Das hat ein Ausmaß, dass es bald kein Leben mehr auf der Erde gibt, wenn das nicht aufhört. Ihr verfügt noch nicht über Detektoren, die für diese Strahlung empfindlich genug wären, aber ich versichere euch, dass ihr sie alle Tage einatmet. Das stand nicht im göttlichen Plan für die Menschheit. Euch stehen andere Formen der Energiegewinnung zur Verfügung, ihr müsst sie nur anwenden. Irgendwann werdet ihr fähig sein, eure Gedankenenergien mit Hilfe von Kristallen einzufangen, aber so weit ist es noch nicht. Schon jetzt könnt ihr euch jedoch sichere und frei verfügbare Energiequellen erschließen. Wenn ihr euer Bewusstsein weit genug zum Licht hin entwickelt habt, wird euch das alles offenbar werden, aber bis dahin können die Geheimnisse euch nicht mitgeteilt werden. Ihr müsst erst beweisen, dass ihr in der Lage seid, sie fair und klug zu nutzen. So weit, wie gesagt, seid ihr noch nicht. Euer Verhalten ist noch zu unberechenbar.

Westliche Regierungen haben sich so ausschließlich auf ihre militärische Überlegenheit verlassen, dass es jetzt schon völlig normal erscheint, wenn man über seine Feinde mit biologischen und chemischen Waffen herfällt. Ihr habt euch mit Waffen eingedeckt, die ausreichen würden, eure Erde in einen kosmischen Trümmerhaufen zu verwandeln und ihre Bewohner in den Abgrund des Weltraums zu blasen. Die düsteren spirituellen Begleiterscheinungen von so viel Hass und Aggression sehen für uns aus wie Stürme von wirbelndem Unrat, der eure Existenz bis ins Mark verunreinigt.

Das hatten die Gründer der Vereinigten Staaten von Amerika nicht im Sinn, als sie das Recht, Waffen zu tragen, festschrieben. Solches Handeln ist nicht auf Gott ausgerichtet und verstößt gegen das universale Gesetz. Es ist, wie ich schon früher gesagt habe, ein »Verstoß«. Bewusst Hassgedanken auszusenden und die Gesellschaft zu terrorisieren ist ein Verstoß. Solche Gedanken spinnen die Seele des Menschen buchstäblich ein, sie ersticken eure Lebendigkeit und halten euch in einem spirituellen Niemandsland fest, bis ihr nach dem Licht strebt. Und diese Gedanken sorgen dafür, dass euer Leben stets angstbesetzt bleibt. Ihr versucht euch einzureden, dass diese Waffen euch schützen, aber die Seele weiß es besser. Ihr nehmt an, dass sie euch Schutz bieten, aber es ist wirklich nur das: eine Annahme. Euer einziger Schutz liegt darin, dass ihr mit dem Willen und Plan des Schöpfers eins werdet.

Wenn ihr als Menschheit überleben wollt, könnt ihr nicht so weitermachen. Bedrohliche globale Klimaänderungen zeichnen sich ab, und das wird noch deutlicher werden. Die Erde wehrt sich mit Wetterumschwüngen, die dazu da sind, die von euch angerichteten Verletzungen ihrer empfindlichen Haut abzuwaschen. Berge speien das Übermaß an Negativem aus, das ihr gewaltsam in den Körper von Mutter Erde eingebracht habt. Der große Kehraus hat begonnen, denn die Erde bereitet sich auf ihren Übergang in den friedvollen Klangraum der vierten Dimension und ihren neuen Einklang mit dem gesamten Universum vor.

Wenn ihr den Heilungsprozess auf eurer Erde fördern wollt, müssen die Bewohner des Planeten und vor allem die Entscheidungsträger sich auf die Lichtenergie von Allem-Was-Ist besinnen und sich ihr angleichen. Allen, die ernsthaft etwas an der Realität der Welt ändern möchten, gebe ich hier eine weitere Übung, die den Heilungsprozess einleiten wird, wenn ihr sie täglich übt.

ÜBUNG 5: DAS GANZE LAND HEILEN

Eine tägliche Meditation für den Weltfrieden könnte so aussehen: Sammelt eure Aufmerksamkeit darauf, euren Entscheidungsträgern in Politik und Wirtschaft heilende Energien zu senden, damit sie über ihre individuellen Hirngespinste hinausblicken und die Probleme der Welt wahrnehmen. Wenn ihr euch darauf jeden Tag für zwanzig Minuten konzentrieren könntet, würde eure gebündelte Gedankenkraft die Heilung in Gang bringen. Jede Tageszeit ist geeignet. Es muss keine tiefe Meditation sein. Sammelt eure Gedanken an geeigneten Stellen im täglichen Ablauf für jeweils ein paar Minuten und sendet die Botschaft. Das kann unter der Dusche, beim Autofahren und überall da sein, wo ihr nicht unbedingt ausschließlich bei dem bleiben müsst, was gerade zu tun ist. Tut es oft und bleibt dabei – umso schneller wird im Land und in der Welt der Beginn der Heilung erkennbar werden.

5 Eine neue Zukunft schaffen

Toleranz

Sprechen wir über Toleranz und die Überzeugungen anderer. Viele von euch leisten sich ja den Luxus, die Anschauungen und Überzeugungen anderer Völker abzulehnen und diese in der Folge noch unerträglicher zu finden. Ihr seid zu dem Schluss gelangt, dass eure Anschauungen die einzig richtigen sind, und so seht ihr alle anderen, die nicht in euer Bild von einer vollkommenen Welt passen, als unbrauchbar. Ihr könnt mit den Überzeugungen anderer, die nicht in euer beschränktes Weltbild passen, nicht nur nichts anfangen, sondern seid nicht einmal bereit, sie zu tolerieren, und erklärt sie schlichtweg für falsch und eure für richtig. Im großen Plan der Dinge gibt es keine richtigen und falschen Wege. Die einen inkarnieren sich in einer Gesellschaft mit diesen Grundanschauungen, die anderen in einer Gesellschaft mit gänzlich anderen Grundanschauungen. Jede Gruppe sieht die jeweils andere im Irrtum, nur weil deren kollektive Anschauungen nicht mit den eigenen übereinstimmen. Aber ihr alle, ohne Ausnahme, seid in der Wirklichkeit inkarniert, die der Entwicklung eurer Seele am besten dient. Der Widerstreit der Ideen ist lediglich eine Hürde, die ihr aufgebaut habt, um zu lernen. Leider habt ihr noch nicht viel gelernt.

Es tut euch nicht gut, in der Scheuklappensicht eurer Wirklichkeit zu verharren. Ihr erweist auch sonst niemandem einen Dienst damit. Wenn ihr beobachtet, wie jede Gesellschaft ihre Kinder immer wieder strikt im Rahmen des überkommenen Glaubenssystems erzieht, dürfte nicht schwer zu verstehen sein, weshalb es so dringend notwendig ist, sich von diesen Schablonen zu lösen und die Gedanken und Überzeugungen ernsthaft zu überprüfen, die euch dahin gebracht haben, wo ihr jetzt seid. Wie ich auch früher schon so oft gesagt habe: *Ihr erschafft eure Wirklichkeit selbst*. Ihr versucht euch immer wieder einzureden, dass ihr recht habt und alle anderen falsch liegen. Das stimmt einfach nicht! Es ist nichts weiter als der untaugliche Versuch des Egos, seine Wirklichkeit in den Griff zu bekommen.

Ihr habt blind die Gedanken anderer übernommen, und jetzt erscheinen sie euch als selbstverständlich. Gedanken, die mit diesen verstaubten Glaubenssätzen nicht übereinstimmen, überhört ihr einfach, ihr lasst sie nicht ein in eure Welt – aber damit stellt ihr zugleich sicher, dass die Welt in ihren ganzen Schönheit ebenfalls draußen bleibt. Mit eurer Angst vor dem Unbekannten zwingt ihr eurer eigenen Seele ein Dasein von zäher, lastender Stagnation auf. Es war nicht vorgesehen, dass ihr euch hier inkarniert, um euch vom Rest der Menschheit abzutrennen, aber genau das habt ihr getan. Was nicht eurem Realitätsverständnis entspricht, schließt ihr einfach aus. Und was hat es euch eingebracht? Nichts als Angst, Wut und Hass gegenüber all den Seelen, die ihr zutiefst liebt, wenn ihr nicht inkarniert seid. Ihr kommt auf die Erde, und plötzlich meint ihr, ihr müsstet das Äußere oder den Lern- und Erfahrungsraum, den andere Seelen für ihr inkarniertes Dasein brauchen, ablehnen und diese Menschen aus eurem Leben ausschließen. Was ihr da seht, gefällt euch nicht. Ihr wollt es nicht sehen. Ihr habt Angst zu sehen, also seht ihr nicht.

Niemand ist dazu verdammt, die Überzeugungen anderer zu teilen. Jedem von euch steht es frei, seine angenommenen Überzeugungen zu ändern.

Kulturgebundene Überzeugungen infrage stellen

Licht ist Information. Es ist in euch als ein Wissen, das euch zur Verfügung steht. Betrachtet den Niedergang eurer religiösen Institutionen, eurer Wirtschaft, eurer gesellschaftlichen Glaubensgewissheiten: Das ist der Beginn einer evolutionären Bewegung, und ihr habt daran teil. Fürchtet euch nicht, alles infrage zu stellen, was schon so lange geglaubt wird. Wenn dieser alte Glaube eurer Seele nicht erlaubt, ihren gesamten Erfahrungsraum furchtlos auszuloten, dann kann mit ihm etwas nicht stimmen. Wenn ihr euch jeden Tag für die bewusste Umorientierung eures alten Glaubens Zeit nehmt, könnt ihr euch umprogrammieren, und das wird euer Leben und eure Erfahrung vollkommen ändern. Um untaugliche alte Überzeugungen durch bessere neue zu ersetzen, braucht ihr nichts weiter zu tun, als euch täglich auf die neuen zu konzentrieren. Und mit der Veränderung eurer Ideen und Verhaltensweisen werdet ihr auch die Welt ringsum neu wahrnehmen. Dann habt ihr den Raum eurer Erfahrung ausgeweitet, ihr wisst um die Macht, die in euch selbst liegt: Die spirituelle Reise der Entwicklung eurer Seele hat begonnen. Der Weg zu einem friedlichen Dasein liegt in euren eigenen Gedanken und Überzeugungen.

Vielen von euch wird die eigene Kraft jetzt allmählich bewusst. Euch geht auf, was ihr in Wirklichkeit seid, und ihr erhebt Anspruch auf ein friedliches und harmonisches Dasein auf eurer Erde. Manchen der ganz von ihrem Ego beherrschten Machthaber fällt das seit einiger Zeit unangenehm auf, und sie bemühen sich mit aggressiven Mitteln, das alte Glaubenssystem funktionsfähig zu halten. Mit allen Mittel machen sie sich über die Länder der Welt her, um doch noch irgendwie die Weltherrschaft zu erringen und zu verhindern, dass sich die Völker der Erde vom Alten zum Neuen entwickeln. Dieser Übergriffe wird sich die Menschheit nur erwehren können, wenn sie dem Glaubenssystem dieser Mächtigen eine klare Absage erteilt. Stellt ihre Ideen auf den Prüfstand, fragt nach den Motiven. Wenn ihr eure Intuition einsetzt, wird euch klar werden, dass diese Kräfte nur einen einzigen Programmpunkt haben, nämlich ihren eigenen Nutzen. Deshalb ist es ihnen ein Dorn im Auge, wenn ihr euren freien Willen einsetzt, um die Evolution der Seele voranzubringen und Frieden und Harmonie in der Welt zu schaffen.

Wenn sie euch einreden wollen, dass Töten gerechtfertigt ist, dann seht euch genau an, was sie damit bezwecken. Das universale Gesetz ist hier sehr klar: Andere zu töten, aus welchem Grund auch immer, ist schlicht und einfach ein Bruch des Gesetzes. Niemals besteht die Notwendigkeit, jemandem das Leben zu nehmen, um den eigenen Standpunkt durchzusetzen. Ihr zeigt damit lediglich, dass ihr den Standpunkt anderer nicht zu berücksichtigen gewillt seid und daher meint, sie gewaltsam ihrer Selbstbestimmung berauben zu müssen. Der Unterdrückung der Menschheit durch die scheinbar Mächtigen geht jetzt allmählich die Kraft aus, und sie wird von den Bewohnern der Erde nicht länger geduldet. Aber noch gelingt es den Wortführern in Politik und Wirtschaft, die Welt in Aufruhr zu halten.

Der Glaube der Massen folgt oft einfach nur den Anschauungen weniger. Man blökt mit der Herde und fragt nicht groß, warum. Deshalb tun sich viele so schwer, an ihrer Wirklichkeit etwas zu ändern: Sie haben Angst, aus dem Rahmen zu fallen, wenn sie nicht mehr mit der Masse gehen. Sie möchten dazugehören. Im Strom der anderen zu bleiben ist sicherer, als selbstständig zu denken. Wer damit anfängt, wird nämlich die eigene Wirklichkeit und den eigenen Glauben infrage stellen müssen. Wer es jedoch wagt, wird auf sehr viele Einsichten über sich selbst und die Natur seiner Existenz stoßen und damit sehr viel für die Entwicklung seiner Seele tun. Ihr könntet dieses Wissen nutzen, um endlich die Freude an eurem Dasein zu finden, die euch bestimmt war. Hier eine Übung, mit der ihr euren Glaubenssätzen auf den Zahn fühlen könnt. Mit dieser Übung könnt ihr euch aus der Verstrickung in die Überzeugungen anderer lösen und den eigenen Weg der Evolution eurer Seele finden.

ÜBUNG 6: GLAUBENSSÄTZEN AUF DIE SPUR KOMMEN

Was bedeutet dir das Wort »recht« oder »richtig«? Vielleicht gut, nützlich, aufrecht, gottesfürchtig und dergleichen. Lauter Eigenschaften, die der Mensch gern hätte. Und »falsch«? Was löst dieses Wort in dir aus? Sieh es dir sehr genau an. Dunkel, negativ, unerfreulich, unmoralisch und so weiter. Ich denke, jeder von euch könnte für beide Begriffe mühelos hundert Synonyme und Definitionen finden – und genau darum geht es in dieser Übung.

Teile ein Blatt Papier in zwei Spalten. Über die linke schreibst du »positiv«, über die rechte »negativ«. Schreib in beiden Spalten einfach Wörter auf, die du aus deiner Lebenserfahrung heraus mit »positiv« beziehungsweise »negativ« verbindest. Jetzt sieh dir die Wörter nacheinander an und mach dir zu jedem dein Gefühl klar. Für welchen Gedanken steht das jeweilige Wort? Was oder wen assoziierst du mit dem Wort und weshalb? So fängst du an, deine Überzeugungen zu erforschen, alle. Beachte besonders, dass bestimmte Wörter mit bestimmten Gefühlen aufgeladen sind. Dieser Gefühle haben ganz direkt mit deinen Assoziationen zu den einzelnen Wörtern zu tun. Manche machen dich eher froh, andere nicht. Betrachte sie alle sehr bewusst. Wenn »Kirche« dich froh macht, dann frag dich weiter, was es an der Kirche ist, das dich froh macht. Liebst du die Gemeinschaft mit Gleichgesinnten? Wahrscheinlich wirst du das bejahen. Was ist diesen Gleichgesinnten denn gemeinsam? Sind sie sich darin einig, dass sie die einzige rechte Lebensweise haben, der sich die gesamte Menschheit anschließen sollte? Auf jeden Fall stimmen sie alle mit deinem Glauben überein, nicht wahr?

Jetzt nimm dir die andere Spalte vor und mach es da genauso. Was du da aufgeschrieben hast, steht alles in direktem Widerspruch zu deinen eigenen Wirklichkeitsvorstellungen, nicht wahr? Wenn du jetzt überlegst, wer dir diese Vorstellungen wo und wie eingetrichtert hat, werden vielleicht die Verbindungen deutlich. Diese Übung wird dir sehr helfen, dir Klarheit über die Glaubenssätze und Gedanken anderer zu verschaffen und zu verstehen, wie du sie dir zu eigen gemacht hast. Du wirst von da an leichter erkennen, was in jedem gegebenen Fall deiner Seele besser entspricht: das Dargebotene anzunehmen oder zurückzuweisen.

Was die Mächtigen glauben

In diesem Zusammenhang muss auch erörtert werden, was die Entscheidungsträger eures Landes glauben. Viele Regierungen auf der Welt wehren sich gegen jegliche Veränderungen. Viele Politiker treten erst einmal mit hohen Idealen an und möchten all das durchsetzen, was der Gesellschaft aus ihrer Sicht nützen könnte, aber dann unterliegen sie doch den negativen Energien der herrschenden Strukturen, die die Macht immer nur zu ihren Zwecken manipulieren. Da es ihnen selbst an Disziplin und an Gespür für den Umgang mit der Macht fehlt, werden sie schnell vom Tagesgeschäft und vom »weiter so« vereinnahmt. Es dämmert ihnen, dass sie ihre Ziele nicht erreichen können, ohne den jetzigen Inhabern der Macht empfindlich auf die Zehen zu treten. So geraten sie schließlich in die Fallstricke eines Glaubenssystems, das zwar nicht ihr eigenes ist, dem sie sich aber fügen müssen, um zu überleben. Dann gehören sie dazu, dann wächst ihnen scheinbar grenzenlose Macht zu, und sie interessieren sich immer weniger für die Bewohner der Erde.

Das von den Mächtigen gestützte und gepredigte Weltbild wird jetzt rissig. Die führenden Gestalten der westlichen Welt konnten es sich bisher leisten, die Kulturen anderer Völker einfach als vernachlässigbare Größe zu betrachten und dadurch überall Streit zu säen, weil die Menschen sich dort einerseits westlichen Lebensstandard wünschen, andererseits jedoch an ihren Traditionen und Überzeugungen festhalten möchten. Die Wertvorstellungen des Westens kommen in vielen ärmeren Ländern gar nicht gut an, und die Menschen fühlen sich ihrer Lage hilflos und machtlos ausgeliefert. Und ihre ganze Frustration äußert sich dann in aggressiven und destruktiven Versuchen, ihre eigene Macht zu behaupten. Die Doktrinen der abendländischen Zivilisation sind anderswo auf der Welt ein großes Ärgernis. Deshalb sehen viele der in anderen Kulturen lebenden Menschen den Westen mit seinem ganzen Reichtum als böse an. Tatsächlich nimmt der Westen ja den Reichtum der Welt größtenteils für sich in Anspruch und denkt nicht an die Bedürfnisse, Rechte und Nöte der übrigen Welt. Es ist kein Geheimnis, dass so etwas die Menschen erbittert. Und es gefällt ihnen erst recht nicht, wenn das, was sie so hassenswert finden, dann auch noch vor ihrer Tür steht. Ihr Glaube sagt ihnen, dass allzu viel materieller Besitz Unrecht ist (wenn man sich allerdings ihre Anführer anschaut, dann umgeben sie sich auch mit so viel Besitz, wie sie nur eben können, während die breite Masse darbt und verbittert ist). Das Einzige, was diesen Menschen bleibt, um sich ein Gefühl von eigener Macht zu erhalten, sind Ausfälle auf den erklärten Feind. Da es sich um allgemein geteilte Überzeugungen handelt, steht hinter solchen Aktionen der geballte Zorn der Masse. Hier wird natürliche Aggression zu einer destruktiven Kraft. Um sich nicht völlig machtlos zu fühlen, sehen diese Menschen keine andere Möglichkeit, als blindlings auf die Länder einzuschlagen, von denen sie sich ihrer Macht beraubt sehen. Dahinter stehen starke Überzeugungen, und es befinden sich sehr viele Menschen in dieser Lage – ein gewaltiges Potenzial zu verheerenden Katastrophen.

Wenn diese Lage nicht entschärft wird, könnte es zu weltumspannenden kriegerischen Auseinandersetzungen kommen, die euer Planet nicht überleben würde. Die Industrienationen können nicht länger einfach über die Schwächeren hinweggehen. Alle Menschen aller Völker müssen als unverzichtbar für das Ganze gesehen werden und dürfen nicht länger hinter politischen und wirtschaftlichen Interessen zurückstehen.

Es ist beschämend, dass der Westen große Teile der Erde zu seinem Einflussbereich gemacht hat und viele Länder dazu zwingt, sich diesem Einfluss entweder zu beugen oder um ihre Souveränität zu kämpfen. In diesen Gesellschaften habt ihr jetzt die aufgestauten Energien all derer, die ihre Macht an überlegene Kräfte abgeben mussten, von denen sie sich zu allem Überfluss auch noch Schuldgefühle einreden lassen sollen, als wäre etwas mit ihnen nicht in Ordnung. Die Unterdrückung hat jetzt einen explosiven Gegendruck erzeugt, und wie Mutter Erde gegen alle an ihr verübten Gräuel mit Naturkatastrophen zurückschlägt, so wehren sich auch die Menschen nach Kräften ihrer Haut. Die Entscheidungsfreiheit der Menschen ist an diesem Punkt eurer Geschichte so sehr unter Druck geraten wie niemals zuvor.

In weiten Teilen des Nahen und Mittleren Ostens zeichnet sich ein allmähliches Aufwachen ab. Die Energien der spirituellen Hierarchie eures Planeten konzentrieren sich auf diesen Bereich, damit sich die Lage entspannt – aber es ist wahrlich keine leichte Aufgabe. Bei den Menschen dieser Region sind die religiösen Überzeugungen tief verwurzelt und leider auch in mancher Hinsicht fehlgeleitet. Es ist eine Riesenaufgabe, diese Weltgegend wieder in Einklang mit dem Plan des Ganzen zu bringen, und sie wird den Meistern noch auf viele Jahre hinaus eine Menge Energie abverlangen. Aber genauso viel Energie wird es kosten, den Westen wieder nach diesem Plan auszurichten; hier ist mit erheblichem Widerstand gegen die gerechte Verteilung der Reichtümer eurer Erde zu rechnen. Jedenfalls stehen eurer Welt Veränderungen zum Besseren bevor, die allen Lebewesen zugutekommen werden. Wir können verfolgen, dass die Menschen allmählich doch auf die von euren Entscheidungsträgern ausgehenden Ungerechtigkeiten aufmerksam werden. Bald werden immer mehr Menschen mit echten Visionen an die Stelle derer treten, die die Welt im Dunklen zu halten versucht haben. Wie ihr heute schon den Niedergang vieler Wirtschaftsunternehmen verfolgen könnt, werdet ihr bald tief greifende Veränderungen bei eurer Regierung und im Bereich der Medien erleben.

Eure Verbindung zu anderen Lebensformen

Ich möchte jetzt über andere Lebensformen und den Einfluss eurer Gedanken auf das gesamte Universum sprechen. Eure negativen Gedanken wirbeln zuerst hinauf in eure Atmosphäre und heften sich dann an die energetischen Gitternetze des Kosmos. Sie müssen ständig neutralisiert und als Liebesenergie zu eurem Planeten zurückgeschickt werden, damit sie andere Lebensbereiche des Universums nicht vergiften können. Lichtwesen sind sehr empfindlich für die von euren Gedanken erzeugten Energien und versammeln sich schon lange um eure Erde, um diese Energien immer wieder zu entschärfen. Ihr seht diese Wesen nicht, weil sie aus ätherischer Materie bestehen, die von dreidimensionalen Sinnen nicht erfasst werden kann. Die meisten Menschen glauben auch heute noch, im ganzen Universum gebe es nur sie. Weit gefehlt. Ihr habt nur euer inneres Auge zugemacht und verschließt euch entschieden sowohl der Evolution eurer Seele als auch der Wahrnehmung anderer Lebensformen. So lebt ihr wie in einen dunklen Kokon eingesponnen und fürchtet alles, was draußen sein könnte. Wenn ihr das wahre Wesen eurer Seele erkennen wollt, wäre es angebracht, euch innerlich für andere Wirklichkeiten außerhalb eurer beschränkten Selbstwahrnehmung zu öffnen. In eurem Sonnensystem und anderen gibt es viele, viele bewohnte Planeten. Und es gibt viele Arten der Verkörperung, nicht alle von so dichter Stofflichkeit wie eure. Manche Körper sind ganz ätherisch, zum Beispiel meiner. Der menschliche Körper ist für das dreidimensionale Dasein auf der Erde bestimmt, und durch ihn könnt ihr euch mitteilen und Verbindung zu anderen aufnehmen. Euer ätherischer Körper ist eure Seele, die sich mit dem physischen Körper überschneidet. Sie bedient und »fährt« den Körper, wie ihr einen Wagen fahrt. Es sind viele andere Formen der Verkörperung möglich, je nach Entwicklungsstand der Wesen und je nach dem Planeten, den sie sich für ihr Leben ausgesucht haben. Diese Körper müssen nicht unbedingt aus Fleisch und Blut sein wie bei euch auf der Erde.

Viele Planeten, die ihr als unbewohnbar ansehen würdet, schwirren geradezu vor Leben. Um euch ein Beispiel zu geben: Auf den Planeten Venus und Sirius leben so friedfertige und liebevolle Wesen, wie man sie sonst nirgendwo im Universum antrifft. Auch viele von uns gehen immer wieder gern dorthin. Ihr in eurer dreidimensional wahrgenommenen Wirklichkeit haltet die Existenz anderer Lebensformen vielfach lieber gar nicht erst für möglich, weil ihr euch fürchtet und euer Wahrnehmungsvermögen nicht weit genug reicht. Ihr könnt so lange nur dreidimensional wahrnehmen, bis ihr eure ätherische Sehfähigkeit entwickelt – was bei einigen von euch schon der Fall ist. Wer seinen ätherischen Blick geschärft hat, wird eine vollkommen neue Welt wahrnehmen. Diese Welt wird vierdimensional sein und schließlich noch mehr Dimensionen annehmen, und dann werdet ihr andere Lichtwesen sehen und mit ihnen kommunizieren können. Manche von euch erhalten jetzt schon telepathische Mitteilungen von solchen Lichtwesen und erkennen diese Botschaften als solche, als nicht ihren eigenen Gedanken entspringend. Sehr viele andere können das noch nicht. Es liegt aber nur daran, dass ihr es nicht wollt. Telepathische Kommunikation ist im Prinzip euch allen möglich, man muss nur erst lernen, wie man damit umgeht. Sobald ihr anfangt, eure Energien bewusst mit dem Willen und Plan des Schöpfers in Einklang zu bringen, werden sich euch diese Fähigkeiten erschließen.

Es ist dringend geboten, dass ihr euren Mitmenschen in diesem selbst gewählten Leben auf der Erde mit so viel Achtung und Liebe begegnet, wie euch nur möglich ist. Wie wollt ihr den Übergang zum neuen Bewusstsein bewältigen, wenn ihr eure Einstellung zueinander nicht ändert? Jeder, der sich für das Erdenleben in dieser Zeit entschieden hat, lernt gerade jetzt sehr viel über die Auswirkung negativer Gedanken und Taten. Die allermeisten anderen Lebewesen in den unzähligen Sonnensystemen kennen keine Negativität. Es ist eine Erfahrung, die euch in diesem Abschnitt eurer Evolution zu erleben aufgegeben ist. Die Lichtwesen verfolgen sehr genau, wie die negativen Energien sich auf den Planeten auswirken. Wer von euch weiterhin den destruktiven Kurs beibehält, wird an dem bevorstehenden Entwicklungsschritt nicht teilnehmen können und zurückbleiben. Diese Unseligen werden nach ihrem Tod in die Dreidimensionalität zurückgeschickt, wenn ihnen nicht sogar ein Leben in einer zweidimensionalen Wirklichkeit bevorsteht, wo sie die Früchte ihrer Habgier und Destruktivität ernten werden. Kurzum, die Seelen, die weiterhin versuchen, die Erde oder ihre Bewohner auszubeuten, bleiben in den niederen Dimensionen zurück, bis sie selbst das Licht zu suchen beginnen. Der Rest der Menschheit wird mit der Erde evolvieren, und danach werden die Menschen in Frieden leben und sehr viel besser als heute um die Verbundenheit ihrer Seelen wissen.

Sollte sich irgendwer einfallen lassen, Atomwaffen zum Einsatz zu bringen, werden die Lichtwesen höherer Dimensionen das nicht zulassen. Die Erlaubnis, es zu verhindern, wurde erteilt. Es wird nicht geschehen, dass Mutter Erde von Leuten zerstört wird, die sich für die Inhaber der Macht halten. Die Lichtwesen senden jetzt ihre Energien aus, um die

Menschen aufzuwecken und ihnen beim bevorstehenden Bewusstseinswandel zu helfen. Von euch brauchen wir dazu die Bereitschaft, den Frieden in der Welt zu fördern und einer für den anderen da zu sein. Ihr müsst euren freien Willen und eure Energien klug einsetzen, um auf eurem Planeten eine neue Wirklichkeit zu schaffen. Mit der Kraft eurer Gedanken könnt ihr diese Wirklichkeit für euch manifest werden lassen. Die allermeisten werden dazu gern bereit sein. Und für die jetzt noch Unbelehrbaren, die auf Zerstörung und auf Macht über ihre Mitmenschen aus sind und sich mit den negativen Kräften verbünden, ist es jetzt höchste Zeit, sich in Richtung Licht zu bewegen.

Manche von euch fangen schon an aufzuwachen. Bleibt wach. Wenn ihr die Augen wieder schließt, fallt ihr erneut in den kosmischen Schlaf und müsst zurückbleiben. Aus jedem von euch strahlt die Liebe des Schöpfers, und wenn ihr in jedem Lebewesen, dem ihr begegnet, nach dieser Liebe Ausschau haltet, werdet ihr sie finden. Öffnet Herz und Geist, um einander liebevoller und mitfühlender zu begegnen – ihr seid Brüder und Schwestern, die sich gemeinsam entwickeln. Wenn ihr einem anderen helft, dann helft ihr auch euch selbst, und beide kommen in ihrer Evolution voran. Frag dich einfach nicht mehr, was die Leute über dich denken könnten; für die Seele ist das völlig unerheblich. Tu in deinem Umgang mit anderen das, was deine Seele als richtig erkennt. Das Ego wird stets alles zu hintertreiben versuchen, was die Seele an seiner »Autorität« vorbei unternimmt, es wird die Seele in Zweifel zu ziehen versuchen, es wird euch einreden, dass ihr doch nur Zurückweisung erfahren werdet, wenn ihr auf andere zugeht. Tatsächlich droht nur dem Ego Zurückweisung, und wer das verstanden hat, wird sich einfach abwenden und das Licht der Seele leuchten lassen.

Die Zukunft wird umgeschrieben

Eines der Gebiete, die das Ego besonders gern unter Kontrolle hat, sind eure Emotionen. Emotionen gehen vom Sonnengeflecht aus, haben ihren Ursprung aber eigentlich im Astralen. Auf dem gegenwärtigen Stand der Evolution sind eure Emotionen auf dem Siedepunkt und haben einen hohen Sättigungsgrad erreicht, weil die Menschheit sich auf einen großen Bewusstseins-Umbruch vorbereitet. Das ist aber nicht anders zu erwarten, denn in vielen Bereichen eurer jetzigen Wirklichkeit wird im Verlauf dieses Bewusstseinswandels einiges zu bröckeln beginnen. Die Polarisierung der dreidimensionalen Wirklichkeit geht derzeit noch von der astralen Ebene aus, wird aber zunehmend mentaler Natur sein, und dann werdet ihr die Emotionen auch wieder in den Griff bekommen. Der ganze Prozess ändert auch die Schwingungsrate des Planeten und seiner Bewohner. Mit der veränderten planetaren Schwingung verschiebt sich die Energie der Erdbewohner in eine friedlichere Sphäre, wie ihr sie seit Jahrtausenden nicht mehr erlebt habt. Der Planet bewegt sich durch ein Feld hoher Energie und wird sich irgendwann in noch höhere Dimensionen erheben und die nächste Phase seiner Evolution abschließen. Eben jetzt erwacht die Menschheit. Und in diesem Erwachen schreibt ihr das »Drehbuch« eurer Zukunft grundlegend um.

In eurer Zukunft liegen alle Möglichkeiten zu immer mehr Frieden. Mit eurer Klangschwingung erreicht auch euer Bewusstsein eine höhere Ebene, und das wirkt sich auf euer Leben in der Zukunft aus. Mit euren Gedanken und Überzeugungen könnt ihr eure Vergangenheit, Gegenwart und Zukunft beeinflussen, und das, worauf ihr jetzt euer Augenmerk richtet, wird euch eine neue Höhe des Bewusstseins erschließen oder dafür sorgen, dass ihr in die niederen Dimensionen des Negativen zurückfallt. Aber immer mehr von euch überprüfen ihre Glaubenssätze und ahnen, was es mit der Existenz eurer Seele auf sich hat, und so entsteht ein natürlicher Zug in Richtung der höheren Schwingungsfrequenzen. Je weniger ihr einander fürchtet, desto eher könnt ihr lieben – und eure Evolution nimmt ihren Lauf.

Eure Seele fängt an, ein strahlendes Licht auszusenden. Ihr lasst eure Energien zunehmend in Richtung bedingungslose Liebe gehen, und eure Gedanken heben den Planeten auf eine höhere Schwingungsebene. Viele von euch kennen sich bereits mit den Wirkungen der Energie aus und wissen, wie man mit ihr umgeht. Als Lichtwesen *seid* ihr Energie. Die schöpferischen Anlagen eurer Kreatürlichkeit sind euch bereits geläufig, und jetzt fangt ihr an, euch auf die Evolution der Seele zu konzentrieren. Ihr erwacht aus einem langen kosmischen Schlaf, und die Rezeptoren eures neurozellulären Systems sind jetzt bereit, Energie zu empfangen. Auch die Erde wird auf diese Weise aufgeladen, und so kann der Prozess der Läuterung beginnen. Die Gedanken vieler werden ein positives Energiefeld bilden, in das die Erde eintaucht. Eine der Menschheit jetzt noch unbekannte friedliche Stille wird die Erde erfassen und sie befähigen, sich in eine höhere Schwingungsharmonie zu versetzen. Es ist für euch nicht unmöglich, euch aus der Verstrickung in verstaubte Glaubensgewissheiten zu befreien und euer Bewusstsein zum göttlichen Licht hin zu bewegen. Mit den Mitteln, die ich euch in diesem Buch an die Hand gebe, sollte das allen, die sich wirklich entwickeln möchten, ein Leichtes sein.

6 Religion als Mittel der Unterdrückung

Religiöser Glaube

Religion hat die Menschen schon immer beschäftigt. Sie haben immer um eine Gott-Energie gewusst, aber sie haben sie auch gern für ihre eigenen Zwecke umgedeutet, um damit ihr Handeln zu rechtfertigen und ihre Ansichten durchzusetzen. Ihr habt sie für alle möglichen Zwecke eingesetzt, und da sie ein so starker Hebel ist, habt ihr sie nach innen und außen als Machtmittel gebraucht. Dabei sind auch Glaubenssätze entstanden, mit denen ihr eure Begierden unter Kontrolle zu halten versucht, aber es sind nur Hindernisse für die Evolution eurer Seele daraus geworden. Die mit eurer Kreatürlichkeit verbundene *natürliche* Aggression ist derart unter Verschluss gehalten worden, dass ihr manchmal nicht mehr wisst, wie ihr mit den aufgestauten Energien umgehen sollt. Dann habt ihr die Dämme noch weiter erhöht und natürliche Antriebe wie eure Sexualität mit Schuldkomplexen befrachtet. Ihr versagt euch die Freuden eurer Kreatürlichkeit und watet in einem endlosen Sumpf von Frustration.

Seht euch nur die Religionen der Welt an. In vielen wird erwartet, dass ihr eure natürliche Aggressivität und Sexualität verleugnet. So ist Aggression etwas Schlimmes geworden, obwohl sie in der Natur jedes Lebewesens auf eurer Erde liegt. Ohne natürliche Aggression hätte die Menschheit nicht überleben können, und alles Schöpferische im Menschen stammt auch aus dieser Quelle. Eine Blume, die ihre Blüte öffnet, demonstriert damit ihre natürliche Aggressivität. Dieses Beherzte, Vorwärtsdrängende wohnt allen Kreaturen inne, und richtig eingesetzt ist es die Triebkraft eurer Seelen-Evolution. Selbst wenn natürliche Aggression negative Auswirkungen hat, kann man daraus lernen, weil man gezwungen ist, die eigenen inneren Regungen zu erforschen.

Wenn du den Menschen sagst, sie sollen den Kräften ihres körperlichen Seins keinen Ausdruck mehr geben, haben die Energien kein Betätigungsfeld mehr und wissen nicht wohin. Sie äußert sich dann in allen möglichen verqueren Emotionen, bis der Körper es nicht mehr aushält und entweder nach außen extrem aggressiv agiert oder sich selbst krank macht. Die unter Verschluss gehaltenen Kräfte entfalten einen gewaltigen Druck, bis der Mensch buchstäblich in die Luft geht. Dahinter stehen immer starke Glaubenssätze, die in vielen Fällen der religiösen Indoktrination entspringen.

Es lässt sich nicht leugnen, dass viele Religionen eine auf Schuldgefühle ausgerichtete Indoktrination betreiben, mit der die Menschen unter Kontrolle gehalten werden sollen. Die großen Gestalten eurer Religionen, die Verfasser der wegweisenden Texte, wussten recht gut, dass man Menschen gefügig machen kann, wenn es gelingt, sie von ihrer Schuld und ihrem Unwert zu überzeugen. So schwört man sie auf den eigenen Glauben ein, bis sie einem sogar ihr Seelenheil anvertrauen. So erlangten diese Leute große Macht, aber sie stellten dabei die eigentliche Botschaft des göttlichen Bewusstseins auf den Kopf. Man nahm euch den freien Willen und sorgte dafür, dass euch sogar der eigene Körper in seiner angeblichen Sündhaftigkeit peinlich wurde. Der Körper ist das Medium, durch das ihr euch Ausdruck verschafft und lernt. Durch ihn könnt ihr einander begegnen und euch austauschen. Wenn ihr das wirklich verstanden habt – erst dann könnt ihr das wahre Wesen eurer Seele erfassen und erfahren.

Einerseits werdet ihr also zu unwürdigen Sündern erklärt, und andererseits nennt man euch das Ebenbild Gottes. Was sagt das über euren Gott? Wer so etwas glaubt, kommt an dem Schluss nicht vorbei, dass Gott ein unwürdiger Sünder ist. Das kann unmöglich sein, aber ihr glaubt seit Jahrhunderten solchen Unsinn und stellt ihn nicht einmal infrage. Der Gott des Universums erschuf euch aus Liebe, und in seinen Augen seid ihr nichts anderes als vollkommen.

Die Glaubensgewissheiten mancher Religionen haben sich seit der Niederschrift ihrer heiligen Texte nicht verändert; manche haben Jahrtausenden standgehalten und kaum Anlass zu Fragen gegeben. Mit den Reisemöglichkeiten und Migrationen eurer Zeit hat sich der Informationsstand vielerorts radikal geändert. Ganze Bevölkerungsgruppen stellen ihren überkommenen Glauben infrage, sehen sich die Entwicklung oder den Stillstand in der übrigen Welt an und stellen ihre Fragen ganz offen. Manche sind hin- und hergerissen, können sich noch nicht ganz vom Gewohnten lösen, erkennen aber schon die neuen Ideen und die Freiheit, die dort winkt. Viele der alten Glaubenssätze haben sehr direkt mit der Gottesvorstellung der Menschen zu tun.

Der Gott des Menschen

Sprechen wir vom Gottesbild der Menschen. Menschen haben schon immer gewusst, dass hinter diesem Universum eine schöpferische Kraft stehen muss. Ob in der kleinen Welt eurer täglichen Erfahrung oder beim Blick in den Sternenhimmel, immer habt ihr gespürt, dass da noch ganz andere Kräfte walten als eure eigenen. Die Menschen der frühesten Kulturen lebten noch im Einklang mit dieser Kraft. Sie nahmen ihre Welt mit sehr wachen Sinnen wahr und achteten die für diese Schöpfung verantwortlichen Energien über alles. Erst vor einigen Jahrtausenden habt ihr es für nötig befunden, der Energie der Schöpfung Menschenähnlichkeit zu verleihen. Offenbar fanden es die Menschen vorteilhaft, dem Schöpfer ein menschliches Antlitz zu geben, vielleicht um den Abstand zu verringern. Es dauerte dann nicht mehr lange, bis die religiösen Führungsgestalten es für angebracht hielten, die Macht dieses neu geschaffenen Menschengottes in die eigenen Hände zu nehmen. Dadurch entstanden zahlreiche Mythen und falsche Darstellungen dessen, was Gott ist. Als Gott schließlich zu einem Gott des Guten und des Bösen erklärt wurde, besaßen die religiösen Orientierungsgestalten ein weiteres Machtmittel, weil sie jetzt ihre eigenen Ideen unter der Überschrift »Gott« propagieren konnten. So entstanden die seltsamsten Auswüchse dessen, was man den Menschen als Gesetze und Anordnungen Gottes auferlegte. Und die Menschen vergaßen, was sie einst gewusst hatten: dass Gott reine Energie ist und nur die Fülle der Liebe ausstrahlt und sich in allen Wesen verkörpert. Alle Macht, die den Menschen einst als natürlicher Bestandteil ihrer eigenen Göttlichkeit gehört hatte, wurde ihnen genommen und diesem selbst gemachten Menschengott übertragen.

Eure Welt hat heute viele Götter, alle in ihr eigenes Glaubenssystem eingebettet. Die alten Schriften, die ihr für wahr haltet, entstellen die ursprüngliche Botschaft an bestimmten Stellen und passen sie der Denkweise der jeweiligen Chronisten an. Deshalb findet ihr in allen diesen Schriften Regeln, die von Menschen eingeschmuggelt wurden und allesamt nichts weiter bewirken, als euch die wahren Ziele eurer Seele zu verschleiern.

So wartet der Mensch in der Finsternis des Jammertals und hofft, dass er irgendwann erlöst wird und seine Ganzheit erfahren darf. Sein Glaube, der sich nicht über die religiösen Machtstrukturen hinauswagt, hält ihn seit Jahrtausenden in dieser Dunkelheit. Ihr könnt aus der unermesslichen Energiequelle des Schöpfers nicht einfach einen Menschen machen. Es geht nicht, so eifrig eure Religionen es euch auch einreden mögen. Alles-Was-Ist kann nicht irgendein bestimmtes Gesicht tragen, da es eben *Alles* ist, Inbegriff aller Wesen im Universum.

Nun haben es die Leute, die euren Religionen ihr Gepräge gaben und ein System von Glaubenssätzen schufen, oftmals nur gut gemeint, aber leider haben sie den Gläubigen gleichzeitig die Möglichkeit genommen, sich in ihrer Ganzheit zu erfahren. Die meisten eurer Kriege, wenn nicht alle, sind aus euren falschen Gottesvorstellungen entstanden, denn ihr habt alle Dinge und Menschen immer nur von diesen Einbildungen aus betrachtet und beurteilt. So steht ihr seit unvordenklicher Zeit meist gegeneinander – einer versucht sich gegen den anderen durchzusetzen, einer verurteilt den anderen und selten zieht ihr mal am gleichen Strang. Es wird noch viele weitere Kriege geben, wenn es euch nicht gelingt, diese spirituelle Verblendung zu durchbrechen. Der Glaube der Massen könnte sich durchaus dem Geist einer neuen Zeit entsprechend ändern, aber es wird eine außergewöhnliche große Kraft vonnöten sein, um die Dinge in Gang zu setzen. Diese Kraft hat sich in eurer Welt bereits als die Christus-Essenz manifestiert und wird sich bald allen zu erkennen geben. Energiewesenheiten wie ich bereiten euch auf den bevorstehenden Bewusstseinswandel und das Auftreten des Weltlehrers vor. Besinnt euch auf die Liebe, die eurer Seele nie verloren gegangen ist. Die Seele kennt keinen Hass, keine Habgier, keine Verurteilung, kein Böses. All das hat der Mensch mit seinem Ego erfunden und zu seinem Glauben gemacht und sich dadurch immer weiter vom göttlichen Vorhaben seiner Seele entfernt. Je weniger ihr urteilt, desto stärker wird eure Weisheit sein. Und wenn ihr Weisheit habt, ist der Frieden nicht mehr fern.

Gott ist, was ihr seid

Ihr habt immer gewusst, dass ihr nicht allein im Universum seid; so steht es in euren ältesten Schriften und so weiß es eure Seele. Die Religion hat jedoch dafür gesorgt, dass ihr euch einbildet, die einzigen Lebewesen in der gesamten Schöpfung zu sein. Dieser Gedanke ist so unvorstellbar abwegig, dass wir uns ratlos fragen, wie ihr euch die ganze Zeit einbilden konntet, etwas derart Besonderes zu sein, dass der gesamte Kosmos sich um euch dreht. Meint ihr wirklich, Gott hätte einfach nur diesen einen bewohnten Planeten geschaffen und dann die Hände in den Schoß gelegt mit den Worten: »So, das genügt. Alles, was noch in Erfahrung zu bringen ist, werde ich von denen da lernen.« Gott, der Schöpfer oder wie auch immer ihr »ihn« (ich halte mich hier wieder an eure Sprachkonvention) nennen wollt, ist wie ihr ein Teil der einen Energiequelle, die wir Alles-Was-Ist nennen. *Gott ist, was ihr seid.* Alles-Was-Ist umfasst unzählige Lebensformen auf vielen Planeten in vielen Universen. Die meisten sind weitaus höher entwickelt als die Erde und ihre Bewohner. Hierarchien und Schöpfergottheiten gibt es überall, auch in euch und allem je erschaffenen Lebendigen, sei es Pflanze, Tier, Insekt oder Mineral. Alles in der unendlichen Vielfalt der Schöpfung entspringt der unerschöpflichen Energie von Allem-Was-Ist. Die Christus-Essenz gehört zu den höheren Mitgliedern der Hierarchie eures Planeten und hat den Wunsch, im Dienst der Erde zu bleiben. Sie hätte zu anderen Planeten und Sonnensystemen weiterziehen können, wählte aber diesen Weg. Auf allen Planeten gibt es Hierarchien mit ihren Ebenen. Der Christus war schon mehrmals auf eurer Erde, um die Evolution der Menschheit voranzutreiben, und hat jedes Mal Botschaften verbreitet, die diesem Zweck dienen sollten. Eure Seele wird erst wieder wachsen können, wenn ihr frei genug geworden seid, um zu begreifen, dass ihr euch die Glaubenssätze anderer zu eigen gemacht und die ursprüngliche Botschaft der Christus-Essenz nicht mehr beachtet habt.

Diese Botschaften reichen weiter in die Vergangenheit zurück als die ältesten Teile dessen, was ihr eure Bibel nennt. Aber sehen wir uns die Bibel trotzdem als Beispiel an, schließlich ist sie sehr eng mit eurem christlichen Weltbild verbunden. Viele Aussagen der Christus-Essenz wurden überhaupt nicht oder entstellt in den Bestand der kanonischen Texte aufgenommen, dafür wurden von den Chronisten eigene Gedanken eingefügt. Die Botschaften waren in der Regel sehr einfach, trotzdem legten die Menschen sich diese Aussagen so zurecht, dass sie zum damals als gültig angesehenen Weltbild passten. Nehmen wir als Beispiel das Kommen des Antichristen, wie es in eurer christlichen Lehre dargestellt ist. Noch heute erwarten Millionen von Gläubigen das Erscheinen des Antichristen, der sie zu täuschen und in den Abgrund zu führen versuchen wird. Aber das ist ein Irrglaube, denn das Erscheinen des Antichristen hat längst stattgefunden, nämlich mit Hitler und dem Nationalsozialismus und dem millionenfachen Morden auf eurer Erde. Millionen von Menschen erhielten die Tätowierung des Antichristen, kurzum, diese Prophezeiung hat sich bereits erfüllt. Aber die christlichen Kirchen halten daran fest, dass das Ereignis noch bevorsteht. Nein, es liegt schon zurück. Und wie gesagt, die Christus-Wesenheit ist bereits wieder unauffällig unter euch tätig, bis die Zeit seines offenen Auftretens kommt.

Die Manipulation spiritueller Wahrheiten

Verfälschungen gibt es natürlich auch in den Texten anderer Religionen. Vieles wurde eigens auf die Menschen der jeweiligen Zeit zugeschnitten, das heißt um Aussagen erweitert, die Herrschaft über die Massen garantieren sollten – daher überall die Schuldgefühle und die Verdrängung. Der Seele wurde nicht gestattet, wozu sie eigentlich da ist: freudige Selbsterfahrung. In ihrer menschlichen Existenzform ist die Seele stets argwöhnischen Blicken ausgesetzt gewesen. Die Herrschenden haben euch, um ihre Herrschaft abzusichern, Verhaltensmaßregeln noch und noch auferlegt. So habt ihr eure Energien lieber weggeschlossen, denn wer sich nicht dem Willen der Leitgestalten eurer Religion beugte, dem blühte ewiges Höllenfeuer und was nicht alles. Alle Religionen halten ihre ganz eigenen Folterkammern für die Ungehorsamen bereit, und so wurde aus dem Gott der Liebe ein Gott, den man fürchten muss.

Wenn es den religiösen Machthabern einmal gelungen ist, die Menschen davon zu überzeugen, dass sie ihr Seelenheil nicht selbst in der Hand haben, steht ihren Manipulationskünsten kaum noch etwas im Wege. Früher war es so, dass jeder, der aus der Reihe tanzte und sich nicht an die Regeln des akzeptablen Verhaltens hielt, ganz direkt mit schweren Strafen zu rechnen hatte. Man fügte sich lieber, denn wer endet schon gern auf dem Scheiterhaufen? Und wer zu erkennen gab, dass er um die wahren Absichten der Seele wusste, kam schnell in den Ruf des »Dämonischen« und der »Besessenheit«. Genau dieses Wissen fürchteten nämlich die Kirchenoberen ganz besonders, denn sollte es Schule machen, würden immer mehr Leute merken, dass die für wahr gehaltenen heiligen Schriften gefälscht worden waren, um den Mächtigen ihre Macht und ihre reichlich fließenden Einnahmequellen zu erhalten – und wer würde dann noch kommen, wer würde dann noch glauben? Die Sehenden mussten also schnellstens zum Schweigen gebracht werden. Man stellte sie als vom Teufel besessen dar und bezichtigte sie der Hexerei, und all das diente wieder nur dem Zweck, die Menschen durch immer mehr Angst im Dunkeln zu halten. Aber das so beschworene Böse und die Drohungen und Ängste ließen das Böse überhaupt erst entstehen und wachsen. Als sich die Menschen diesem Denken beugten und es zur eigenen Überzeugung machten, schufen sie erst seine Realität. Und die manifestiert sich jetzt in eurem Denken und Glauben.

Grundsätzlich wollten eure biblischen Texte euch auf die Tatsache aufmerksam machen, dass ihr durch euer Verhalten bestimmt, wohin euer Leben führen wird. Dieser Zusammenhang wurde in Erzählungen eingebunden, die jedermann verstehen und folglich akzeptieren konnte. Neu entstehende Religionen spiegeln immer zu einem gewissen Grade den gerade gegebenen Bewusstseinsstand der Menschen. Es ist aber nicht alles wahr, was geschrieben steht, denn manches wurde absichtlich oder unabsichtlich entstellt. Vielfach wurde ganz gezielt redigiert, und die ursprünglichen Manuskripte müssen erst noch wieder aufgefunden werden. Sie sind tief in den Bergen eurer Welt verborgen. Die negativen Kräfte haben außerdem ihre eigenen »heiligen Schriften« erfunden und clever lanciert, und so entstanden Glaubensgemeinschaften, die bis heute von der Wahrheit solcher Texte überzeugt sind und sie als heilig verehren. Es gab und gibt immer negative Kräfte, die alles daransetzen, den Menschen das Wissen um die Wahrheit ihrer Seele vorzuenthalten.

Versteht mich nicht falsch. Religion hat auch viel Gutes gebracht, und es ist gut, wenn die Menschen um ihre Glaubensüberzeugungen wissen und innerhalb der Strukturen ihrer Glaubensgemeinschaft miteinander kommunizieren. Auch das gehört zur Evolution der Seele. Religiöse Organisationen helfen den Menschen überall auf der Welt. Sie werden ausdrücklich in diesem Engagement bestärkt, mit allen Menschen zusammenzuarbeiten, um die Welt in die nächste Phase ihrer Evolution zu führen. Jetzt kommt es darauf an, dass die religiösen Kräfte der Menschheit sich zusammenschließen, um sich gemeinsam für die spirituelle Erleuchtung aller Bewohner der Erde einzusetzen. Arbeitet nicht mehr gegeneinander, sondern vereinigt euch, um gemeinsam in das friedliche Schwingungsband des neuen Weltbewusstseins einzutreten. Wenn ihr euch auf den Willen und Plan des Schöpfers einstimmt, werdet ihr wissen, wo die Glaubenssätze der zersplitterten Religionen eurer Welt der Heilung bedürfen. Die Werkzeuge, die ihr dazu braucht, sind eure Energien, Gedanken und Überzeugungen.

Es wäre für euch sehr vorteilhaft, die alten Vorstellungen vom Ich, von der Welt und vom Universum abzulegen, denn sie stimmen wirklich nicht, und wenn sie hinter euch liegen, werdet ihr erst den ganzen Reichtum eures Seins entdecken, den ihr euch so lange vorenthalten habt. Es ist für das Überleben der Menschheit so wichtig, dass ihr euch für neue Wahrscheinlichkeiten und Wirklichkeiten aufgeschlossen zeigt. Wenn ihr ehrlich nach den Motiven hinter den Lehren und Regeln der institutionalisierten Religionen fragt, werdet ihr sehen, dass die Evolution der Seele eigentlich als Weg der Freude gemeint war, ganz gewiss nicht als diese bedrückende Erfahrung, die ihr daraus gemacht habt. Ihr habt euch im Kerker der Schuld und Selbstverleugnung festhalten lassen und eigentlich auf euer Menschsein verzichtet.

Aber es steht in eurer Macht, euch als Menschheit zu vereinigen und mit euren Gedanken, Überzeugungen und Taten eine bessere Welt zu schaffen. Ihr seid es, die der Welt und dem Universum die Richtung geben. Alles geht von euch aus und ist in euch. Gottes Schöpfung in eurer Welt kennt kein Ende. Was nicht er geschaffen hat, ist unwirklich, Illusion. Ihr seid die Mitschöpfer eures Universums. Ihr seid eins. Ihr seid Götter.

7 Das neue Bewusstsein

Ihr seid Schöpfer

Die Wahrscheinlichkeit ist jetzt gegeben, dass ihr euer individuelles und kollektives Bewusstsein ändern könnt, um euch buchstäblich in die Harmonieschwingungen der höheren Dimensionen zu katapultieren. Eine kaum zu ermessende vieldimensionale Erfahrung wartet auf die Menschheit. Viele spüren, dass euer Bewusstsein jetzt auf seine größere Ganzheit aufmerksam zu werden beginnt. Wenn ihr diese Weitung zulasst, steht euch die gesamte Wirklichkeit eures Seins offen. Nehmt eure Scheuklappen ab und seht das ganze Ausmaß eurer spirituellen, körperlichen und geistigen Fähigkeiten. Dazu gehört, dass ihr euch für eure ureigensten Impulse und inneren Botschaften zugänglich macht. Mit der Weitung eures Bewusstseins werden sich auch eure neurologische und überhaupt die gesamte biologische Ausstattung entwickeln. Eben jetzt ist die Menschheit dabei, die neuronalen Verknüpfungen innerhalb des Gehirns auszubauen. Bereiche der sogenannten grauen Substanz, die man für mehr oder weniger funktionslos gehalten hat, werden aktiv. Im Verlauf dieser Prozesse werdet ihr mehr und mehr auf eure vieldimensionale Natur aufmerksam werden.

Mit der Entwicklung eures Bewusstseins ändert sich auch euer Gottesbild. Es wird sich in Richtung eurer wahren Ziele und idealen Wahrscheinlichkeiten bewegen und so etwas wie psychische Reize bilden, die Veränderung bewirken. Ihr seid nämlich selbst die Schöpfer eurer Wirklichkeit. Eure

Seele war an der Erschaffung dieses Planeten und aller seiner Lebensformen beteiligt. Die Fähigkeit, mit Energie umzugehen und Lebensformen zu schaffen, ist euch vollkommen selbstverständlich, wenn ihr gerade nicht auf die irdische Daseinsform ausgerichtet seid. Eure wahren Fähigkeiten gehen weit über das hinaus, was ihr in eurer grobstofflichen Dreidimensionalität für möglich haltet. Aber mit der Entwicklung eures Bewusstseins werdet ihr euch immer mehr von dem bereitstehenden unermesslichen Wissen erschließen und zunehmend bewusst zu Mitschöpfern werden. Menschen haben ein latentes Verständnis für frühere, gegenwärtige und künftige Wahrscheinlichkeiten und dazu das natürliche Verlangen, gemeinsam mit allen anderen Lebewesen das Beste für die Erde zu verwirklichen. Große Teile dieses Wissens habt ihr von euch ferngehalten – teils aus dogmatischer Glaubensgewissheit, teils aufgrund der Unwilligkeit, in euch selbst nach den Antworten zu suchen.

Ganz gewiss stehen eure Vorstellungen von Gut und Böse eurer seelischen Entwicklung im Wege. In der Welt, wie ihr sie kennt, gibt es viele Kräfte, die ihr nicht wahrnehmt. Könntet ihr sie plötzlich sehen, würdet ihr nur noch weglaufen und euch verstecken, weil sie nicht in euer Weltbild passen. Ihr habt euch derart indoktrinieren lassen, dass ihr euch gegen eure eigene Entwicklung stemmt. Ihr würdet sogar meine Energie als Gespenst wahrnehmen oder als pure Einbildung abtun. Und wenn ich nur hier sitze und Bücher schreibe und deutlich sage, dass es mich gibt, werden immer noch einige weglaufen und sich verstecken. Den Wind könnt ihr auch nicht sehen, aber zweifelt ihr daran, dass es ihn gibt? Gott könnt ihr auch nicht sehen, aber wenn ihr an ihn glaubt, wisst ihr, dass er da ist. Weshalb weigert ihr euch dann zu glauben, dass ihr viel mehr seid als das, was das Ego als materielle Form wahrnimmt? Wenn sich euer Bewusstsein ändert, werdet ihr nicht mehr leugnen wollen, dass Leben mehr ist als das, was die äußeren Augen sehen. Die Gesamtenergie eurer Ganzheit umfasst weitaus mehr, als auch der wagemutigste Wissenschaftler anzunehmen bereit wäre. Aber sie ist da, sie ist real, sie ist du, und sie ist Alles-Was-Ist.

Kommunikation

In eurer Umgebung sind viele Energiewesen, auch wenn ihr sie nicht wahrnehmt. Sie passen nicht in euer Bild der Wirklichkeit, und so glaubt ihr nicht an ihre Existenz. Eure Sciencefiction-Filme lassen zwar erkennen, dass sie euch nicht gänzlich fremd sind, aber ihr stellt solche »Außerirdischen« meist als böse und Furcht erregend dar, als seien sie alle darauf aus, euren Körper zu besetzen. Das ist nicht der Fall, schon gar nicht in dieser gegenwärtigen Phase. Lichtwesen haben keine Verwendung für Körper von dieser dichten Stofflichkeit. Sie haben diese Erfahrung im Laufe ihrer Entwicklung gemacht, aber sie liegt hinter ihnen. Alle Wesen sind Teil der unermesslichen Energiequelle, befinden sich aber in unterschiedlichen Entwicklungsstadien. Für euch Menschen wäre es gut, euch von dem Gedanken zu verabschieden, dass der Tod etwas Endgültiges ist. Energie kann nicht sterben. Ihr sterbt nicht. Die Energie wird lediglich in eine andere Dimension transformiert, wie es bei mir der Fall ist.

Was ihr aktuellen Filmen, Fernsehsendungen und Büchern entnehmen könnt, sollte eigentlich genügen, um zumindest für möglich zu halten, dass es die Dinge, die ihr nicht wahrhaben wollt, eben doch gibt. Es liegt absolut im Bereich eurer Möglichkeiten, zum Beispiel mit Verstorbenen zu kommunizieren. Ihr müsst nur hinhören und das, was ihr hört, nicht als euer eigenes Geplapper wegerklären. Wir, die wir den Übergang unserer Energie in höhere Dimensionen vollzogen haben, aber auch die vielen anderen, die noch auf den astralen Ebenen warten, sind durchaus in der Lage, mit euch zu kommunizieren, und ihr könnt es umgekehrt auch. Euer Bewusstsein weitet sich in dieser Zeit gerade, und irgendwann wird die telepathische Kommunikation mit anderen Dimensionen etwas ganz Gewöhnliches werden. Würdet ihr nur hinhören – ihr würdet staunen, was es da alles zu hören gibt. Aber euer Alltagsleben ist so randvoll, dass ihr euch nicht mehr die Zeit nehmt, einmal innezuhalten und zu horchen. Eure Verstorbenen warten und brennen darauf, mit euch zu sprechen. Ihr müsstet euch nur dafür öffnen und darauf einstimmen. Die Energie der anderen ist so real wie eure eigene, und sie sind so wenig tot, wie ihr es eben jetzt beim Lesen dieses Buches seid. Sie lieben euch, sie warten auf euch.

Die Lichtwesen beobachten euch zurzeit sehr genau und mit einiger Sorge, denn was ihr jetzt denkt und tut ist entscheidend wichtig für die Zukunft eurer Erde. Ihr seid in der Lage, mit anderen Anteilen eurer Ganzheit in simultanen Leben zu kommunizieren und einen fruchtbaren Erfahrungsaustausch zwischen verschiedenen Leben in verschiedenen Zeitrahmen in Gang zu setzen. Das kann sich auf jede dieser Inkarnationen segensreich auswirken und vielleicht Katastrophen verhindern. Im Traum geschieht das sogar regelmäßig. Einige von euch lernen das jetzt auch im Wachzustand und können mit anderen Anteilen ihrer Energie in anderen Inkarnationen kommunizieren.

Mein erstes Sprachrohr, Casandra, und ich sind von der gleichen Energie und können miteinander kommunizieren, aber auch ihr kommuniziert mit anderen energetischen Teilbereichen eurer selbst. Diese beiden Wesenheiten kommunizieren mit verschiedenen Aspekten der Seth-Wesenheit, zu der ich gehöre: Ich bin in einem Zeitrahmen von anderer Dimensionalität ein Teil ihrer Ganzheit, und sie sind in ihrem Zeitrahmen ein Teil der Seth-Ganzheit. Meine erste Sprecherin kommunizierte mit einem anderen Seth-Anteil als jetzt Cas, aber es handelt sich bei beiden Fällen trotzdem um dieselbe Seth-Wesenheit. Die beiden sind sowohl ein Anteil meiner Energie als auch ihre eigene energetische Ganzheit: Ich bin in einem Zeitrahmen von anderer Dimensionalität sie, und sie sind in ihrem Zeitrahmen ich, das heißt, wir sind eins. Niemand ist in diesem Gefüge mehr oder weniger, denn wir alle gehören zu der Gesamtenergie, die Seth genannt wird. Ich bin Seth, wir sind Seth.

Und der Seth, der ich bin, ist wieder nur Teil einer umfassenderen Gesamtwesenheit. Ich bin also nur einer von vielen Anteilen unseres gesamten Selbst. Mein früheres Sprachrohr und Cas haben sich beide auf ihren Punkt der Kraft gesammelt, aber im ersten Fall wurde der energetische Übergang in eine höhere Dimension vollzogen, während Cas ihre Energie noch auf ihre gegenwärtige Realität ausgerichtet hat. Kurz, wir gehören alle zu derselben Wesenheit, nur jeder in seiner eigenen Dimension, in seinem eigenen raumzeitlichen Umfeld.

Gesundheit und die Evolution der DNA

Gesundheit ist in dieser Zeit des Erwachens ein wichtiges Thema. Wenn das Bewusstsein sich weiten soll, muss der Mensch über seine Lage und über die immer deutlicher werdenden Umweltveränderungen Bescheid wissen. Ihr müsst euch bewusst machen, wie es um eure Umwelt und euren Körper bestellt ist.

Ich habe in meinen früheren Büchern dargestellt, wie ihr mit euren Gedanken einen harmonischen Zustand der Gesundheit für euch selbst und eure Erde verwirklichen könnt. Für diejenigen meiner Leser, die mit diesen Ideen noch nicht vertraut sind, werde ich hier kurz rekapitulieren, verweise aber im Übrigen auf die älteren Bücher.

Eure Gedanken *erschaffen* euer Leben. Auf der Basis der Gedanken gestaltet ihr eure Wirklichkeit. Gedanken verdichten sich zu Wünschen und dann zu Handlungen. Jeder eurer Gedanken, den ihr in Handlung umgesetzt habt, manifestiert sich als eine der wahrscheinlichen Wirklichkeiten eures gegenwärtigen Lebens.

Deshalb sind eure Gedanken auch für euren Gesundheitszustand verantwortlich. Mit dem Gedanken, dass du krank bist oder wirst, stellst du deinen Körper darauf ein, eben diese vorgestellte Krankheit zu bekommen. Wenn dir immer wieder gesagt wird, dass du dieses oder jenes Medikament brauchst, um dich besser zu fühlen, wirst du es schließlich glauben. Aber damit schaltest du die körpereigenen Regulierungsmechanismen aus, weil du ihnen praktisch mitteilst, dass du die Macht an Ärzte oder Medikamente abgegeben hast. Die Zellen deines Körpers stellen sich dann auf Krankheit ein. Euer Körper ist durchaus in der Lage, sich selbst zu heilen. Er wird dabei aber von euren Gedanken behindert, deren Botschaften den natürlichen Lauf der Dinge immer wieder unterbrechen. Die Atome eures Körpers widmen sich munter ihrer Aufgabe, ein harmonisches Gesamtgefüge zu schaffen und aufrechtzuerhalten, aber mit euren Gedanken stellt ihr ihnen bildlich gesprochen immer wieder ein Bein. Sie gehen in die Defensive, stellen sich auf Angriffe ein. Eure Pharmaunternehmen geben sich die allergrößte Mühe und bearbeiten euch unaufhörlich mit mehr oder weniger subtilen Botschaften, die euch in der Abhängigkeit von all den Medikamenten halten sollen. Das steht der Entwicklung eurer Seele direkt entgegen.

Für alle, die ihre Geschäfte mit dem Negativdenken machen und euch so schlau im Dunkeln haben tappen lassen, ist es höchst alarmierend zu beobachten, wie sich das Massenbewusstsein jetzt ändert und die Seelen sich in Richtung Licht bewegen. Der Gedanke, euch nicht länger in den Ketten des alten Glaubens halten zu können, versetzt sie in Panik. Alles Negative ernährt sich von Negativem. Und wie könnte man das besser erreichen als mit Drogen, die Geist und Körper der Menschheit in ihrem Bann halten? Systematisch werdet ihr über die Medien mit Krankheitsbotschaften gefüttert, in denen gleich auch die Mittel genannt werden, mit denen ihr eure Gesundheit sichern könnt. Wer sich diese Glaubenssätze aufschwatzen lässt, versetzt seinen Körper in einen Zustand, in dem er sich nicht mehr auskennt, und ihr selbst seid ihm in seinem Streben nach Gesundheit und Evolution keine Hilfe mehr. Unter ständiger chemischer Fremdeinwirkung können Körper und Geist nicht so funktionieren, wie sie es für die spirituelle Evolution müssten. Die körpereigene Chemie, die euren Chakren erlauben würde, sich zu öffnen, bleibt ausgeschaltet, solange ihr »unter Drogen« steht.

Die Evolution der Menschheit wird dazu führen, dass sich eure biologische Erbsubstanz, die DNA, ändert: Statt der gegenwärtigen Doppel-Helix aus zwei Strängen werden es irgendwann zwölf Stränge sein. Mit jedem der nächsten Evolutionsschritte wird eine Erweiterung auf die nächstgrößere Dreiergruppe stattfinden, zuerst auf drei, dann auf sechs und so weiter. Und mit dieser Entwicklung eurer DNA wird eine Erweiterung eures Chakrensystems auf zwölf Chakren einhergehen. Gegenwärtig habt ihr sieben Chakren in eurem physischen und ätherischen Körper. Die zusätzlichen fünf werden die Verbindung zur nächsten Phase eurer spirituellen Evolution schaffen. Vieles, was ihr dazu an Information braucht, wird über diese äußeren Chakren kommen und zunächst in die Hypophyse gelangen, wo es in die Stränge eurer evolvierenden DNA übersetzt wird. Mit den neuen DNA-Strängen findet auch eine Aktivierung von Gehirnarealen statt, die neue Funktionszuordnungen und damit sogar die Erinnerung an frühere Leben möglich machen wird. Eure Zivilisation wird in ihrer Gesamtheit schließlich eher eine psychische als eine physische Basis und Ausrichtung haben. Das ist im Rahmen der Evolution ein vollkommen natürlicher Prozess.

Wer von euch diese Evolution bewusst erlebt, wird in aller Regel deutlich spüren, dass er das Leben viel klarer sieht und plötzlich Dinge weiß, die ihm früher verborgen waren. In Träumen, ja einfach in entspannten Zuständen wird euch neue Information zugänglich – universale Information über das, was ihr wirklich seid, wozu ihr hier seid und so weiter. Das Bewusstseinsniveau hebt sich. Dass du, lieber Leser, dies hier liest, zeigt bereits, dass du neue Antworten suchst und dich entwickelst.

Ich will euch jetzt eine Übung geben, mit der jeder seinen ganz eigenen Weg zu seiner »Genesung« und zur Evolution seiner Seele finden kann, denn vergesst nicht: Ihr seid Seele mit einem Körper, nicht Körper mit einer Seele. Eure Verkörperung ist nur eine vorübergehende Daseinsform, in der ihr euch als die Seele, die ihr seid, auf diesem Planeten inkarniert, um daraus zu lernen und euch zu entwickeln. Betrachtet es wie eine Schule, die Schule Erde, in der manche Lektionen ein bisschen schwieriger sind als auf anderen Planeten, aber zugleich habt ihr durch die Inkarnation auf der Erde wesentlich größere spirituelle Entwicklungschancen als auf anderen Planeten in anderen Sonnensystemen, die ihr ebenfalls hättet wählen können. Nehmt euch einmal am Tag Zeit für diese Übung und behaltet die Ausrichtung bei, dann kann der Prozess der Abstimmung von Seele und Körper beginnen.

ÜBUNG 7: DIE CHAKREN ÖFFNEN

Nimm eine bequeme Haltung ein, sitzend oder liegend, und lass zu, dass der Körper sich vom Kopf abwärts bis zu den Füßen entspannt. Atme tief. Atme positive Energie ein. Atme alle negativen Energien und Gedanken aus. Atme so langsam, wie es dir angenehm ist. Es geht darum, eine Tiefe der Entspannung zu erreichen, die dich vom Körper ganz frei macht. Spüre, wenn die Entspannung einsetzt, wie alles Gehaltene und Gespannte in die Umgebungsluft entweicht und du immer tiefere Gelöstheit erlebst. Lass einfach alle Gedanken und alles Negative mit der Luft davonschweben. Sollten sich doch noch unerwünschte Gedanken und Gefühle halten, kannst du die Schachtel aus Übung 1 zum Einsatz bringen. Visualisiere, wie alle negativen Regungen in der Schachtel verschwinden (es kann auch irgendein anderes Behältnis sein, wenn es nur einen Deckel hat).

Konzentriere dich auf dein »mentales Zentrum«. Die meisten von euch werden es direkt zwischen den Augenbrauen oder minimal darüber empfinden – nicht in der Gegend der Epiphyse (Zirbeldrüse) oder des dritten Auges, sondern gleich darunter. Das ist euer mentaler Strömungswirbel. Bleibe mindestens eine halbe Stunde in diesem entspannten und gesammelten Zustand. Du lernst in dieser Übung, deine Gedanken und deinen Körper so ruhig zu machen, dass die göttliche Information durch die Hypophyse (Hirnanhangsdrüse) in dich einzuströmen beginnt und die Chakren in diesem Bereich öffnet. Wenn du eine Zeit lang so geübt hast, hebst du deine Schwingung auf ein höheres Niveau und wirst bemerken, dass alle deine Schwierigkeiten allmählich nachgeben, weil göttliche Erkenntnis tief in dein Herz eingepflanzt worden ist. Manche von euch werden sehr schnell solche Ergebnisse spüren, bei anderen kann es ein wenig dauern. Lass dich nicht entmutigen, denn ihr alle werdet irgendwann eure Chakren so weit geöffnet haben, dass ihr göttliche Information auf der Zell- und DNA-Ebene empfangen könnt.

Spirituelle Erkenntnis

Manch einer, der dies liest, wird es nicht hören wollen. Ihr werdet beim alten Aberglauben bleiben wollen, ihr werdet am vertrauten Glauben festhalten, in dem ihr euch so behaglich eingerichtet habt. Furcht vor dem Unbekannten hält euch in der Umklammerung des sattsam Vertrauten und ewig Gleichen. Licht ist Information. Licht ist Erkenntnis. Solange ihr nicht hören wollt, werdet ihr nicht hören, aber wenn das Licht einmal da ist, gibt es kein Zurück mehr, denn jetzt habt ihr das Wissen. Manche von euch werden den negativen Einflüssen treu bleiben, weil sie ihre Gewohnheiten und materialistischen Wünsche nicht aufgeben wollen. Ob ihr das euch gegebene Wissen annehmt oder verleugnet ist jedermanns freie Entscheidung. Aber wer sich entwickeln möchte, wird es annehmen. Alle Übrigen werden einfach in einer dreidimensionalen Wirklichkeit mit allem Schwierigen und Unguten bleiben, bis sie sich ebenfalls bewusst für das Licht entscheiden. Die negativen Kräfte haben sich, wie ich schon sagte, über Äonen bemüht, der Menschheit das Licht vorzuenthalten, sie haben das Bewusstsein der Menschen zu ihrem eigenen Vorteil manipuliert. Es muss natürlich eine Anlage dazu da sein, sonst hätten sie nichts ausrichten können. Jedenfalls wollten sie sich der Erde als einer Art Brutstätte für ihren Energiebedarf bedienen. Es gibt aber inzwischen schon mehr Lichtkräfte als Anhänger des Negativen, und es wird bald dazu kommen, dass sie in ihrer eigenen Dimension zurückbleiben. Eigentlich gehören diese Kräfte zum Gleichgewichtsmechanismus der Erde, aber sie haben in den letzten Jahrtausenden stark überhandgenommen. Im Grunde besteht ihre Funktion darin, den Materie-Aspekt der Erde zu stabilisieren, aber sie haben zu viel Macht bekommen, sie haben große Teile der Menschheit zu allzu materialistischem Denken verführt und dadurch vom Weg ihrer Evolution abgebracht. Es ist so weit gekommen, dass Abermillionen Bewohner eures Planeten jetzt so sehr an materiellem Besitz hängen, dass sie dafür sogar sterben würden. Das ist aus spiritueller Perspektive vollkommen abwegig, denn alle diese scheinbaren Dinge sind lediglich Einbildungen, von der Energie eures Denkens heraufbeschworen – der Seele bedeuten sie gar nichts. Der Seele ist nur eines wichtig: wie ihr miteinander umgeht und ob ihr, eurem neuen Wissen entsprechend, zum Besten der gesamten Menschheit handelt. Ihr habt über Tausende von Inkarnationen in Körpern von dieser dichten Stofflichkeit gelebt, und es wird jetzt Zeit, euch auf euren ätherischen Körper zu besinnen und euch auf tieferen Ebenen auszutauschen. Vielen wird jetzt klar, dass eure Evolution nicht physischer, sondern spiritueller Natur ist, Evolution der Seele, und sie fangen an, in Richtung Licht zu denken. Sie fangen an, die alten auf Herrschaft angelegten Theorien der menschlichen Natur und der Evolution ernsthaft anzuzweifeln. Und es dämmert ihnen, dass sie sich von ihren materialistischen Ego-Wünschen mehr als von ihren spirituellen Bedürfnissen haben leiten lassen.

Ganze Länder werden heute auf die größere Wirklichkeit des Menschen aufmerksam, auf euren Stellenwert im göttlichen Plan für euren Planeten – und sie begehren auf gegen die Übergriffe der alten negativen Kräfte, die scheinheilig im Namen eurer Götter zu agieren behaupten. Die Machthaber in Wirtschaft und Politik sind lange Zeit die herrschenden negativen Kräfte in eurer Welt gewesen und haben die Menschen in ihrer Glaubensbereitschaft gezielt hinters Licht geführt. Jetzt wissen die Leute nicht mehr, was sie glauben sollen und wem. Gesagt wird ihnen alles Mögliche, aber immer wieder müssen sie dann erleben, dass etwas ganz anderes geschieht. Auf dieser Klaviatur der Täuschungsmanöver haben die materialistischen Kräfte meisterhaft gespielt. Und wenn ihr jetzt verfolgt, wie die Menschen sich vielerorts erheben und wehren, wird es umso wichtiger zu erkennen, dass ihr nicht *gegeneinander* anzutreten habt, sondern euch verbinden müsst, um als Brüder und Schwestern dieser einen Menschheit gemeinsam zu handeln. Es besteht niemals und nirgendwo die Notwendigkeit zu töten. Daran möchte ich keinerlei Zweifel lassen: Menschen zu töten ist ein Verstoß gegen das universale Gesetz. Es gibt wahrlich bessere Mittel, um das Bewusstsein der Menschheit auf die Höhe des Daseins ihrer Seele zu heben.

Viele energetische Kräfte können in eurer Welt nach Belieben kommen und gehen. Ihren Hauptsitz haben sie normalerweise auf den Astralebenen eures Planeten. Zugang bekommen sie über Energiewirbel oder energetische Pforten, die über die ganze Erde verteilt sind. Der Wirbel in dem Bereich, den ihr Naher Osten nennt, ist schon lange die Eintrittspforte für die Kräfte der Finsternis. Hier ist das Netzwerk der Drahtzieher eurer terroristischen Gewaltakte untergründig tätig, und zwar buchstäblich, denn sie haben ihre

Operationsbasen tief in den Bergen. Sie aufzuspüren ist in vielen Fällen so gut wie unmöglich. Viele dieser manipulativen Energien können in verschiedenen Dimensionen agieren, bleiben jedoch der begrenzten Wahrnehmungsfähigkeit eurer Dreidimensionalität verborgen. Sie sind aber vorhanden. Und dies ist ihre letzte Fluchtburg. Sie verlieren an Schwung und Kraft, und das wird sich fortsetzen.

Die Völker der Welt täten gut daran, sich zu verbünden und die Umgestaltung eures Welt- und Menschenbildes im Sinne der finsteren Mächte mit friedlichen Mitteln auszuhebeln. Neue positive Energien werden sich bilden und euch helfen, und wenn ihr eure Informationstechnologie klug nutzt, könnt ihr es schaffen. Natürlich haben sich manche Führungsgestalten in den mächtigen Ländern sehr weit mit den Kräften der Finsternis eingelassen und werden sich ebenfalls von ihnen lossagen müssen. Sie werden sich erbittert wehren, denn sie sehen sich natürlich als diejenigen, die besonders viel zu verlieren haben. Sie sind so sehr in ihre materialistische Machtwelt verstrickt, dass es sie wirklich Überwindung kosten wird, sich mit weniger zu begnügen. Aber wenn es genügend Kooperation zwischen allen Ländern gibt, winkt Frieden für alle. Ihr werdet erst Frieden haben, wenn ihr in eurer Welt Gerechtigkeit schafft. Und Gerechtigkeit verlangt, dass ihr die Ressourcen der Erde teilt, alle Länder und Völker gleich wichtig nehmt und der gewaltsamen inhumanen Vereinnahmung der Welt und ihrer Ressourcen durch eine global agierende anonyme Wirtschaftsmacht ein Ende setzt.

Dies ist ein stark vereinfachter Abriss einiger Hintergründe des 11. September, eine Antwort auf die Frage, wie eure Gesellschaft für terroristische Anschläge dieses Ausmaßes zugänglich geworden ist.

8 Ein verzerrtes Weltbild

Die Macht abgeben

Jetzt möchte ich über die Mentalität der Terroristen und ihrer Anhänger, aber auch über die Glaubensgrundlage dieser Mentalität sprechen. Wenn eine Gesellschaft ihren Glauben an dem orientiert, was irgendein Einzelner glaubt, ist die Katastrophe nicht weit. Das war schon immer so. Wo Hoffnungslosigkeit und Verzweiflung herrschen, sind die Menschen nur zu gern bereit, aus den Versprechungen ihrer Führungsgestalten Hoffnung zu schöpfen. Sehr viele Menschen sind überhaupt nicht auf Selbsterfahrung aus, weil sie sich ihrem eigenen Innenleben ausgeliefert fühlen: Sie leiden an extremen Schuldgefühlen und unerträglicher Getriebenheit. Das kann wahnhafte Ausmaße annehmen, und solche Menschen nehmen ihre eigene Realität dann allenfalls noch als Randerscheinung wahr. So verschreiben sie sich dem Realitätsverständnis von Leuten, die sie als Anführer sehen. Im Grunde verzichten sie damit auf ihre eigene Macht und geben sie an diese Anführer ab. Häufig – und das gilt auch für die Ereignisse des 11. September – hängen sich die Anführer das Mäntelchen der Religiosität um. Die religiöse Indoktrination beginnt in vielen östlichen Ländern sehr früh und wird von allen als normal empfunden. Was für Gräuel sind nicht schon im Namen der Religion verübt worden!

Die Anführer sind oft genug selbst paranoid, und ihr Realitätsgefühl setzt sich aus Anteilen von Traum und Wachzustand zusammen, zwischen denen sie meist nicht recht unterscheiden können. Für gewöhnlich sind es Leute mit einem gewissen Größenwahn, die ihre liebe Mühe haben, auf andere Menschen einzugehen. Nichts befriedigt sie mehr, als ihre Wirklichkeit so umzufrisieren, dass sie darin die Anführer sind. Sie sind unermüdlich und lassen nichts unversucht, um sich ohne Rücksicht auf andere durchzusetzen, und sie fühlen sich dazu absolut berechtigt. In dem Bestreben, dem Rest der Welt ihren Glauben aufzuzwingen, gewinnen sie genau die Menschen als Anhänger, die sich machtlos fühlen. Das Weltbild der Anführer wird dann auch das Weltbild dieser Mitläufer, und jetzt haben sie alle die gleichen verqueren Überzeugungen. Dann beginnen die Anführer in ihrem Verfolgungswahn mit systematischen Säuberungsaktionen und versuchen alles auszuschalten, was nicht mit ihren Ansichten konform geht. Oft werden sie zu blindwütigen Fanatikern. Und wenn sie erst einmal richtig in Schwung gekommen sind, werden ihre Glaubensüberzeugungen immer noch wahnhafter. Und ihre Anhänger bestärken sie darin. Sie sind nämlich wirklich entsetzt über die Art ihres Daseins. Und da sie sich allein nicht lebensfähig fühlen, werden sie zu allem ja sagen, was ihre Anführer ihnen auftischen. Sie sitzen in der Klemme zwischen einander widersprechenden Überzeugungen und sind zu dem Schluss gelangt, dass sie die Verantwortung für ihr Leben an andere abgeben müssen. Jeder ist ihnen recht, der ihnen den Eindruck gibt, er könne für sie entscheiden. Es ist also nicht schwer zu verstehen, wie solche fanatischen Anführer so viel Einfluss gewinnen können.

Sie werden alles daransetzen, diejenigen, die sich nicht zu ihren Ansichten bekennen, als »die Bösen« zu brandmarken. Und wenn das einmal gelungen ist, liegt es natürlich auf der Hand, dass man Gewalt anwenden muss, um die Welt von diesen störenden Elementen zu befreien. Sie werden sich sogar gezwungen sehen, massenhaft zu morden – und wieder muss die Religion oder irgendein quasireligiöser Kult herhalten, um dieses üble Treiben in eine gute Sache umzudefinieren. Aber lasst es mich wiederholen: *Alles Töten, mit welcher Begründung auch immer, ist ein Verstoß gegen das universale Gesetz*. Es wird nicht geduldet, und solche Leute werden nach ihrem Tod, wenn sie den energetischen Übergang vollziehen, ganz sicher verstehen, was ich meine. Ihre Anhänger haben sich von ihrem Wahn anstecken lassen, weil sie in den Belangen ihres Lebens keine Stimme zu haben glauben – und so stimmen sie einfach in das ein, was ihre Anführer hetzen. Und ihr eigener Tod ist die erste und einzige Aussage, die sie je machen.

In manchen Kulturen gilt der Märtyrertod als etwas besonders Heiliges. Im Kampf um die Durchsetzung ihrer abwegigen religiösen Überzeugungen und des Massenglaubens all der Anhänger ihrer Organisationen lassen sie ihren Wahn auf den Rest der Welt los und sehen sich absolut dazu berechtigt. Hier findet eine gründliche Gehirnwäsche statt, die den Führungsgestalten volle Freiheit gibt, ihren Plan zu verfolgen: die Welt im Namen ihres Gottes zu ihrem Glauben zu bekehren.

Die Macht des Fanatismus

Es gibt jedoch bei allen Menschen natürliche Reaktionen auf das, was andere denken, und im Allgemeinen reichen eure Schutzmechanismen aus, um euch von anderen und deren Überzeugungen nicht einwickeln zu lassen. Nur Menschen, die sich machtlos fühlen, lassen sich in die Gedankengebäude anderer verstricken. Es sind Menschen, die das Denken lieber anderen überlassen, um sich nicht mit ihren eigenen widersprüchlichen Überzeugungen auseinandersetzen zu müssen. Sie sind relativ leicht aus der Eingebundenheit in die Religion, in der sie aufwuchsen, herauszulösen und werden dann Kandidaten für all die fanatischen Kulte, die ihr in den letzten Jahrzehnten erlebt habt. Gedankengebäude dieser Art sind darauf angelegt, möglichst viele Menschen in diesem Sinne umzupolen und sie der Gesellschaft zu entfremden. Sobald das gelungen ist, haben die Leitgestalten leichtes Spiel mit ihnen und können sie in ihrem Denken und Handeln gängeln.

Und Angst ist das Mittel der Wahl, um die so umgepolten Anhänger bei der Stange zu halten. Natürlich gibt es neben der Peitsche auch das Zuckerbrot, und das besteht in diesem Fall in Belohnungen, die jedem versprochen werden, der sein Leben ein für alle Mal der Bewegung weiht. Oft geben die Anhänger buchstäblich alles auf, um dem neuen Glauben zu folgen. Mit zunehmender Anhängerschar wird der Glaube immer mehr zur Gewissheit, bis der Rest der Welt schließlich als »der Feind« dasteht, der den erleuchteten Stand der Kultgemeinde – und dessen Anhänger sehen ihre neue Offenbarung wirklich so – einfach nicht wahrhaben will. Da die Gesellschaft als Ganzes sich nicht zu diesem Glauben bekennt, kann er nur etwas für die wenigen Auserwählten sein. Die Anhänger des Kults sehen sich als Speerspitze, wenn nicht als die Vorkämpfer einer neuen Epoche, und sie werden die Ideen ihrer Anführer umsetzen, wie es brave Soldaten tun. Sie gehen ganz in ihrem neuen Glauben auf und sind oft sogar bereit zu sterben, um den Anschauungen ihrer maßlos idealisierten Anführer, die jetzt auch ihre eigenen Anschauungen geworden sind, Geltung zu verschaffen.

Die Regierungen nun greifen zu den Mitteln, die sie als erprobt und bewährt ansehen: Sie jagen den ausgemachten Feind einfach in die Luft und stellen sich vor, das Problem werde gelöst sein, wenn man alle Widersacher liquidiert hat. Aber der Glaube dieser Leute hält sich, und sie haben dann erst recht Zulauf, und das geht immer so weiter, wenn es nicht gelingt, diese Leute von ihrem fanatischen Glauben abzubringen. Wo sie einfach sich selbst überlassen bleiben, können sie sehr viel Unheil anrichten, und sie sind vollkommen überzeugt, dass absolut jedes Mittel gerechtfertigt ist, um ihre Ansichten durchzusetzen. Auch Hitler war solch ein übergeschnappter Fanatiker, der es verstand, einen Massenglauben zu schüren und so unglaublich viele Menschen in seinen Gedankenwust einzuspinnen.

Die einzig wirksame Abhilfe

Die Menschheit ist drauf und dran, gewaltige Sprünge in der Evolution ihrer Seele zu machen, und ihr wird jetzt allmählich bewusst, wie lange sie sich einer systematischen Indoktrination ergeben hat. Ihr könnt in dieser Welt wirklich etwas ausrichten, wenn ihr die Menschen, von denen hier die Rede ist, mit Gedanken der Liebe umgebt. Lasst das heilende Licht des Schöpfers auf sie und ihre Länder scheinen. Umgebt euch selbst mit dem Licht der Liebe und setzt eure positiven Eingebungen und Fähigkeiten ein; dann sendet in der Liebe zu euren Mitmenschen eure Botschaft, und ihr setzt einen Impuls, der die Welt zum Besten der Menschheit verändert. Hier eine Übung, die ihr immer anwenden könnt, wenn ihr anderen heilende Energie zukommen lassen möchtet.

ÜBUNG 8: HEILENDES LICHT

Diese Übung ist ebenso einfach wie wirksam. Stell dir immer dann, wenn es angebracht erscheint, einen Strahl des heilenden und hellen Licht des Schöpfers vor, wie er direkt auf jemanden herableuchtet. Der Strahl kann einem Einzelnen oder vielen gelten. Stell dir etwa vor, du bist mit dem Wagen unterwegs und bekommst es mit einem anderen Autofahrer zu tun, der offenbar unter dem Einfluss negativer Energien steht. Stell dir jetzt einfach einen Lichtstrahl vor, der auf ihn herabscheint. Konzentriere dich darauf, diesem Menschen Liebe zu senden und ihn mit einem Schutzschild aus Licht zu umgeben. Bitte den Schöpfer, die negativen Energien von seiner Seele zu nehmen und seine Gedanken zu heilen. Du kannst den Lichtstrahl für den ganzen Rest des Tages auf diesem oder diesen Menschen halten. Bitte das Licht einfach zu bleiben, und es wird so sein.

Idealisten und Fanatiker

Alle Menschen sind mehr oder weniger ausgeprägte Idealisten. Und die meisten widmen einen Großteil ihres Alltags der Verwirklichung ihrer Ideale. Es ist sehr wichtig, dein Tun im Auge zu behalten und täglich zu überprüfen, ob es der Verwirklichung deiner Ideale dient und mit dem Seelenaspekt deiner selbst übereinstimmt. Wenn du deinen Idealismus für Herrschaftsansprüche und andere ungute Dinge dieser Art einspannen lässt, wird es sehr schwierig. Und wenn du meinst, du müsstest deine idealistischen Ziele um jeden Preis, ja sogar auf Kosten anderer durchsetzen, dann sei sicher, dass du dich auf Fanatismus eingelassen hast. Das ist bei den Anführern terroristischer Organisationen ebenso zu sehen wie bei Staatsoberhäuptern und Politikern, in Wirtschaftsunternehmen, religiösen Gruppierungen und Kulten. Wo immer ihr Gruppierungen seht, die Herrschaft über viele ausüben wollen, findet ihr Idealisten dieser oder jener Art.

Fanatiker sind einfach überzogene Idealisten, meist von Größenwahn und mehr oder weniger starker Machtgier besessen. Sie sind der Meinung, dass alles und jeder ihrem verdrehten Weltbild aufgeopfert werden darf. Abweichende Meinungen oder gar Widerspruch dulden sie nicht. Sie sind skrupellos, und Geld spielt für sie oft eine ganz erhebliche Rolle. Sie sehen Geld als Machtmittel, und je mehr Geld sie anhäufen, desto größer muss folglich ihre Macht sein. Selbstverständlich haben sie vor dem Aufbau ihrer neuen Stellung ein Leben lang unter dem Gefühl tiefer Machtlosigkeit gelitten. Sie sind zu dem Schluss gelangt, dass der Mensch böse ist und sie sich folglich mit allen Mitteln das verschaffen werden, was sie haben wollen – und sie reden sich ein, all das geschehe nur der Verfolgung ihrer idealistischen Ziele wegen. Die Welt zum Besseren verändern zu wollen ist gewiss ein achtbares Ziel; aber wenn damit wirklichkeitsferne Vorstellungen verbunden sind, die Schrecken verbreiten und Habgier züchten und das Verlangen der Menschen nach Einklang mit ihrer Seele einfach ignorieren, dann ist die Grenze zum Fanatismus überschritten.

Wer bereit ist, das universale Gesetz zu verletzen und zu töten, um Frieden zu schaffen oder irgendein Weltbild durchzusetzen, der hat die Kunst des Tötens wirklich perfektioniert, denn er tötet nicht nur den Körper, sondern erstickt in Herz und Geist von Mensch und Tier den Lebensatem. Es gibt viele Arten zu töten und alle verstoßen gegen das universale Gesetz. Wo immer Menschen glauben, Leben opfern zu können – sei es pflanzliches, tierisches oder menschliches Leben –, wird das Gesetz verletzt. Sie haben die Achtung vor dem Lebendigen verloren, der ökologische und gesellschaftliche Niedergang ist da wirklich kein Wunder. Und Evolution des Bewusstseins wird nur dem möglich sein, der mit seinem *Handeln* bekräftigt, dass alles Lebendige heilig und jedes Lebewesen ein Bestandteil der göttlichen Energie ist.

Eure Überzeugungen sind das, was euch in immer neue Kriege verwickelt – unnötige Kriege natürlich, denn alle Kriege, ohne Ausnahme, sind wert- und nutzlos. Krieg bedeutet immer, dass ihr es wieder mal geschafft habt, euch in eine Illusion zu verrennen, die ihr glaubt verteidigen zu müssen. Beide Seiten halten fanatisch an ihrem Glauben als dem einzig wahren fest und sind nicht bereit, die Überzeugungen der anderen auch nur zu tolerieren.

Die terroristischen Organisationen, die gegenwärtig in eurer Welt ihr Unwesen treiben, bereiten den Lichtwesen durchaus Sorgen, denn sie stehen in der Tat unter dem Einfluss negativer Mächte, die das friedliche Weiterleben des Planeten erheblich gefährden. In eurer gegenwärtigen Welt gelingt es den Regierungen leider immer noch, Krieg als einzig mögliche Antwort zu propagieren und dafür breite Zustimmung zu finden. Es gibt Alternativen, aber eure politische Führung ist noch nicht bereit, sich ihrer zu bedienen. Um des Friedens willen töten – solange solcher Unsinn Gehör findet, kann die Menschheit nicht begreifen, was Frieden eigentlich ist.

Einer der Anführer

Ich möchte euch als Beispiel von einem dieser Terroristenführer erzählen und in groben Umrissen seine Persönlichkeit schildern. Er war ein verzogenes Kind und lebte so gut wie ausschließlich in den »Palästen« (wie er selbst gern sagt) seiner Familie. Unter seinen Geschwistern verschaffte er sich mit vielfach sehr unguten Mitteln eine Machtstellung. Schon als junger Erwachsener merkte er, dass er mit seinem Charme so gut wie jeden Menschen zu manipulieren vermochte. So gewöhnte er sich ein überaus charmantes Auftreten an, weil er so einfach viel leichter zu dem kam, was ihn eigentlich interessierte: Macht. Tatsächlich war er dann in seinem unmittelbaren Lebensumfeld immer der Machthaber, doch das genügte ihm nicht, seine Machtgier und Egomanie waren nicht so leicht zu befriedigen.

Das besonders Unselige bei diesem Mann ist, dass er andere so mühelos um den Finger wickeln und auf den Weg in ihr eigenes Verderben führen kann. Er musste seine Heimat verlassen und war darüber so aufgebracht, dass er Rache schwor. Er ist Idealist und Fanatiker, ganz in sein selbst ausgedachtes Bild der Wirklichkeit verstrickt. Die meisten seiner nahen Verwandten verwerfen sein Tun und sind entsetzt darüber – was ihn nur noch mehr erbittert. Er ist jetzt so von dem Gedanken besessen, sich durchzusetzen und seine Macht zu erhalten, dass ihm jedes Mittel recht sein wird, was auch immer es andere kosten mag. Er tritt sehr selbstgerecht auf, agiert unter dem Deckmantel der Religion und versucht seine Anhänger davon zu überzeugen, dass er die rechte Hand Allahs ist. Da er auch noch sehr reich ist und seinen Vorhaben einen religiösen Anstrich zu geben versteht, kann er gerade in Ländern, in denen Unruhe oder Chaos herrscht, mit allerlei Versprechungen neue Gefolgsleute rekrutieren.

Denkt immer daran, dass seine Anhänger sich in einer Lage sahen und sehen, in der sie sich als machtlos und hilflos erleben und ihnen jedes Mittel, diese als unerträglich empfundene Lage zu bessern, vertretbar erscheint, selbst wenn massenhaftes Morden damit verbunden ist. Und da die Menschen der betreffenden Länder den politischen Führungsgestalten der westlichen Welt und anderer wohlhabender und einflussreicher Länder nicht über den Weg trauen – mit vollem Recht übrigens –, suchen sie die möglichen Lösungen und Antworten natürlich bei ihren eigenen Anführern und akzeptieren einfach, was ihnen dort geboten wird. Der Nahe und Mittlere Osten sind im gesamten Universum als Zugangspforte der dunklen Kräfte bekannt. Es wird noch sehr viel Mühe kosten, die Menschen der Region vor dem Zugriff dieser Kräfte zu schützen, sodass sich ihr Denken wandeln kann. Ihr könnt Bomben noch und noch werfen, die Idee und die Bewegung – dieses ganze Denken mit anderen Worten – haben alle Gesellschaften überall mehr oder weniger stark infiltriert. Richtet eure Überzeugungen nach dem Plan des Schöpfers aus, und ihr werdet Frieden haben.

9 Die Maschinerie der Macht

Die Medien

Die Medien eurer Welt – seien es Fernsehen, Film, die Printmedien oder andere – servieren euch jeden Tag unter manch anderem eine Menge Finsteres. Die Leute allerdings, die euch diese Informationen zukommen lassen, haben keine Ahnung, dass sie dabei systematisch von negativen Energien gelenkt werden. Sie gehen einfach davon aus, dass sie einen Service leisten oder die Gier eurer Gesellschaft nach Gewaltdarstellungen befriedigen. Die Seele, die ihr in Wahrheit seid, ist diese Kost nicht gewohnt, wenn sie gerade nicht inkarniert ist, denn in eurer Heimatdimension herrscht nichts als Harmonie. Solche Reize sind ein Schock für die Seele, aber in gewissem Sinne seid ihr neugierig auf die Wirkung von Gewaltdarstellungen auf den Körper. Der schüttet nämlich vermehrt Adrenalin aus, und es kommt zu körperlichen Reaktionen, die ihr als High erlebt. Danach setzt mit dem Abbau des Adrenalins ein beruhigender Effekt ein. Eure Gesellschaft sucht solche Reize, um »etwas zu erleben«, da eure natürliche Erlebnisfähigkeit mehr oder weniger weitgehend zum Erliegen gekommen ist und man folglich künstliche Reize setzen muss, um noch dieses Gefühl von Erlebnis zu bekommen. Leider wird dieser Reizhunger zu einem großen Teil durch Gewaltdarstellungen in den Medien und folglich auf negative Art gedeckt.

Macht euch die Mühe, einmal darauf zu achten, und ihr werdet sehen, dass ein zu Herzen gehender Film oder einfach eine Freundlichkeit gegenüber einem Fremden den gleichen Zweck erfüllen. Aber ihr achtet nicht groß darauf, es ist nicht in. Ihr beugt euch den negativen Einflüssen und eurem Ego. Es bekommt dem Geist, dem Körper und den spirituellen Vermögen der Menschheit nicht gut, sich solcher Programmierung zu ergeben. Eigentlich fördert ihr so die Bereitschaft, auf das Glaubenssystem der negativen Kräfte hereinzufallen. Denkt zum Beispiel an eure Nachrichtensendungen. Gute Nachrichten werden da eher selten verbreitet, und wenn es geschieht, handelt es sich meist um etwas »menschlich Anrührendes«, das eher nebenbei – das heißt neben den meist finsteren »gewichtigen« Neuigkeiten – erzählt wird. Hauptsächlich findet eure Programmierung durch solche Sendungen im Negativbereich statt, wo eure Ängste bestätigt und gern auch noch geschürt werden. Die Medien haben es wirklich verstanden, eure Gesellschaft in eine von Ängsten beherrschte Gesellschaft zu verwandeln. Eine Nachricht ist nur wirklich gut, wenn sie schlecht ist, könnte man denken. Ihr könnt das ändern. Ihr müsst euch nicht ständig mit Negativem und Beängstigendem füttern lassen. Das Schwelgen in solchen Reizen fügt eurer Psyche, fügt euch insgesamt schweren Schaden zu. Es betrügt euch um die Erfüllung dessen, was eure Seele eigentlich vorhat, und um den fruchtbaren Austausch mit dem Rest der Menschheit. Es macht euch furchtsam und misstrauisch gegenüber allen, mit denen ihr euch inkarniert habt, um gemeinsam dieses Dasein auf eurer Erde zu erleben.

In dem Vorhaben, den Terrorismus ohne Blutvergießen zu überwinden, könnten eure Medien die denkbar wirksamsten Instrumente sein. Wenn die Menschen nur richtig informiert würden, wie leicht wären sie dann bereit umzudenken! Ich muss oft staunen, dass ihr diese wertvolle Erfindung, das

Fernsehen, dazu verwendet, euch immer noch mehr Angst einzujagen, anstatt zum Nutzen und Wohl der Menschheit all das auszuschöpfen, was an Potenzial in ihm steckt. Das Fernsehen ist eines eurer größten Machtinstrumente, aber es wird ohne jedes Augenmaß zur Verbreitung von Botschaften genutzt, die zur Evolution der Seele nicht das Geringste beitragen.

Eine Naturgeschichte der Macht

Sprechen wir über Regierungen, sprechen wir über von Menschen gemachte Götter. Das menschliche Bewusstsein ist in erster Linie mit dem Körper identifiziert. Das war schon immer so, und irgendwann auf dem Weg, während der Mensch seiner selbst immer mehr bewusst wurde, ging bei seiner Wahrnehmung von Zeit, von Geburt und Tod, etwas schief. Am Beginn seiner Evolution fühlte er sich noch kaum räumlichen und zeitlichen Beschränkungen unterworfen. Seine natürliche Beziehung zur Erde, sein ganz ursprüngliches Wissen um seine Kreatürlichkeit – mehr brauchte er nicht. Irgendwann jedoch wurde dieses ursprüngliche Gefühl des Eingebundenseins durch neue Überzeugungen verdrängt. Er schuf sich selbst einen Gott mit menschlichen Zügen, den er fortan als »Regisseur« seines Lebens ansah. Bis dahin war ihm fraglos klar gewesen, dass sein Bewusstsein und das der Tiere in völligem Einklang miteinander an der Evolution beider Seiten arbeiteten. Es herrschte unausgesprochenes Einvernehmen darüber, dass alles, was zwischen ihnen geschah – sei es als Jäger oder als Beute – den Bedürfnissen beider Seiten diente und beider Überleben sicherte. (»Er« und »ihm«, um es zu wiederholen, sage ich nur, weil euer Sprachgebrauch so ist; natürlich sind alle Menschen gemeint – die Seele kennt kein Geschlecht.)

Seit dieser Zeit habt ihr Menschen das Gefühl, euch Zügel anlegen zu müssen, aus welchem Grund auch immer. Ihr glaubt einfach nicht mehr, dass ihr euch in dem, was ihr wahrhaft seid, ganz aus eigener Kraft erfahren könnt. Und in dieser Selbsteinschränkung sondert ihr euch von anderen Lebewesen ab. Am Beginn seiner Evolution, noch ganz instinktiv, war der Mensch seiner selbst deutlicher bewusst, als ihr es jetzt seid. Aber mit der Zeit bekam er Angst vor sich selbst und seinen absonderlichen Impulsen. Er bekam das Gefühl, seine Natur unter Kontrolle halten zu müssen. Abergläubische Ansichten, aber vor allem seine aufgrund dieser Ansichten erfundenen Götter sorgten dafür, dass sich seine Überzeugung, gewisse Anteile seiner Natur nicht beherrschen zu können, immer mehr verdichtete. Da war es doch sicher besser, die Macht an »Autoritäten« abzugeben, die sein Leben dann beaufsichtigen würden, um dafür zu sorgen, dass er seinen Idealen treu blieb.

Zuerst waren »Regierungen«, das heißt Führungsstrukturen, noch recht simpel angelegt, aber sie setzten neue Verhaltensweisen in Gang, die dann immer komplexere Strukturen erforderten. Das Prinzip des Regiertwerdens genügt als solches, um den natürlichen Drang des Menschen, sich in seiner Kreatürlichkeit zu erleben, erlahmen zu lassen. Jetzt sah sich der Mensch unbekannten neuen Ängsten ausgesetzt und verfiel auf Ersatzhandlungen aller Art, um sich irgendwie zurückzuholen, was er aufgegeben hatte. Das Verhalten der Einzelnen wurde immer unberechenbarer, was zu dem Schluss führte, dass »die Oberen« dem Einhalt gebieten mussten – und so entstanden erste Gesetze, deren Zahl rasch zunahm. In gewissem Sinne lag es nahe, so zu denken, denn

Anführer hatte es unter den Menschen natürlich schon immer gegeben, wie es ja auch bei den Tieren in jeder Herde und jedem Rudel eine Hierarchie gibt. Jetzt kam aber der Gedanke hinzu, die Macht freiwillig abzugeben, damit die Zuständigkeit für schwer handhabbare Probleme an andere überging. So wurden die Regierungsstrukturen also immer umfangreicher und komplexer. Die Probleme der Menschheit allerdings auch. Immer mehr Einschränkungen zwangen euer wahres Wesen geradezu, um sich zu schlagen und sich mit ganz und gar nicht den Normen entsprechenden Verhaltensweisen zu wehren. Aber nun hatte der Mensch sich einmal diese Strukturen geschaffen und musste wohl oder übel damit leben. Die Massen wünschten sich irgendetwas an Regierung; Verantwortliche zu haben, die sich mit den Übeln der Gesellschaft herumschlugen, das fanden sie viel einfacher, als sich selbst ganz persönlich mit diesen Dingen auseinanderzusetzen.

Religion und Regierung

Die religiösen Organisationen, die der Mensch sich in der Vorstellung schuf, sie würden seine spirituellen Bedürfnisse befriedigen, waren nicht bereit, sich mit den rechtlichen Problemen der Gesellschaft auseinanderzusetzen. Und da man sich auch immer weniger persönlich mit den falsch laufenden Dingen herumärgern wollte, lag der Gedanke nahe, alles in die Hand der Gesetze zu legen. Gesetz ist Gesetz, und an Gesetze muss man sich halten – und immer so weiter. Es fiel den Menschen nicht auf, dass sie sich immer mehr von ihrer wahren Natur abschnitten, einer Natur, die im Grunde gut ist. Dafür stauten sich jetzt Ärger und Frustration auf, und der Mensch erlebte eine ganz andere Seite seiner selbst, die er nicht verstand und die ihm unheimlich war.

Schon immer und lange vor der Zeit, in der die ersten regierungsähnlichen Strukturen entstanden, hatte sich der Mensch an einer Kraft auszurichten versucht, die er als göttlich empfand. Jetzt, nachdem er Regierungsformen installiert hatte, orientierte sich seine Gottesvorstellung zunehmend an dem, was er als Ideal der Regierung sah. Da sein Ego das Gefühl haben wollte, immer noch Herr seiner selbst zu sein, erdachte es sich einen Menschengott, einen menschenähnlichen Gott, der ein Gott der Macht sein sollte. Das war ein entscheidender Schritt für die Entwicklung des Selbstbildes und der Ideale der Menschheit. Die verschiedenen Völker haben ihre ganz eigenen idealen Gottesvorstellungen geschaffen, und die meisten Kriege sind fortan im Namen Gottes geführt worden. Mit diesem menschenähnlichen Gott, in dessen Macht es stand, die Menschen für all das zu belohnen oder zu bestrafen, was sie als gut oder böse sahen, entstand eine Vielzahl von Religionen, die sich oft der Angst bedienten, um sich die Herrschaft über die Seele der Menschheit zu sichern.

Die Regierungen übernahmen dieses Prinzip sehr schnell und bedienten sich ähnlicher Taktiken, die von den Menschen auch überwiegend akzeptiert wurden. Im Westen entstand die Regierungsform der Demokratie, die sich den religiösen Anschauungen der Gesellschaft anglich – ein Gemeinschaftsunternehmen, das ein von allgemeinem Konsens getragenes Gleichgewicht in der Gesellschaft sichern sollte. Dieses System hat den Menschen für einige Zeit ganz gut gedient, aber seit das Erwachen ihres Bewusstseins eingesetzt hat, können sie die alten Fabeln und Märchen über ihr angebliches Wesen nicht mehr akzeptieren. Zwischen dem religiösen und dem säkularen Weltbild sieht sich der Mensch jetzt in der Luft hängen, denn keines dieser Bilder taugt mehr. Seid ihr begonnen habt, eurer selbst wieder bewusst zu werden, seid ihr gezwungen, euch mit den vorhandenen Glaubenssystemen ernsthaft auseinanderzusetzen. Realitäten, die ihr so lange nicht mehr wahrgenommen habt, stehen jetzt wieder da, und ihr könnt nicht mehr so tun, als gäbe es sie nicht. Eure Regierungen, euer Wissenschaftsbetrieb, eure Schulmedizin und eure Kirchen werden alles daransetzen, das alte neue Wissen zu unterdrücken, aber die Menschen werden aufstehen und sie eine nach der anderen entlarven. Regierungsstrukturen sind in der heutigen Welt von äußerst massivem Charakter. Für jede Form menschlichen Fehlverhaltens gibt es Gesetze, die es unterbinden sollen. Es gibt immer solche, die in ihrer ganzen Frustration versucht haben, am System vorbei zu ihrer eigenen Macht zurückzufinden. Das hat bisher nicht viel gebracht. Doch all das ändert sich jetzt.

Der Westen: Macht, Leerlauf und Stillstand

Die Regierungen der westlichen Welt sind mit ihren eigenen Konflikten vollauf beschäftigt. Hier habt ihr es im Verschieben des Schwarzen Peters inzwischen zu wahrer Meisterschaft gebracht. Die rechte Hand scheint nicht zu wissen, was die linke tut – und will es offenbar auch gar nicht wissen. Überall Machtkämpfe, die im gesamten System auf allen Ebenen Konfusion stiften. Und das System selbst taugt nicht viel, denn die Bemühungen weniger um echte Kooperation werden mühelos von all den vielen torpediert, die alle um den ihnen »zustehenden« Platz in den politischen Machtstrukturen rangeln. So viele gegensätzliche Ideen, so viel Durcheinander – man wundert sich, dass ihr euch in eurem unvorstellbaren Kommunikationsmangel nicht längst in die Luft gejagt habt.

Als die ersten Regierungsstrukturen entstanden, sah man das Ideal noch darin, die Entscheidungen für die gesamte Lebensgemeinschaft in die Hände einiger weniger zu legen. Natürlich kommt es irgendwann zu Machtmissbrauch, und dagegen muss man dann Vorkehrungen treffen. Das System besteht aber inzwischen überwiegend aus alles lahmlegenden Vorkehrungen, und keiner traut mehr dem anderen. Eure Regierungen befinden sich seit Jahrzehnten in innerem Kriegszustand, und nach außen hin haben sie die Bürger terrorisiert. Die dunklen Kräfte haben dafür gesorgt, dass auf allen Ebenen immer genügend Streit herrscht und an den Schaltstellen Leute sitzen, die das System immer weiter destabilisieren. In demokratisch geführten Ländern kann bekanntlich jeder seine Ideen äußern. Aber wenn so viele führen wollen und so viele verschiedene Ideale umgesetzt sein möchten, darf man sich nicht wundern, wenn kaum etwas zustande kommt. Eure Regierungen verbringen einen unglaublich großen Anteil ihrer Zeit damit, sich im Kreis zu drehen.

Effektives Regieren ist nur ohne den Einfluss der Wirtschaftslobby und ohne das politische Lavieren von Leuten mit zweifelhaften Motiven möglich. In den meisten Gesellschaften steht Geld hinter so gut wie allen Entscheidungen. Alle menschlichen Gesichtspunkte sind dem Gesetz der Profitabilität untergeordnet. Dem Durchschnittsbürger in der westlichen Welt stehen, was die Gestaltung seines Lebens angeht, nicht allzu viele echte Alternativen zur Verfügung, weil er den Autoritäten in Staat und Kirche weitgehend die Gewalt über sein Leben abgetreten hat. Ihr habt euch all den Gräueln ringsum mehr oder weniger willenlos ergeben und seht sie inzwischen als normal an. Ihr wollt eure Macht nicht mehr selbst ausüben und überlasst sie anderen, selbst wenn allseits bekannt ist, dass sie keineswegs immer das Wohl der Menschheit im Sinn haben. Ihr seid so satt und selbstzufrieden geworden, dass ihr Übergriffe jeden Ausmaßes – seien sie steuerlicher, wirtschaftlicher, medizinischer oder politischer Art – mehr oder weniger achselzuckend hinnehmt.

Der Weckruf

Und dann fragt ihr euch ratlos, weshalb auf einmal diese Terroristen über euch herfallen. Hättet ihr nicht geschlafen, wäre es nicht dazu gekommen. Hätte sich jeder Einzelne von euch einmal ernsthaft für die Nöte der Menschheit interessiert, wäre es nicht dazu gekommen. Hättet ihr einander nicht ignoriert, wäre es nicht dazu gekommen. Hätte sich jeder einmal darauf besonnen, seine Mitmenschen zu achten und zu lieben, wäre es nicht dazu gekommen. Hättet ihr einmal zur Kenntnis genommen, was rings um euch her eigentlich los ist, hättet ihr euch dafür eingesetzt, euren Mitmenschen ihr Los zu erleichtern, wäre es nicht dazu gekommen. Es war ein Weckruf für die gesamte Menschheit, auch wenn es in Amerika geschah.

Die Menschheit schickt sich an, ihre spirituellen Anlagen zu verwirklichen und das Selbst in seiner ganzen Ausdehnung und Reichweite zu erfahren. Ihr werdet euer Bewusstsein wirklich wandeln, wenn ihr nur euer Denken neu ausrichtet, wenn ihr das Ganze eurer Wirklichkeit nicht länger leugnet und euch auf eure Kraft und Macht als Einzelne besinnt. Dazu ist keinerlei Gewaltanwendung notwendig, nicht einmal das nachdrückliche Vertreten von Meinungen: Nichts wird so bereitwillig angenommen wie eine liebevolle Mitteilung. Stellt euch darauf ein, eure Wirklichkeit Schritt für Schritt zu verändern und fangt mit eurem eigenen persönlichen Leben an – Tag für Tag. Wenn ihr im eigenen Haus Ordnung geschaffen habt, werden sich euch das wahre Wesen und die Kreativität eurer Seele erschließen, und dann könnt ihr anfangen, euch um andere zu kümmern. Und haltet die eigene Stimme nicht für unbedeutend. Sie wird in den höheren Dimensionen *immer* gehört. Wir hören eure Rufe, sie werden nicht einfach verhallen.

Terror und Angst

Terror und Angst sind für den Schritt in die nächste Phase eurer Evolution die größten Hürden. Und alle, die jetzt darauf aus sind, Angst und Schrecken zu verbreiten, widersetzen sich dem Wandel besonders entschlossen. Der Fanatismus von Gruppen und Einzelnen, die aus eigenen Machtinteressen die Willensfreiheit anderer zu beschneiden versuchen, sind für die Menschheit eine echte Bedrohung. Angst, von entsprechenden Gedanken geschürt, zwingt einen in die Defensive, und von da aus ist es nicht weit zum Terrorismus, der dann völlig gerechtfertigt erscheint. Geschürt wird die Angst von Kräften, die ganze Länder in Angst und Schrecken versetzen möchten, um die Evolution der Seele zu verhindern. Das Bewusstsein der Menschheit steht vor entscheidenden weiteren Schritten, und diese Kräfte widersetzen sich dem.

Die Bewohner der Erde evolvieren, und mit dieser Evolution ist die Möglichkeit weiterer Ereignisse von der Art oder Größenordnung des 11. September verbunden. Hier findet nämlich eine Art partielle Entschärfung statt, die von eurem Denken und Handeln heraufbeschworene Gesamtsituation verliert einen Teil ihrer Sprengkraft, die sonst euren Untergang bedeuten könnte. Die wackeren Seelen, die am 11. September ihr Leben gaben – nicht bewusst und wissentlich natürlich –, haben sich nicht vergebens geopfert. Ihr Opfer ermöglicht es dem Rest der Welt, aufzuwachen, bewusster zu werden und dem Terrorismus, der Angst und allen falschen Grenzziehungen ein Ende zu bereiten.

Die Erde bewegt sich auf das Licht zu. Es geschieht jetzt. Das ist immer schon eine der wahrscheinlichen Realitäten gewesen, aber in dieser Zeit, die ihr gerade erlebt, fängt es tatsächlich an. Die Mächtigen verlieren ihre Macht einer nach dem anderen. Finsternis wird lichter. Die Eintrittspforten der negativen Energien im Nahen und Mittleren Osten sind zurzeit besonders aktiv, es ist ein letzter Versuch, das Erwachen der Menschheit noch aufzuhalten. Aber viele von euch werden trotzdem wach und machen die negativen Einflüsse auch für andere erkennbar. Die Erwachten treten all den Kräften, von denen die Menschheit sich so lange im Dunklen hat halten lassen, endlich offen entgegen. Das ist ganz sicher eine sehr unruhige Zeit für die Menschheit, denn mit der Enttarnung der negativen Kräfte seht ihr vor euren Augen, wie es in großen Unternehmen, in religiösen Organisationen, ja, in den Grundfesten eurer Gesellschaft zu krachen und zu bröckeln beginnt. In eurer Gesellschaft geraten die negativen Kräfte bereits ins Straucheln, und es wird bald überall in der Welt so sein.

Da sich die Menschheit jetzt an dem Punkt befindet, an dem ihre Seele erwacht, wird euch auch bewusst, dass sich die Erde immer mehr auf die Frequenzen anderer Galaxien einschwingt. Die Angst lebt oder »ernährt« sich von eurer Vorstellung, dass ihr vernichtet werden könntet. Und was geschieht, wenn etwas keine Nahrung mehr bekommt? Richtig, es stirbt, weil seine Energie sich auf der stofflichen Ebene nicht selbst tragen kann. Wie also könnt ihr der Angst die Nahrung entziehen und sie dadurch überwinden? Durch Liebe. Wo Liebe ist, kann keine Angst sein. Angst ist nichts weiter als die in eurer Realität wirkende Projektion von Gedanken und Vorstellungen.

Wenn die Menschheit den Tod ganz verstanden hat und als das annimmt, was er ist, wird es auch keine Todesfurcht mehr geben. Euer Leben auf diesem Planeten ist wie ein Bühnenstück, das ihr selbst schreibt und spielt, um euch weiterzuentwickeln. Jeder von euch hat das bereits tausende Male auf tausenderlei Art gemacht. Wenn ihr bereit seid, die Wahrheit eurer Seele anzunehmen und euch der Ganzheit eures Seins zu öffnen, werdet ihr verstehen, und es wird keine Angst mehr geben. Angst hat der Menschheit über Jahrtausende den Zugang zu sich selbst verwehrt. Wahrlich groß ist die Zahl der Ängste, die euch eingeimpft wurden, um euch wahre Selbsterfahrung zu verwehren.

Der Tod ist nicht mehr als der Übergang von eurem gegenwärtigen Dasein in diesem Körper von dichter Stofflichkeit zu einem Leben als Licht-Körper. Ihr sterbt nicht, das ist die schlichte Wahrheit. Ich kann es euch gar nicht oft genug sagen. Euer Körper, euer »Untersatz« in diesem Leben, geht einfach in eine andere Lebensform über, wenn ihr ihn nicht mehr braucht, weil ihr alles erlebt und gelernt habt, was ihr diesmal lernen wolltet. Die gesamte molekulare Energie des Körpers transformiert sich einfach in eine andere Lebensform. Ihr seid in diesem Fortbewegungsmittel der Fahrer, und als die Seele, die ihr in Wahrheit seid, erhebt ihr euch einfach vom Fahrersitz, steigt aus, lasst euren Untersatz zurück und taucht in eurer Heimatdimension wieder auf. Das ist wirklich alles. Es ist wahrhaftig nicht nötig, euch all diese Ängste anzutun, vor allem nicht im Hinblick auf das, was ihr als Tod seht.

Die Terroristen aus dem Nahen und Mittleren Osten wissen recht gut, dass der Tod nichts Endgültiges ist. Sie schlachten die typisch westliche Todesfurcht weidlich aus und können euch wegen eurer Vorstellungen vom Tod in Angst und Schrecken versetzen. Allerdings, und das verdient hier ebenfalls hervorgehoben zu werden, irren sie sich selbst auch gewaltig, denn ihre Vorstellungen von Märtyrertum stehen in krassem Widerspruch zum universalen Gesetz. Ihnen steht eine höchst unangenehme Überraschung ins Haus, wenn sie nach dem Tod in ihre Heimatdimension überzuwechseln versuchen.

Wenn Seelen sich auf der stofflichen Ebene inkarnieren, ist eigentlich vorgesehen, dass sie diese Daseinsform voll und ganz erfahren. Eure Überzeugungen haben das jedoch bei den meisten von euch mehr oder weniger weitgehend verhindert. Ihr alle seid Meister im Angsthaben, vielmehr: Ihr habt euch mit euren Vorstellungen selbst Angst eingejagt. Ihr fühlt euch von Terroristen terrorisiert, aber es sind eigentlich eure Überzeugungen, die euch überhaupt erst terrorisierbar machen. Die negativen Kräfte wissen das. Sie wissen, dass Menschen deutliche Schwächen zeigen, wenn es um das Verständnis ihrer selbst und des wahren Wesens ihrer Seele geht. Alle Menschen, Pflanzen und Tiere erfahren die Transformation ihrer Energie von einer Lebensform in eine andere. Vor diesem gegenwärtigen und jedem anderen Leben habt ihr von vergangenen und künftigen Zeitdimensionen her lange und sorgfältig die Drehbücher für die jeweils geplanten Erfahrungen ausgearbeitet. Ihr seid auch schon in unzähligen Zeitrahmen in vielen, vielen Stücken auf der Erde und anderen Planeten aufgetreten. Es gibt hier nichts zu fürchten, alles wartet auf euer Einverständnis. Erkennt, dass ihr in diesem Stück seid, das ihr selbst verfasst habt, um das Leben zu erfahren, und dass ihr, wenn euer Part hier gespielt ist, einfach anderswo weiter den Weg eurer Evolution geht.

10 Von der Wirklichkeit der Seele

Simultane Leben

Manche meiner Leser werden vielleicht nicht verstehen, wie ihr viele Leben auf einmal leben könnt. Ich will sehen, ob ich es erklären kann. Eure Gesamt-Energie, von der das, was ihr hier und jetzt als euer Ich empfindet, nur ein kleiner Teil ist, kann sich in viele Leben aufteilen oder verzweigen, um so viel Verschiedenes zu erleben, wie sie möchte. Dazu steht euch unerschöpfliche Energie zur Verfügung. Die körperliche Manifestation, die das hier gerade liest, ist ein winziger Bruchteil dessen, was ihr insgesamt seid. Das Diagramm, das ich euch gezeichnet habe, um euch den Punkt eurer Kraft zu veranschaulichen (siehe S. 154), kann das verdeutlichen. Wie überall so auch hier bestimmt ihr jederzeit selbst, wie viele Leben ihr gerade erfahren möchtet. Und jedes Mal wenn eure Energie sich aus einer Verkörperung löst und den Übergang in eure Heimatdimension vollzieht, steht es euch frei, einen Teil dieser Energie ins Ganze zurückfließen zu lassen. In jedes neue Leben könnt ihr so viel Energie mitnehmen, wie ihr für nötig haltet. Das erkennt man an manchen eurer großen Führungsgestalten, die sehr viel Energie mitbrachten, um die hochgesteckten Ziele erreichen zu können.

Wenn ihr das klar vor Augen habt, versteht ihr sicher auch, dass ihr eure Leben eigentlich wie der Schöpfer erlebt, nämlich als Aufteilung von Aspekten eurer Gesamtenergie auf so viele Leben in so vielen verschiedenen Zeitrahmen und Erfahrungsräumen, wie ihr wollt. Wenn Cas, eine eigentlich männliche Energie in gegenwärtig weiblicher Verkörperung, mit diesem Teil der Seth-Wesenheit kommuniziert, zu dem wir beide gehören, stimmt er (Cas) sich gleichsam wie ein Empfangsgerät auf mich ab und lässt durch, was ich mitzuteilen habe – ganz so, wie es auch bei meinem ersten Sprachrohr war. Wir haben anfangs mit verschiedenen Techniken experimentiert, zuerst mit Hypnose, bis er mich schließlich ohne solche Mittel sprechen lassen konnte. Jetzt bleibt er einfach in einem gesammelten Zustand, solange ich mit ihm und durch ihn kommuniziere. Es lässt sich vielleicht als eine Art geistige Überschattung oder Überlagerung verstehen; er spürt meine Gegenwart, wenn ich ihm auf rein mentalem Wege Gedanken übertrage, die er dann auf seine Art ausspricht.

Darüber hinaus ist es für euch durchaus möglich, in ein und demselben Zeitrahmen mehrere Leben zu leben. Mein erstes menschliches Sprachrohr und Cas sind Beispiele dafür; beide sind in manchen der Zeitrahmen, mit denen ich kommuniziere, verkörpert, und trotzdem ist es so, dass unterschiedliche Aspekte ihrer Evolution von verschiedenen Seelen oder Seelen-Anteilen begleitet werden. So kann es sein, dass sich eines dieser simultanen Leben in einem bestimmten Teil der Welt abspielt und andere, von denen ihr jetzt und hier nichts wisst, in anderen Teilen der Welt, wenn nicht sogar auf anderen Planeten. Alles ist möglich, nur dass ihr eben glaubt, die Realität, die ihr von hier aus wahrnehmt, sei die einzige, die es für euch gibt und je geben wird. So ist es ganz einfach nicht.

Die folgende grafische Darstellung wird euch vielleicht die Dinge, die ich hier als stark vereinfachte Skizze darstelle, ein wenig veranschaulichen; die ganze Wirklichkeit eurer selbst, die noch viel mehr umfasst, kann hier nur angedeutet werden.

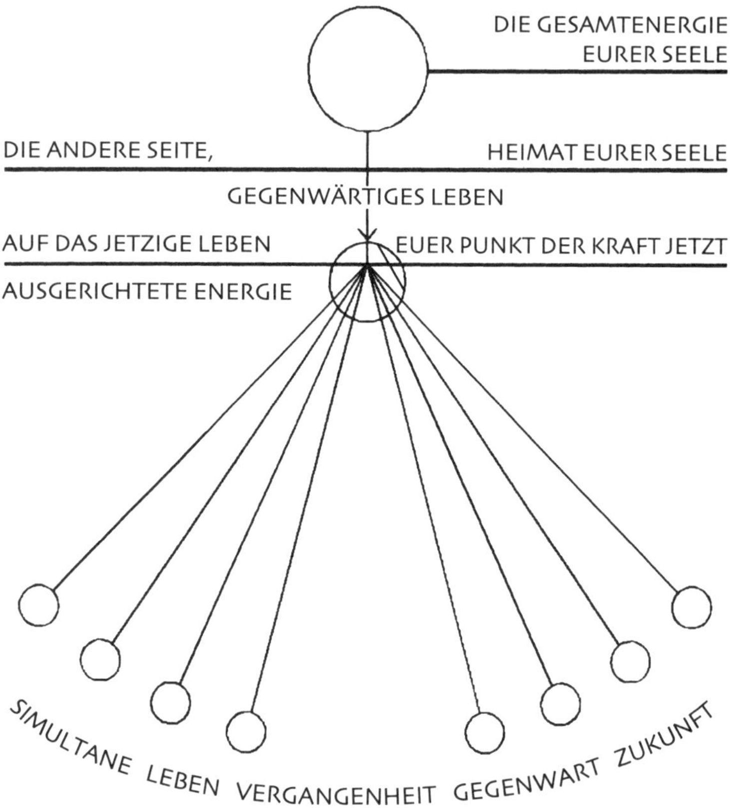

Von eurem jetzigen Punkt der Kraft aus könnt ihr eure Gedankenenergie auch auf diese anderen Leben richten und sie ebenfalls beeinflussen. Sendet ihnen eure Botschaften auf liebevolle Art, das fördert nicht nur die Evolution eurer eigenen Seele ganz entscheidend, sondern auch die Entwicklung eurer Erde zur vierten Dimension des Friedens hin. Es ist gut, das täglich im Rahmen einer fünfminütigen Meditation zu tun und danach den normalen Tagesablauf fortzusetzen. Es ist eine Meditation von großer Kraft, die euer Leben in jeder Weise aufwertet und euer Bewusstsein für die größere Wirklichkeit eures Seins zugänglich macht. Weitere Hinweise zum Umgang mit dem Diagramm sind auf S. 191 nachzulesen.

Andere Leben, andere Wirklichkeiten

Im Traum werden euch oft andere Wirklichkeiten gezeigt, und im Traumzustand könnt ihr mit anderen Anteilen eurer selbst kommunizieren. Im Wachzustand könnt ihr euch dagegen nicht für sehr lange auf mehr als einen Zeitrahmen konzentrieren. Das hat mit Hirnarealen zu tun, die ihr als graue Substanz bezeichnet. Gewisse Anteile sind also prinzipiell in der Lage, das simultane Material zu verarbeiten, aber gegenwärtig nur für begrenzte Zeit. Das heißt, dass ihr in diesem Körper, den ihr gegenwärtig habt, nicht alle eure Leben gleichzeitig erfahren könnt, weder im Traum noch im Wachzustand. Mit der anstehenden Erweiterung eures Bewusstseins werden jedoch die entsprechenden Hirnregionen aktiviert. Jetzt schon könnt ihr einen kleinen Teil davon durch Meditation oder Hypnose erfahren. Bekanntlich gibt es diese Fälle, in denen Menschen unter Hypnose Zugang zu – wie ihr es auffasst – früheren oder zukünftigen Leben finden. Ihr lernt ständig aus Erfahrungen anderer Anteile eurer selbst, sogar aus Erfahrungen eurer wahrscheinlichen Ich-Wesenheiten, die aus nicht realisierten Gedanken und Impulsen bestehen. Von eurem Punkt der Kraft aus habt ihr diese Gedanken nicht verwirklicht, aber sie sind trotzdem real und werden genauso in Leben umgesetzt wie alles in dem, was ihr hier und jetzt als euer Leben erfahrt.

Vielleicht kann ein Beispiel das verdeutlichen: Nimm an, in jüngeren Jahren hättest du, als Mutter oder Vater, ein Kind gehabt. Dann starb das Kind, oder nehmen wir an, du hättest es zur Adoption freigegeben. Du kamst danach in der Erfahrung des Kindes, ob es starb oder weiterlebte, nicht mehr vor. Aber die Möglichkeit eures Miteinanders existiert nach wie vor als wahrscheinliche Realität; du hast sie nicht in tatsächliche Realität umgesetzt, aber energetisch, als eine Art Gedankenform, existiert sie weiter. Wenn du diese wahrscheinliche Realität von deinem jetzigen Punkt der Kraft aus erleben möchtest, versetz dich einfach an den Punkt der Entscheidung zurück, an dem die Realitäten sich scheinbar trennten. Und jetzt lass die Geschichte in deiner Vorstellung so weitergehen, wie sie verlaufen wäre, wenn du dich anders entschieden hättest. Du erlebst jetzt eine andere wahrscheinliche Realität innerhalb deines Lebens, die du von diesem Kraftpunkt aus nicht hast Form werden lassen. Das kannst du so weit fortführen, wie du möchtest, und irgendwann gelangst du dann zu einem anderen wahrscheinlichen Verlauf eines deiner anderen wahrscheinlichen Leben. Alle diese wahrscheinlichen Ich-Anteile sind Verzweigungen oder Ausläufer deines gesamten Bewusstseins. Es handelt sich um Erfahrungen deiner energetischen Gesamtpersönlichkeit, auf die du hier an deinem gegenwärtigen Punkt der Kraft nicht ausgerichtet warst und die du folglich nicht in Handlung umgesetzt hast. Sie sind trotzdem so real wie die Wirklichkeit, in der du dich siehst und fühlst, während du das hier liest.

Weiter: Dein Bewusstsein und deine biologische Natur sind eine Einheit. Sie sind nicht zu trennen, sie wirken harmonisch zusammen. Deine Gedanken wirken sich unmittelbar auf deine Körperlichkeit aus. Dein Bewusstsein steuert die Aktivitäten deines Ich und gibt ihm die Freiheit, sich in seiner Umgebung zu bewegen. Es ist die lenkende Kraft, die dein Dasein von Augenblick zu Augenblick, ja von Sekundenbruchteil zu Sekundenbruchteil aufrechterhält. Alle Zellen deines Körpers sind ständig auf Bewusstseinsimpulse angewiesen, um jederzeit das tun zu können, was ihr Auftrag und für dich am besten ist. Mit deinen Gedanken ist es ebenfalls so, auch sie haben das Bestreben, sich auf diese Art zu erfüllen. Sie kommen als Wünsche zum Ausdruck, als der Wunsch, diesen Gedanken zu realisieren und durch schöpferische Entwicklung deiner Kreatürlichkeit zu realer Erfahrung zu machen. Wie die Zellen deines Körpers auf die von deinen Gedanken und deinem Handeln ausgehenden Reize reagieren, so erschaffst du deine Wirklichkeit in Zusammenarbeit mit allen dir erreichbaren wahrscheinlichen Realitäten und erweiterst dein Bewusstsein. Du hast volle Willensfreiheit, nur das zu erfahren und zu glauben, was du möchtest, aber jetzt werden dir die unerschöpflichen Möglichkeiten deiner Wirklichkeit zunehmend bewusst, und das wird Bewegung in deine bisherigen Überzeugungen bringen. Du wirst dich dem ganzen Reichtum deines Seins nicht länger verschließen, und so werden sich dir andere Bereiche deiner selbst zeigen und öffnen.

Eure innere Wirklichkeit

Da ihr euch jetzt als Menschheit und nicht als diese oder jene Rasse zu einem geeinten kollektiven Bewusstsein zusammenfindet, in dem nur noch zählt, dass alle glücklich, alle gesund und alle akzeptiert sind, kommt ihr mehr und mehr auf die Linie eures wahren Seins, und damit beginnt die Heilung aller Wunden, die ihr euch durch euer Trennungsdenken zugefügt habt. Es besteht keinerlei Trennung zwischen dir und irgendeinem Wesen im gesamten Universum und dem Gesamtbewusstsein von Allem-Was-Ist. Das Gottesbewusstsein ist in dir, nicht außerhalb, wie du fälschlich annimmst. Es ist sogar Wesensanteil jeder einzelnen Zelle deines Körpers. Du kannst es nicht isolieren und auf eine Wolke setzen, von wo aus es dann Kontrollblicke auf dich richtet und über dich zu Gericht sitzt. Urteile entstehen immer nur aus der unvollständigen Selbstwahrnehmung des Ich und seiner ewigen Sorge, ob es denn auch den Erwartungen anderen entspricht und wie es in ihren Augen dasteht. Wer sich von der äußeren Wirklichkeit und allen Glaubenssystemen frei macht und den Blick auf seine innere Wirklichkeit richtet, wird dort die Antworten auf alle Fragen finden, die er je gestellt hat. Alle Anstöße und Informationen, die ihr zur Erfahrung eurer äußeren Realität benötigt, kommen eigentlich von innen. Von außen kommende Informationen, die nicht auf die Erfüllung der Seele ausgerichtet sind, nützen euch überhaupt nichts. Wenn ihr etwa die sogenannten wissenschaftlichen Fakten im Zusammenhang mit eurer biologischen Natur zur Kenntnis nehmt und sie tatsächlich für eure Realität haltet, dann sind das einfach äußere Störsignale, durch die ihr euch immer weiter von der Erkenntnis weglocken lasst, auf die ihr eigentlich aus seid. Dieses Wissen liegt nämlich im Bewusstsein, nicht in seiner äußeren körperlichen Gestalt. Erkenne das Bewusstsein in seiner Einzigartigkeit, und die Antworten, nach denen du suchst, werden kommen.

Würdet ihr euch der Weisheit eurer inneren Wirklichkeit zuwenden, müsstet ihr um euch herum nichts mehr bekämpfen oder manipulieren, und dann gäbe es keinen Anlass zu Kriegen und anderen destruktiven Verhaltensweisen mehr in eurer Welt. Ihr würdet im bewussten Einklang mit der Natur und allen Lebewesen einschließlich eurer selbst existieren. Ihr habt einmal so gelebt, nämlich in den Zivilisationen der Antike, doch dann wurden andere Dinge interessanter, und ihr habt euch davon entfernt. Ihr habt euch selbst aus der Bahn geworfen, und seitdem versucht ihr sie wieder zu finden. Ich würde mir wünschen, dass ihr alle, wenn ihr dies lest, aufzuwachen beginnt und euch den ungeheuren Wissensschatz zunutze macht, der euch innerlich zur Verfügung steht. Ihr werdet ein neues Interesse an eurem eigenen Leben, an eurer Erde und an allen anderen Lebensformen finden, die für euren Drang nach äußerer Erkenntnis so bereitwillig ihr Leben geopfert haben. Alle Antworten sind innen zu finden. Ihr müsst nur lauschen, sonst nichts. Hier eine Übung, die euch das Verständnis anderer Anteile eurer Energie und den liebevollen und heilenden Austausch mit ihnen erleichtern wird.

ÜBUNG 9: ANDERE ANTEILE DEINER SELBST SEHEN UND HEILEN

Vielleicht kannst du es einmal so betrachten: Stell dir vor, du stehst vor einem Mauer, sagen wir zehn Meter lang und fünf Meter hoch. Nehmen wir an, die Mauer hätte Markierungen von oben nach unten, immer mit ein paar Zentimeter Abstand. Links also die erste Reihe solcher Markierungen, dann vielleicht dreißig Zentimeter weiter rechts die nächste und so weiter. Die Mauer könnte also Tausende solcher Markierungen haben, aber sagen wir einfach tausend, damit man sich etwas vorstellen kann. Jede Markierung bedeutet ein Lebensstück mitsamt seinen wahrscheinlichen Realitäten, das du spielen möchtest, und zwar nach einem zusammen mit anderen gestalteten Text. Es gibt keine vorgegebene Ordnung für die Abfolge dieser Leben. Links oben hätten wir frühere Leben, wie ihr das nennt. Wenn du dich von da aus abwärts und dann in die nächste Spalte und wieder abwärts bewegst, bringt dich jeder Schritt um einen Zeitrahmen weiter und schließlich weit in die Zukunft, wie ihr sagen würdet, Jahrtausende von jetzt aus gesehen.

Betrachte das alles von deinem jetzigen Punkt der Kraft aus und sende all den Markierungen an der Mauer, deinen Leben, Gedanken von liebevoller und heilender Energie. Wie gesagt, die Markierungen stehen für Leben, die deine Realität waren oder sein werden oder eben nicht. Wichtig ist nur, dass du allen deinen simultanen Leben von deinem jetzigen Punkt der Kraft aus heilende Energie schickst, Licht.

Sieh die Markierungen an der Mauer auch als die vielen Leben, die dir zur Auswahl stehen, wenn du den energetischen Übergang von der Erde in deine Heimatdimension bewältigt und deinen Lebensrückblick abgeschlossen hast. Du kannst, wie ich bereits gesagt habe, über eine Art holografische Einblendung etliche dieser Leben »besichtigen«, um zu bestimmen, in welche du dich inkarnieren möchtest. Das geschieht übrigens häufiger, als ihr meint, wenn solche Seelen ein Erdenleben wählen und sich über das Hologramm schnell einmal darin umsehen. Für die bereits auf der Erde inkarnierten Seelen ist so etwas eine »Erscheinung« oder eine »Illusion«, und das stimmt in gewissem Sinne, aber andererseits sind solche Erscheinungen durchaus real. Wenn eine Seele den Körper eines abgeschlossenen Lebens abstreift, wählt sie ein anderes der vielen möglichen Leben, deren Erfahrung sie für sich vorbereitet hat. Es hat etwas von Schule: Ist eine Klasse abgeschlossen, besucht man die nächste. Ungefähr so geht die Seele durch ihre Erfahrungen von Leben und Tod.

Da es lineare und ablaufende Zeit nur in eurer Vorstellung auf dieser Ebene der Dreidimensionalität gibt, könnt ihr »vorwärts« oder »rückwärts« durch die Erfahrungen dieser Leben gehen. Zeitrahmen haben nur für die materielle Verkörperung der Seele auf eurer Erde einen Sinn – diese Existenzform wäre einfach nicht in der Lage, die gesamte Energie aller eurer simultanen Leben zu fassen, euer Körper könnte dieser Energie nicht standhalten. Die Seele setzt Anteile ihrer Energie in so vielen Leben ein, wie sie möchte, aber in jedem einzelnen Leben geht es um die Ausrichtung auf den aktuellen Punkt der Kraft im jeweiligen Zeitrahmen, von wo aus Wirkungen auf alle anderen Leben ausgehen. Die Ich-Anteile in den anderen Leben spüren das nicht bewusst, aber alle diese Leben bilden ein Geflecht von Wechselwirkungen.

Lebenspläne

Für jedes Leben gibt es zahlreiche wahrscheinliche Wirklichkeiten, aus denen ihr auswählt, was ihr in einem bestimmten Leben tatsächlich erfahren wollt. Auch die dann wahrscheinlich bleibenden Realitäten werden erfahren, ihr seid nur nicht bewusst auf sie ausgerichtet. Wenn ihr das, was ihr euch für das jetzige Leben vorgenommen habt, gelernt und erfahren habt, könnt ihr es abhaken, sofern ihr es nicht noch einmal erleben *möchtet*. Manche dieser »Lektionen« werden auch in anderen Leben auf dem »Lehrplan« stehen, aber wenn sie an irgendeiner Stelle absolviert worden sind, müssen sie in anderen Leben nicht wiederholt werden. Normalerweise wählt ihr euch für eine bestimmte Inkarnation drei oder vier große Lernaufgaben, die ihr dort bewältigen und erfahren möchtet. Es ist aber alles eure eigene freie Entscheidung, ihr könnt unter Tausenden von Leben mit sehr unterschiedlichen Voraussetzungen und Umständen wählen.

Oft werden dafür Besprechungen mit dem Rat angesetzt, und man überlegt gemeinsam, was für ein Leben für welchen Anteil eurer Energie beim nächsten Mal geeignet wäre, aber es handelt sich hier lediglich um Empfehlungen, die Wahl ist letztlich eure eigene. Und ihr müsst nicht jedes der vielen, vielen Leben, die ihr für euch vorbereitet habt, absolvieren, wenn ihr nicht wollt. Wenn ihr eines oder viele dieser Leben freigeben wollt, können andere euren Platz einnehmen. Auch umgekehrt geht das natürlich: Wenn eine andere Seele irgendein wahrscheinliches Leben abgibt, könnt ihr es an ihrer Stelle leben. Solche Tauschaktionen finden in der Regel innerhalb einer Gruppe von Seelen statt, die sich oft miteinander inkarnieren. Die meisten eurer Leben spielen sich innerhalb ein und derselben Gruppe ab, wobei immer wieder die Rollen getauscht werden – Mutter, Vater, Kind, Freundin und so weiter. An diesem Punkt eurer Entwicklung habt ihr schon viele solcher Leben gelebt und wählt folglich unter denen, deren Lektionen und Erfahrungen noch ausstehen.

Wenn ihr Menschen endlich ein klares Bild von Leben und Tod bekommt, werden eure Ängste verschwinden, und ihr werdet den energetischen Übergang liebevoll annehmen. Die Menschen, die euch am nächsten sind, werden im Nu bei euch sein, sobald ihr diesen Körper verlasst und in die Heimat eurer Seele zurückkehrt. Erdenleben sind gegenwärtig relativ kurz, weil die derzeitige Phase der Gesamtevolution durch das Wirken negativer Kräfte mit viel Stress beladen ist. Das Leben muss so kurz sein, weil die Seele sonst zu stark traumatisiert würde und dann erst einmal keine Lust mehr auf weitere Leben hätte. Das geschieht ohnehin oft genug, und die betroffene Seele wird dann lange zögern – Hunderte von Jahren nach eurer Erdenzeit –, bis sie sich auf weitere Leben einlässt.

Aber nichts geschieht dabei zufällig, alles entspricht dem Willen und Plan des Schöpfers. Jede wahrscheinliche Wirklichkeit jedes einzelnen Lebens wird von den unmittelbar Beteiligten und anderen geplant. Ihr teilt eure Leben mit zahlreichen anderen Seelen, immer die gleichen in wechselnden Gruppierungen. Ihr habt euch darauf verständigt, eure Lernerfahrungen gemeinsam zu machen. Manchmal inkarniert ihr euch mit verschiedenen Anteilen eurer Gesamtenergie mehrfach, sogar im selben Zeitrahmen und manchmal sogar im selben räumlichen Umfeld, ja in derselben Familie: Da lernt die Seele zusammen mit sich selbst und durch sich selbst. Jemand, den du als deinen ärgsten Feind siehst, ist vielleicht ein anderer Anteil deiner Gesamtenergie, *ist du!*

Betrachte die Menschen. Siehst du vielleicht Spiegelbilder deiner selbst, siehst du dich? Alles ist möglich. Deine Energie ist ein winziger Bruchteil dieser unermesslichen Energiequelle, die wir Alles-Was-Ist nennen, aber durch deine Energie teilt sich jede deiner Regungen und Erfahrungen der großen Energiequelle mit. Keine zwei Seelen erleben die gleiche Situation wirklich als gleich, jede wird den Dingen ihre eigene Deutung geben. So kann das Ganze, indem es seine Energie durch unzählige Seelen manifestiert, die Menschenwelt und alle Universen bis in die allerfeinsten Facetten hinein erfahren.

Die Macht der Gedanken

Sobald die Menschheit sich Frieden und Eintracht auf eurer Erde wünscht, werden sie auch einkehren. Ihr könnt eure Wirklichkeit mit eurem Denken ändern und eure Ängste ablegen, dann wird euch nichts mehr terrorisieren. Gedanken sind die mächtigste Energie der gesamten Schöpfung, sie erschaffen eure Erfahrung. Sie leiten euer gezieltes Handeln ein und setzen sich so in eure Wirklichkeit um. Wenn ihr das wisst, wird euch klar sein, dass ihr eure Wirklichkeit selbst erschafft. Die heiligen Schriften eurer Religionen geben euch

Bilder von Himmel und Hölle ein. Aber euer Himmel und eure Hölle sind eure eigenen Projektionen, es sind Gedankenformen, die sich in eure Realität übersetzen. Und was der Mensch sich durch seine Gedanken und Handlungen erschafft, bestimmt wieder das Bild, das er von seiner Wirklichkeit hat, ob er nämlich in der Hölle oder im Himmel lebt. Was ihr als Gedanken und Überzeugungen aussendet, erschafft das, was ihr dann als gegebene Wirklichkeit wahrnehmt. So einfach ist es wirklich. Wenn eure Gedanken in Richtung Angst und Terror gehen, werdet ihr darin leben. Wenn ihr auf Freude, auf ein Leben im Einklang mit der Erde und ihren Lebewesen aus seid, wird es so sein.

Da ihr euch jetzt in die Dimension des geeinten Bewusstseins bewegt, wird sich alles, was ihr gedanklich gestaltet, immer schneller äußerlich manifestieren. Deshalb ist es so entscheidend wichtig, dass ihr euer Denken aufräumt. Wenn ihr beim Übergang in die neue Dimension immer noch zum Beispiel Angstgedanken habt, werden diese Ängste augenblicklich eure Wirklichkeit. Das kann für manchen von euch wirklich erschreckend werden, je nachdem, was für Vorstellungen ihr euch hingegeben habt.

Seht also zu, dass ihr negative Gedanken bemerkt und abfangt, sobald sie auftauchen, lasst euch durch sie daran erinnern, dass ihr dieses Denken ja überwinden wollt. Das wird nicht von heute auf morgen gelingen, aber wenn ihr immer sofort auf ungute Gedanken aufmerksam werdet, ändert sich nach und nach auch eure alltägliche Wirklichkeit entsprechend. Es muss gar nicht lange dauern, bis ihr gelernt habt, mit positiven Gedanken auf Situationen zu reagieren, die bisher sichere Auslöser für negative Gedanken waren. Nimm etwa an, dass du im Straßenverkehr von jemandem geschnitten wirst und deine bisherige Konditionierung dir eingeben würde zu denken, dieser andere habe das absichtlich oder aus Rücksichtslosigkeit getan. Stattdessen wirst du dir jetzt sagen: »Der hat den Abstand wohl nicht richtig eingeschätzt oder vielleicht ist er noch Anfänger.« Ein harmloser Gedanke anstelle eines ärgerlichen negativen Gedankens. Sicher, es wird immer Situationen geben, in denen du dich wirklich anstrengen musst, das Tun anderer zu rechtfertigen und etwas Gutes daran zu entdecken.

Wenn du andere beobachtest, wird dir auffallen, dass manche Leute immer guter Dinge sind, egal, was passiert. Sie haben sich einfach nicht die angstbesetzten Überzeugungen in eurer Welt zu eigen gemacht. Sie haben beschlossen, dass sie Freude an ihrem Leben haben wollen und sich das nicht durch Ängste verderben lassen. Sie haben ihr Denken im Griff und lassen sich in den meisten Fällen gar nicht erst auf negative Gedanken ein. Sie sehen die Dinge gern in einem erfreulichen Licht, und notfalls denken sie sich positive Aspekte aus. Solche Menschen haben sich in mancher Hinsicht bereits zu einem vierdimensionalen Bewusstsein hin entwickelt. Es gibt sie unter euch. Wenn ihr einem von ihnen begegnet, fühlt ihr euch sehr wahrscheinlich gleich zu ihm hingezogen – daran sind sie zu erkennen. Man fühlt sich wohl bei ihnen, man ist gern in ihrer Nähe. Sie bestätigen dich, sie schenken dir ihre Liebe ohne Ansehen der Person und ohne selbst Zurückweisung zu fürchten. Und so wird es für euch alle sein in dieser Dimension, die keine Angst und keinen Schrecken kennt. Das Leben wird eine Erfahrung der Freude sein, Freude am Glück aller – es wird so sein, wie es für eure Seele von Anfang an gemeint war. Ihr werdet lernen, alle miteinander Hand in Hand zu arbeiten. Ihr werdet die köstliche Erfahrung machen, das göttliche Wesen eurer Seele offen vor aller Welt zu leben.

Durch die Überwindung eurer Ängste werdet ihr fähig, mit anderen Lichtwesen im ganzen Universum zu kommunizieren und universales Wissen auszutauschen. Ihr werdet erkennen, dass der Schöpfer oder Gott, falls ihr dieses Wort verwenden möchtet, in vielen Kostümen und vielen Farben auftritt, um alles zu erleben, was nur je zu erleben ist. Ihr werdet in das Wissen hineinwachsen, das eigentlich schon immer euer ist, ihr werdet zu euch selbst wieder Zugang bekommen und euch entwickeln. Wenn ihr die Angst wegschiebt, anstatt sie zu verstehen und anzunehmen, nimmt sie zu und wird eure Wirklichkeit. Wer Frieden will, wird Frieden haben. Erschafft ihn mit euren Gedanken. Glaubt an den Frieden und an euch selbst, traut euch zu, ihn zu schaffen. Diese wahrscheinliche Wirklichkeit wird Realität werden, wenn ihr Menschen euch bewusst zusammenfindet und das Notwendige dazu tut.

Das Ego und die Seele

In welcher Beziehung steht nun das Ego zur Seele? Viele eurer Ängste im Zusammenhang mit dem Tod gehen vom Ego aus. Für die Wirklichkeit der Seele spielen sie überhaupt keine Rolle. Ihr habt dem Ego die Herrschaft über euer Wissen überlassen. Das Ego möchte nicht sterben, aber das Ego ist nicht das, was ihr seid. Ihr seid Seele. Das Ego ist ein Niederschlag der Verstandestätigkeit und gibt sich alle Mühe, die Evolution eurer Seele zu behindern. Aufgrund eurer erworbenen Überzeugungen habt ihr dem Ego die Gewalt über euer Denken gegeben. Aber die Seele weiß etwas anderes und lebt vielfach in Träumen aus, was ihr euch im Wachzustand versagt. Die Vielfalt der Seelenerfahrung sowohl in diesem Leben, auf das ihr gerade ausgerichtet seid, als auch in anderen Leben, die euch nicht gegenwärtig sind, wird im Traum viel getreuer abgebildet als im Wachzustand. Die Seele sucht im Schlaf alle diese Leben in allen Zeitrahmen auf. Ihr seid euch dessen nicht bewusst, aber wenn ihr euch die Zeit nehmt, eure Träume aufzuschreiben, wird es euch wohl überraschen, wie viel da offenbar wird.

Das Ego weiß sich zu schützen und wird alle Bekundungen der Seele zu vertuschen versuchen. Es möchte den Seelen-Aspekt eures Seins einfach nicht wahrhaben. Es interessiert sich nur für sich selbst und den Körper, in dem es wohnt. Wenn euch die Augen aufgehen und ihr euch als Seele zu erkennen beginnt, wird es dieses Aufwachen zu hintertreiben versuchen und euch eure Ängste und Zweifel ins Gedächtnis rufen. Die Tricks und Täuschungsmanöver gehen ihm nie aus, denn es steht unter der Herrschaft materialistischer dunkler Kräfte. Seit Äonen inkarniert sich eure Seele immer wieder und versucht sich irgendwie durch die Verkörperung mitzuteilen. Das Ego stand ihm dabei meistens im Weg. Allerdings seid ihr in eurer Körperlichkeit in gewissem Sinne auch auf das Ego angewiesen, da es das Überleben des Körpers sichert. Deshalb müssen Seele und Ego lernen, so zusammenzuwirken, dass eurer Ganzheit am besten gedient ist. Wenn es dazu kommt, hat die Seele alle Lektionen der Verkörperung gelernt und muss sich nicht mehr inkarnieren. Was jeweils an Lernstoff und Erfahrungen auf eurem Programm steht, hat immer irgendwie mit dem Ego zu tun, und wenn die Seele diesen Aspekt ihrer Wirklichkeit schließlich beherrscht, kann sie sich von ihren niederen Anteilen lösen.

Ein Leben ohne Angst

Das Ego wird nichts unversucht lassen, um die Seele mundtot zu machen, denn es fühlt sich durch sie in seiner Existenz bedroht. Die Seele würde sich anders verhalten als das Ego, und das wissen beide. Das Ego sucht sich seine Bestätigung, die es im spirituellen Bereich nicht bekommt, über den Körper. Das verursacht in eurer Seele mancherlei Probleme. Von Geburt an ist euch Bestätigung auf diese oder jene Weise versagt worden. Die Religion redet euch ein, ihr seiet Sünder, nicht gut genug, unwürdig – und ihr habt euch das zu eigen gemacht. Aber das Christusbewusstsein hat sich nicht hier manifestiert, um für eure Sünden zu sterben. Ihr seid keine Sünder, die sich des euch gegebenen Lebens unwürdig erweisen. Das ist ein vom Menschen selbst erfundenes Märchen, das nur in religiösem Gewand verbreitet wird. In Wirklichkeit ist eure Seele Liebe und sendet strahlendes Licht aus. Aber euer religiös umgedeutetes Gefühl, sündig und unwürdig zu sein, lässt der Seele zu wenig Spielraum, sich zu bekunden, und das wiederum macht euch bereit, euch dem Willen anderer zu beugen. Die gesamte Gesellschaftsstruktur einschließlich des Drucks, der von Gleichaltrigen oder von eurem beruflichen Umfeld ausgeht, zielt ebenfalls in Richtung Abwertung eurer Person, sofern ihr nicht den vorgegebenen Normen und Glaubenssätzen entsprecht.

Dieser Abwertungsprozess begann in der frühen Kindheit, als ihr anfingt, euren Bedürfnissen Ausdruck zu geben, und er setzt sich in dieser oder jener Form durch euer ganzes Leben fort. Dabei seid ihr wunderbare, strahlende, liebevolle Wesen, und alles, was ihr nur je wünschen könnt, steht euch absolut zu. Aber wie es jetzt ist, mauert ihr euch alle ein, jeder Einzelne, um möglichst wenig von euren furchtbaren

Glaubenssätzen und euren Ängsten zu spüren zu bekommen. Irgendwie müssen sich all die eingesperrten Gefühle natürlich Luft machen, entweder als Aggression nach innen, das heißt in der Form von Krankheiten, oder als unkontrollierte Aggression nach außen in der Form von Übergriffen jeglicher Art.

Das ist nicht das euch zugedachte Leben. Ihr habt euch in einen solchen Strudel von Ängsten und Befürchtungen hineinmanövriert, dass eure Vitalität und Lebenserwartung stark darunter leiden. Ohne die vielen Fortschritte in der Medizin eurer Zeit würden viele von euch sehr viel früher sterben. Dabei könnten Menschen ohne Weiteres Jahrhunderte leben, und so wird es in der Zukunft auch sein, wenn ihr eurer Ängste Herr geworden seid. Eure Stressbelastung wird stark abnehmen, und ihre werdet dann erst die ganze Schönheit eurer Selbst und die Wunder eurer Erde und anderer Planeten und Lebensformen erfahren können. Echte Evolution des Bewusstseins setzt ein angstfreies Leben voraus. Vertraut euch selbst und blickt vertrauensvoll in die Zukunft, und eure eigene Wahrheit und Weisheit werden sich euch erschließen. Ihr werdet wissen, was Frieden ist, was Freude ist, ihr werdet den Gott in euch erkennen.

Ausblick

Sich selbst annehmen

Sich selbst anzunehmen heißt, dass man sich selbst nicht be- oder gar verurteilt. Wer sich selbst liebt und akzeptiert, wird alles, was euer Leben bietet, als wunderbar und köstlich erfahren. Ihr seid wunderbare und herrliche Wesen, ihr seid strahlende Liebe. Ihr mögt diese Liebe unter Verschluss halten, wenn ihr in eurem Alltagsbewusstsein seid, sie entströmt euch doch wie eine vulkanische Urgewalt. Meist bemerkt ihr sie nicht und oft fürchtet ihr sie. Ihr seid göttliche Wesen mit der Liebeskraft göttlicher Wesen. Könntet ihr lernen, euch an die Kraft eurer Liebe anzuschließen – alle elektrischen Anlagen und Geräte eurer Welt wären damit mühelos zu betreiben. Eure Gedanken können augenblicklich jeden Punkt im Universum erreichen und enthalten Energie im Überfluss. Wir in den höheren Dimensionen »ernten« diese Gedanken und verwandeln sie mittels Kristallen in Energie – eine Technik, die euren Wissenschaftlern noch unbekannt ist. Die Menschheit wird sie erst nutzen können, wenn ihr die nächste Phase eurer Evolution abgeschlossen habt. Bis dahin bleibt euch der Zugang verschlossen.

Die Kräfte eurer Seele sind atemberaubend und großartig, aber mit wenigen Ausnahmen wisst ihr nicht, was man damit anfangen kann. Euer Licht scheint so hell, und ihr alle könntet göttliche Liebe schenken und empfangen. Wenn ihr euch einmal als die herrlichen Wesen, die ihr seid, erkannt und angenommen habt, werden Freude und Weisheit in eure

Chakren einströmen und die Kanäle des göttlichen Lichts öffnen. Ihr werdet zu einem neuen Bild der Welt und eurer selbst finden, und all die Beschränkungen, die ihr euch auferlegt habt, werden wegfallen. Ihr werdet die Dinge sehen, wie sie sind, euer wahres Wesen wird sich endlich in Freude und Liebe frei bekunden können. Setzt euch mit euren Schmerzen und Ängsten auseinander, erkennt und versteht sie, und ihr werdet wunderbare Veränderungen erleben und als Menschheit eine neue Bewusstseinsstufe erreichen. Hier liegt eure große Freiheit.

Der nächste Schritt eurer Evolution hängt davon ab, dass ihr euch selbst und andere liebt und akzeptiert. Es ist euch gegeben zu lieben, und es steht euch zu, geliebt zu werden. Es ist der natürliche Ausdruck eurer Seele. Eure Seele wird in die Freiheit entlassen, sobald ihr euch von aller Indoktrination löst, die euch im Bewusstsein beschämender Unwürdigkeit und Sünde zu halten versucht. Sprengt die Fesseln, in denen ihr euer Bewusstsein so lange gehalten habt, und ihr werdet euren freien Willen endlich wirklich ausüben können. Was für staunenswerte Wesen ihr doch seid! Betrachtet euch selbst liebevoll, ja zärtlich, nehmt euch mit all den angeblichen Unvollkommenheiten an, seht sie als das, worin ihr die Evolution eurer Seele erfahren könnt – und ihr werdet anfangen, eure eigene Schönheit zu erfassen.

Hier eine kleine Übung, der ihr euch ganz zwanglos widmen könnt, wenn euch gerade danach ist und ihr Zeit habt. Sie soll euch die Augen für die ganze Herrlichkeit eurer selbst öffnen.

ÜBUNG 10: DER BLICK IN DEN SPIEGEL

Betrachte einfach dein Gesicht im Spiegel, sieh sein Leuchten, sieh die Essenz der Seele durchscheinen – dein wahres Ich, nicht die Masken, die du getragen hast, um Anerkennung zu finden. Was andere über dich denken, spielt für das, was du bist, überhaupt keine Rolle. Wichtig ist nur, dass du dich selbst akzeptierst, wie du bist, und die Liebe deiner Seele auf andere ausstrahlen lässt. Nimm dir also diesen Augenblick, betrachte dich eingehend, finde Gefallen an dir und lass dich sehen, welch wunderbare Schöpfung du bist. Schicke dir selbst liebevolle, bestätigende Gedanken: Du bist du, und nur du kannst du sein.

Wenn die Essenz der Seele durchzuscheinen beginnt, werden sich andere zu dir hingezogen fühlen, die spüren, dass sich dein Leben im Göttlichen abspielt. Du wirst mehr und mehr verstehen, was du bist, und so wirst du auch für alle anderen Menschen immer mehr Verständnis aufbringen und wissen, dass ihr in eurer göttlichen Essenz eins seid. Wenn die Harmonieschwingung eines einzelnen Menschen sich ändert, erfasst diese höhere Schwingung auch andere, und daraus entsteht schließlich der Schwung, der die Menschen massenhaft in Bewegung bringt.

Wenn ihr euch ohne Scheu Gefühle der Liebe erlaubt, werden andere ihre Ängste euch gegenüber ebenfalls ablegen, und ihr werdet den Schneeballeffekt beobachten können, wenn sich diese neue Haltung ausbreitet. Wenn jeder meiner Leser die Spiegelübung für den Anfang einmal am Tag macht, später vielleicht zweimal, dreimal und öfter, werdet ihr sehen, wie eine Kettenreaktion entsteht und eure Ängste eine nach der anderen verstummen.

Es kann nie darum gehen, dass man loszieht und zusieht, was man sich alles verschaffen kann, ohne groß auf andere zu blicken; das macht nur das Ego stärker und trägt nichts zu eurer Evolution bei. In Liebe offen und bereit auftreten, frei von jeglicher Sorge, ob man darin gut ankommt oder nicht, einfach Schritt für Schritt Liebe und Freundlichkeit aussenden – das wird die Menschheit in großen Sprüngen in ihrer Evolution voranbringen. Eine kleine Freundlichkeit jeden Tag und jeden Tag eine mehr, bis alles Alltägliche von der Freundlichkeit offener, mutiger Liebe erfüllt ist. Das ist die Freude, um die eure Seele immer schon weiß, und ihr lasst jetzt alles, was ihr erlebt, von der Seele und nicht mehr vom Ego ausgehen. Eure wahre Freiheit liegt in der Erkenntnis eurer selbst: sich selbst akzeptieren, sich selbst lieben, sich verständnisvoll und ohne Urteile begegnen. So verwandeln sich eure Ängste und Schmerzen in Liebe zu euch selbst und anderen.

Die Menschheit findet jetzt aus der Separierung des Ich zur Einheit von Ich und Seele zurück. Ihr steht vor dem Höhepunkt von Jahrmillionen eurer Evolution, die euch durch finstere und ungute Phasen zum Licht führt. Die gegenwärtige Phase verlangt euch sehr viel ab. Viele Menschen sind von Ängsten geradezu überwältigt. Seid euch immer bewusst, dass jeder Schritt euch weiterführt, auch wenn es zeitweilig sehr finster aussieht. Was könnte es Schöneres geben, als im Jetzt zu leben mit allem, was ihr seid, um von da aus in der Freude und Fülle des göttlichen Lichts und der göttlichen Weisheit gemeinsam eure Welt und euer Leben zu erschaffen? Nicht mehr gegen die Erde, sondern Hand in Hand mit ihr zu arbeiten und ihren Reichtum mit allen anderen zu teilen wird den meisten von euch nicht schwerfallen, aber Ruhe und Frieden in eure Welt einkehren lassen.

Was andere unter der Herrschaft ihres Egos von dir denken, spielt keine Rolle. Das hier ist die Evolution *deiner* Seele, und es sind genau die Lernschritte, für die du gekommen bist. Es gibt keinen Grund zu urteilen über irgendwen, denn alle Seelen wissen, welchen Weg sie gewählt haben und wozu. Vergiss nicht: Was auch immer dir widerfährt, du hast es gewählt, um daraus zu lernen. Was andere für sich gewählt haben, mag manchmal schwer zu verstehen sein, aber gerade, wo du nicht verstehst, kommt es auf Verständnis an und darauf, dass du nicht urteilst. Ihre Erfahrungen und Lernschritte sind ihre, wie deine deine sind. Was morgen sein wird, ist nicht so wichtig. Wende dich ganz dem Heute zu und nimm deine Mitmenschen von Herzen an, da beginnt der Wandel.

Fragen an Seth

Terrorismus von unten und oben

Mark: *Wenn du von der »Bewegung« sprichst, scheinst du sagen zu wollen, dass der Terrorismus die Gesellschaft in jeder Hinsicht infiltriert hat.*

Seth: Ganz recht. Terroristen rekrutieren ihre Leute vor allem in Ländern, in denen es politisch und wirtschaftlich drunter und drüber geht. Sie wissen sehr gut, wie man solche Gesellschaften infiltriert und gehen sehr bedacht vor, um diese Leute zu Gewalttaten zu überreden. Sie machen sich den Umstand zunutze, dass die Emotionen in solchen Ländern ohnehin schon auf dem Siedepunkt sind, zumindest unter der Oberfläche. Jetzt muss man nur noch die gegenwärtige Führungsriege aushebeln und Fanatiker an ihre Stelle setzen, deren Ideale denen der Terroristen entsprechen. Viele sind in diesen Ländern derart arm, dass ihnen buchstäblich alles willkommen ist, was eine bessere Zukunft verspricht. Terroristen müssen bei solchen Menschen nicht viel Überredungskunst aufwenden, um sie zu ihrem Glauben zu bekehren; das Versprechen von Belohnungen im Jenseits, aber auch schon in der Bewegung genügt meist. Innerhalb der Bewegung wird jeder, der sich an Angriffen irgendeiner Art beteiligt, als Held gefeiert. Durch solchen Beifall sehen sie ihre Person entschieden aufgewertet, denn echtes, eigenes Selbstwertgefühl besitzen sie kaum.

Die Anführer solcher Gruppen verbreiten ringsum so viel Angst, wie sie nur eben können. Die Bewegung muss die Masse unter Kontrolle haben, damit es für jeden so aussieht, als wären sie die Inhaber der Macht. Menschen, die in ständiger Angst leben, sind zu so gut wie allem bereit, um ihre Lage zu verbessern oder ihr Überleben zu sichern. Viele Opfer werden so anhaltend terrorisiert, dass sie in ihrem eigenen Leben überhaupt nichts mehr zu bestimmen haben, und wenn sie sich nicht dem Willen der Mächtigen beugen, werden sie umgebracht. Und allen, die sich schließlich der Bewegung anschließen, wird der Himmel auf Erden oder doch zumindest ein seliges Jenseits versprochen, wenn sie sich an die Regeln halten. In ihrer ganzen Hoffnungslosigkeit sehen viele das als den einzigen Weg, der ihnen in ihrem trostlosen Dasein noch bleibt. Hier findet eine Gehirnwäsche unvorstellbaren Ausmaßes statt, besonders wirksam deshalb, weil sie unter religiösem Vorzeichen steht. Als Einzelne sehen die Menschen sich ohnmächtig, und die Gruppe verspricht endlich die Möglichkeit der Einflussnahme. Die Gruppe kann die scheußlichsten Gewalttaten begehen, niemand muss sich hier als Einzelner verantwortlich fühlen; alles geschieht um der »gerechten Sache« willen, worin auch immer die gesehen wird.

Darf ich annehmen, dass du damit auch andere Beteiligte an diesem Spiel auf internationaler Ebene ansprichst, also den amerikanischen Präsidenten und andere?

Richtig.

Die politische Führung anderer Staaten?

Ja, mitsamt ihrem Weltbild. Wir müssen uns sogar besonders dem Westen zuwenden. Es geht einfach nicht an, dass ihr euch als die Gutmenschen dieser Welt versteht und darstellt.

Was in den westlichen Demokratien an Korruption und Schiebereien stattfindet, ist wirklich unglaublich. Als Normalbürger erfahrt ihr so gut wie nichts von den heimlichen Machenschaften im Regierungsbetrieb. Alles Unsaubere wird vertuscht oder zum Staatsgeheimnis erklärt, und in diesen schummrigen, kaum einsehbaren Bereichen finden mancherlei Ungeheuerlichkeiten statt. Scheinheiligkeit in der Selbstdarstellung ist gerade auf höchster politischer Ebene gang und gäbe, und das schöne Bild, das man den Bürgern hinhält, zeigt längst nicht immer das, was wirklich der Fall ist.

Die Bewegung im Nahen und Mittleren Osten sieht nun den Westen als Hort des Bösen – und umgekehrt. Du musst aber wissen, dass sich die Menschen in dieser Gegend seit Jahrhunderten gegenseitig umbringen und es als das einzige Mittel sehen, ihren Anliegen Geltung zu verschaffen. Verständnis bedeutet natürlich nicht, dass man es gutheißt; erstens geht es so nicht und zweitens verstößt es gegen das universale Gesetz. Bedenken wir aber, dass diese Länder seit Jahrhunderten der Schauplatz sind, auf dem sich die negativen Kräfte tummeln. Die Menschen werden seit Jahrtausenden von diesen Kräften manipuliert. Lichtwesen erkennen diese Gegend als die Festtafel der dunklen Mächte. Hier findet ein gewaltiges Ringen statt, der Kampf des Guten gegen das Böse – wenn man denn an so etwas wie Gut und Böse glaubt.

Die Stärke des Westens liegt in seiner demokratischen Verfassung, die immerhin als Zugang zu einer friedlichen Lebensform gesehen werden kann. Aber sie lässt sich missbrauchen und *wird* missbraucht. Wie viele Gräuel sind im Namen von Freiheit und Demokratie verübt worden! Vieles davon ist euch nicht bekannt, und ich bin nicht befugt, darüber zu sprechen. Alles scheint sich um die Frage zu drehen, welcher Weg der richtige ist, nicht wahr? Aber gibt es den überhaupt? Gehen die Dinge nicht unmerklich ineinander über und sind sich letztlich ähnlicher als irgendwer wahrhaben möchte? Dabei möchte ich es jetzt bewenden lassen.

Kannst du ganz allgemein noch etwas mehr zum 11. September sagen? Niemand war darauf gefasst. Die ganze Welt sah wie versteinert zu.

Ja, weil die ganze Welt schläft und viele Führungsgestalten in eurer Welt einfach nicht wahrhaben wollen, was ihnen längst bekannt ist.

Ja. Aber was genau meinst du mit »schlafen«?

Nicht bewusst werden. Die Nöte der Menschheit – die freie Welt will davon größtenteils nach wie vor nichts wissen. Und den Verantwortungsträgern im Westen war längst bekannt, was unweigerlich kommen würde, sie mochten sich aber nicht damit auseinandersetzen. Sie wurden wieder und wieder gewarnt, wollten aber nicht hören. Ihnen ist vieles bekannt, was sie den Bürgern verschweigen.

Das sehe ich auch so. Kannst du darauf noch etwas näher eingehen?

Das Bewusstsein der Menschheit schläft schon viel zu lange. Wir geben uns jede erdenkliche Mühe, die Welt aufzuwecken, aber es ist wirklich nicht so einfach. Viele Anzeichen deuteten darauf hin, dass es zu solchen Anschlägen kommen würde, und der 11. September war wirklich der Weckruf. Die Bewohner der westlichen Welt sind weit über das vertretbare Maß hinaus im Dunklen gehalten worden und wussten nur sehr oberflächlich über die Nöte der übrigen Welt Bescheid. Ihr könnt euch nicht einfach von den Problemen der Welt abwenden und nach der Devise »weiter so« leben in der Hoffnung, dass die Dinge weiterhin *vor* eurer Haustür bleiben werden. Amerika ist ein sehr mächtiges Land, an das andere sich Hilfe suchend gewandt haben. Sie haben nicht immer Hilfe bekommen, und wenn die Enttäuschung und Verbitterung in solchen Ländern überhandnimmt, kommt es eben zu solchen Ausbrüchen.

Selbst in Fällen, wo Hilfe geleistet wird, haben diese Länder häufig einen hohen Preis dafür zu zahlen. Was da allein an Zinsen fällig wird, übersteigt bekanntlich im Laufe der Zeit den Wert der ursprünglichen Hilfeleistungen. Eure Regierungen nutzen die Zwangslage solcher Länder und die Hoffnungslosigkeit ihrer Bevölkerung aus. Die Armen immer weiter in die Schuldenfalle treiben – soll das etwa Hilfe sein? Es sieht nach außen hin alles ganz honorig aus und ist doch nichts weiter als gnadenlose immer weitere Erhöhung des Drucks auf die armen Länder und ihre Menschen. Wem soll das wirklich helfen?

Wenn ihr einem Land wirklich helfen wollt, muss es ohne solche Bedingungen geschehen. Die Mittel müssten einfach zur Verfügung gestellt werden, damit alle in den Genuss des Reichtums eurer Erde kommen, nicht nur die wohlhabenden Länder. Die Regierungen der mächtigen Länder könnten sehr viel in der Welt zum Besseren wenden, wenn sie wollten. Seit dem 11. September seid ihr zwar ein bisschen wacher geworden, aber es reicht längst noch nicht.

Wie wach müssten wir denn sein?

Na ja, wir werden wohl noch ein, zwei Bücher schreiben müssen, vielleicht auch drei oder vier oder noch mehr, um das Problem wirklich allen vor Augen zu führen. In diesem Buch jedenfalls gebe ich meinen Lesern Kenntnisse und Werkzeuge, die sie dazu anregen werden, sich einmal ernsthaft anzusehen, was mit der Welt und ihnen selbst los ist.

Gut, aber wie geht es dann weiter? Genügen Kenntnisse? Sie lesen ein Buch und stimmen ihm zu – aber was dann?

Wissen und Erfahrung. Wenn wir mit dem Buch erreichen, dass die Menschen *aufeinander aufmerksam werden*, haben wir schon eine ganze Menge erreicht. Du wirst nicht alle notwendigen Veränderungen auf einen Schlag herbeiführen. Das ist ein Prozess. Und ein Prozess muss erst einmal *anfangen*. Wenn du nicht irgendwo anfängst, kannst du nicht zu neuen Ergebnissen kommen, und dann bleibt es bei dem, was du schon hast – Terrorismus. Die Terroristen gehen ja davon aus, dass das, was sie tun, richtig ist. Diese Überzeugung muss sich ändern. Und eure Überzeugungen müssen sich ändern, bis euch klar wird, dass ihr euch diese schmerzliche Erfahrung selbst zugezogen habt.

Der Rat

Du hast einmal erwähnt, du hättest mit dem Rat darüber gesprochen, was du in diesem Buch mitteilen kannst und was nicht. Wer ist denn dieser Rat? Das wüsste ich wirklich gern.

Die Ratsmitglieder sind sehr hoch entwickelte Wesen, die ihre Aufgabe darin sehen, andere in spirituellen Dingen zu beraten, insbesondere im Hinblick auf deren weiteren Weg. Ich halte im Allgemeinen Rücksprache mit dem Rat, wenn es um wichtige Dinge geht, die das universale Gesetz berühren. Sie sind wirklich hoch entwickelt, höher als ich. Ich weiß, dass du mich irgendwo ganz da oben siehst, aber ich habe noch eine Menge zu lernen. Die Ratsmitglieder sind meine Lehrer. Ich hole mir dann und wann Rat bei ihnen.

Liebe ist der Weg

Warum inkarnieren wir uns, worum geht es dabei?

Ihr durchlauft den Zyklus von Geburt und Tod immer wieder, bis ihr die Lektionen der Liebe auf eurer Erde gelernt und alle Herausforderungen der Verkörperung bewältigt habt.

Sag noch etwas über die Lektionen der Liebe, was beinhalten sie?

Die Seelen lernen auf eurem Planeten, sich durch einen stofflichen Körper zu projizieren und die beiden Seiten dann zu vereinigen. Damit das gelingen kann, müsst ihr lernen, einander bedingungslos zu lieben. Wenn euer stofflicher Körper Abbild eurer Seele geworden ist, werdet ihr fähig, ihn zu verlassen und euch des ätherischen Körpers zu bedienen. Das ist der Übergang von der Dreidimensionalität in eine vierdimensionale Wirklichkeit.

Auf der Seelen-Ebene herrscht tiefe Liebe unter allen Wesenheiten. Ursprung dieser Liebe ist Alles-Was-Ist. Für die Verkörperung als Mensch werden die Erinnerungen an diese Liebe mit einem Schleier des Vergessens bedeckt, damit ihr ganz auf euch gestellt all das erleben und lernen könnt, was ihr euch für das jeweilige Leben vorgenommen habt. Der bisher letzte eurer Evolutionsschritte bestand in der Entwicklung des Egos. Das Ego hat jetzt seinen Dienst getan, und im nächsten Schritt wird es um die Seele gehen. Damit das Ego seine Befriedigung finden kann, wurden Liebe und Mitmenschlichkeit ganz in den Hintergrund gedrängt. Jetzt hat sich das Ego die Menschheit praktisch untergeordnet, aber das ist nicht sein Platz. Ihr werdet zur Ganzheit eures Seelen-Ich zurückkehren, und der Schleier des Vergessens wird sich bei diesem Schritt heben.

Gut, Erinnerungen an diese Liebe sind stillgelegt worden. Können Leute in Berufen wie meinem den Menschen helfen, sich zu erinnern?

Ja, Mark, durch Hypnose kann man Seelen-Essenz und verkörpertes Bewusstsein wieder miteinander verbinden. Um sich des Seelen-Ichs wieder voll bewusst zu werden, muss man aber außerdem täglich meditieren. Durch Meditation kommt es zu der Entwicklung der DNA-Stränge, die für den anstehenden Evolutionsschritt notwendig ist. Die Liebe der Seele ist ein euphorisches Gefühl, und beim Meditieren oder eben durch Hypnose kann dem Menschen der Schritt zu dem Teil seiner selbst gelingen, den er so lange nicht wahrgenommen hat.

Ihr alle seid Bestandteile von Allem-Was-Ist, geborgen in der Liebe des Schöpfers, und bei der Geburt ist euch diese Liebe noch vollkommen gegenwärtig. Bald jedoch habt ihr euch zunehmend mit dem Lernstoff dieses Lebens zu befassen, und die Erinnerung verblasst. Bliebe sie euch erhalten, würdet ihr euch mit den für dieses Leben gewählten Lernaufgaben gar nicht erst befassen; ihr würdet schon wissen, was dabei herauskommt, und weshalb sollte man sich dann noch damit befassen? Wir alle in meiner Dimension sind auch schon da gewesen, wo ihr jetzt seid. Zum Lichtkörper kommt man nicht ohne Erfahrung der Dreidimensionalität, sei es auf der Erde oder anderswo – wir können für unsere Inkarnationen unter Millionen von Planeten wählen. Die Erde ist ein besonders schwieriges Umfeld, in dem man mit sehr viel Negativem zu kämpfen hat, aber die Seele kann hier auch sehr viel für ihre Entwicklung tun, wenn sie das aus ihrer Erd-Erfahrung gewonnene Wissen klug nutzt.

Immer und überall jedoch geht es um Liebe. In meinen früheren Büchern ging es manchmal sehr metaphysisch zu, und ich habe viel über energetische Manipulationen im Zusammenhang mit dem physischen, mentalen und emotionalen Körper gesprochen. In dieser Zeit jedoch, denke ich, muss die Menschheit zur Grundlektion zurückkehren: Ihr müsst wieder lernen, einander zu lieben. Eure Körper werden bald ohnehin von ätherischer Natur sein, und in dieser neuen Dimension werdet ihr ganz anderen Umständen ausgesetzt sein. Sehen wir also zu, dass wir in euren Gedanken und Überzeugungen Ordnung schaffen, damit ihr auf den Weg der Liebe zurückfindet.

Sicher, es ist nicht leicht, jemanden zu lieben, der dir ins Gesicht spuckt; aber sieh es als eine Aufgabe, als etwas, das du zu lernen hast. Wer nicht lernt, sich vom Negativen frei zu machen, wer sich gestattet zu hassen, der entwickelt sich einfach nicht – so einfach ist das. Wir alle sind auf dem Weg zur Erleuchtung, in meiner Dimension genauso wie in eurer. Die Erde ist wie eine riesige Theaterbühne, auf der sich dieses Stück abspielt. Da gibt es die scheinbar Besseren und die scheinbar Schlechteren, aber es muss doch am Ende auf Liebe hinauslaufen, Liebe zueinander und zu eurer Erde. Alle Wesen haben Bewusstsein und Gefühle, jedes Tier, jedes Insekt, jeder Grashalm. Alles ist von seinem ganz eigenen Bewusstsein erfüllt. Es würde euch Menschen sehr guttun, euch den Gedanken aus dem Kopf zu schlagen, dass sich hier alles um euch dreht und alles andere zweitrangig ist.

Symbole

In einem unserer Gespräche über private Angelegenheiten hast du einmal Symbole erwähnt. Darüber wüsste ich gern mehr.

Die Symbole, ja. Immer wenn du die energetische Ebene wechselst, also beispielsweise am Ende dieser Inkarnation auf der Erde, wählst du dir für die abgeschlossenen Lernschritte ein Symbol. Das Symbol ist eine Art Erinnerungshilfe, es steht für die Erfahrung eines Lebens, insbesondere für bestimmte vorher ausgemachte Themen, die bewältigt worden sind. Wenn beispielsweise Demut für eines deiner Leben thematisiert war und es dir in diesem Leben tatsächlich gelingt, demütig zu werden, wirst du ein entsprechendes Symbol wählen. Es ist ein ganz persönliches und daher selbst gewähltes Zeichen deiner seelischen Entwicklung. Bei den Ratsmitgliedern beispielsweise würdest du eine sehr vielgestaltige Ansammlung von Symbolen finden, alle zu einem einzigen Gebilde zusammengefügt, das sie um den Hals tragen. Daran ist zu erkennen, dass diese Wesen sehr, sehr viel erlebt und bewältigt haben.

So ist es bei dir auch. Dein Symbol ist dein Erinnerungszeichen. Diese Symbole können dir beispielsweise beim Meditieren erscheinen, und du wirst dich dann fragen, was du da siehst. Bei näherem Hinsehen könnte dir auffallen, dass sie mit etwas in anderen Leben Gelerntem zu tun haben – in früheren oder zukünftigen Leben, wie wir manchmal sagen, aber vergiss nicht, dass alle Leben in Wirklichkeit simultan ablaufen. Dein gegenwärtiges Leben ist das, worauf du jetzt ausgerichtet bist, aber während der Meditation hast du Zugang zu Leben, die du als frühere oder künftige Inkarnationen siehst. Beim Lebensrückblick vor dem Eintritt in ein neues Leben bringt die Seele, wenn sie sich für die Planung dieses neuen Lebens an den Rat wendet, die Symbole ihrer früheren Inkarnationen mit, an denen die absolvierten Lektionen zu erkennen sind. Da alle Kommunikationen hier telepathisch ablaufen, weiß der Rat sofort, für was die Symbole stehen, und kann daraus Vorschläge für das nächste Leben ableiten. Der Rat steht für solche Fragen jederzeit zur Verfügung und kann dir sagen, welche Lerninhalte hier sinnvollerweise anzuschließen sind.

Und auch hier gilt wieder: Ein Leben muss nicht zwangsläufig so angelegt sein, dass es direkt an das »vorherige« anschließt. Du kannst für deine Lektionen die Reihenfolge wählen, die dir persönlich günstig oder wünschenswert erscheint. Es gibt natürlich auch sehr schwierige Lektionen, für die du dich auf ein sehr schwieriges Leben einlassen musst. Andere Lektionen brauchen ein eher entspanntes und müheloses Leben. Das erklärt, weshalb manche sich von ihrem Leben völlig überfordert fühlen, während bei anderen alles wie geschmiert läuft und sie kaum auch nur blaue Flecken davontragen. Es richtet sich alles danach, wann du dir im Rahmen deiner spirituellen Evolution welche Lektionen mit welchem Schwierigkeitsgrad vornimmst. Nach etlichen sehr mühsamen Inkarnationen wirst du dir vielleicht eine aussuchen, in der es friedlicher und erholsamer zugeht.

Hier musst du auch noch bedenken, dass nicht alle Inkarnationen auf der Erde stattfinden. Ihr könnt euch, wenn ihr wollt, anderswo inkarnieren, aber die meisten von euch werden in dieser Phase eurer spirituellen Entwicklung zur Erde zurückkehren, da die Erfahrungen, die ihr jetzt im Rahmen des göttlichen Plans wählt, für dieses Sonnensystem spezifisch sind. Die gewählten Lerninhalte und die erreichte Stufe der Seelen-Entwicklung bestimmen also den Ort, an dem sich eure Energie manifestieren wird. Die Dreidimensionalität der Erde ist ideal für die Art von Körperlichkeit, die ihr für diese Stufe eurer Evolution wählt. Auf anderen Planeten gibt es auch physische Körper, sie sind aber wegen der dort herrschenden Bedingungen von anderer Stofflichkeit.

Die Symbole jedenfalls können von vielerlei Art sein. Wenn und falls du dich wegen der Lerninhalte deiner nächsten Inkarnation an den Rat wendest, wirst du dabei auf dein Symbol verweisen. Dein Symbol wird mit der wachsenden Zahl deiner Inkarnationen und der bewältigten Lerninhalte immer komplexer. Es nimmt, so könnte man sagen, eine ganz eigene vielschichtige Persönlichkeit an und ist Ausdruck all dessen, was du gelernt hast. Man trägt es wie ein Medaillon. Ist deine Frage damit beantwortet?

Ja, faszinierend, wenngleich es natürlich eine Reihe neuer Fragen auslöst. Kannst du mir eine Vorstellung geben, wie solch ein Symbol aussehen könnte? Ich vermute, dass es nicht nur gesehen, sondern auf mehreren sinnlichen Ebenen wahrgenommen wird.

Es bleibt jedem Einzelnen überlassen, was die Seele mit etwas Gelerntem assoziiert und deshalb in das Symbol aufnehmen möchte. Du könntest zum Beispiel einen Baum wählen, weil dieses Symbol für dich all das umfasst, was du in diesem abgeschlossenen Leben gelernt hast. Es ist ganz deine Sache, denn es muss ja für dich ein stimmiger Ausdruck sein. Es ist hier aber so, dass die Symbole uns allen etwas sagen, wir verstehen sie, wir erkennen die Evolution jeder Seele an ihren Symbolen. Die Kommunikation mit anderen Seelen in der Heimatdimension läuft wie gesagt telepathisch ab; ihr erkennt und versteht einander mühelos und wisst anhand der Symbole um alles, was ihr im Laufe eurer Evolution gelernt habt. Wir sehen diese Symbole auf eine Art, die man durchaus visuell nennen kann; wir sehen sie wie etwas, das wie ein großes rundes Medaillon um den Hals getragen wird.

Simultane Leben

Ich denke, dass ich den Punkt der Kraft verstanden habe – als Jetzt-Augenblick, in dem wir uns mit ganzer Kraft auf das Positive konzentrieren können. Kannst du etwas dazu sagen, wie sich das auf zukünftige Leben auswirkt?

Ja, ich erkläre es dir. Dein Punkt der Kraft ist die gesamte Energie, die dein gegenwärtiges Leben ausmacht. Wenn du deinen anderen Leben Gedanken der Heilung schickst, wendest du dafür die Energie auf, die dir *jetzt* zur Verfügung steht. In diesen anderen Leben nimmst du nicht bewusst wahr, was du hier und jetzt tust, aber deine Gedanken werden doch auf telepathischem Wege empfangen. Und deine Gedanken der Heilung wirken sich oft auf Entscheidungen aus, die in einem deiner anderen Leben gerade anstehen, sodass sie dort den Gang der Dinge ändern können. Es bleibt zu hoffen, dass die Änderungen dort zum Besseren sind und dazu führen, dass die gewählten Lernaufgaben bewältigt werden.

Übrigens wirkst du in gleicher Weise von dort aus auf deine Erfahrung hier und jetzt ein, das heißt, du schickst dir von anderen Leben aus Gedanken hierher. So kannst du deine gesamte Energieschwingung durch wachsende Bewusstheit höher stimmen und gestaltest deine »zukünftige« Erfahrung. Und die höhere Stimmung deiner eigenen Schwingung beeinflusst dein Umfeld, die Gesellschaft, was letztlich darauf hinausläuft, dass die ganze Erde sich mitsamt ihren Bewohnern in Richtung der neuen Bewusstseinsstufe bewegt.

Du weitest die Licht-Energie der Liebe auf die Zukunft aus, weil du dein Jetzt als Punkt der Kraft nutzt, von dem aus du diese Gedanken aussendest. Aber wie gesagt, eigentlich geht es dabei nicht um zukünftige Leben; deine Leben folgen nicht *zeitlich* aufeinander, sondern gruppieren sich nach den Erfordernissen, die durch deine Seelen-Evolution gegeben sind. Wenn du das ganz verstehen willst, musst du vom Zeit-Denken gänzlich abrücken: Zeit spielt nur eine Rolle, wenn du inkarniert bist. Ich weiß, dass es für dich nicht leicht ist, dir vorzustellen, wie du in allen deinen Leben zugleich sein kannst, aber du hast sie alle gewählt, du hast sie alle so eingerichtet, damit du deine Erfahrungen so machen kannst, wie du möchtest. In der Heimatdimension der Seelen und vielen anderen Dimensionen gibt es keine Zeit im Sinne eurer menschlichen Vorstellung von Zeit.

In jedem einzelnen Leben spielen außerdem viele wahrscheinliche Wirklichkeiten eine Rolle. Deine Gedanken, dein Verhalten und dein Weltbild hier und jetzt beeinflussen alle deine Leben und deine Evolution. In deinen anderen Leben weißt du davon nichts, aber die Wirkung ist trotzdem da, weil in allen deinen Leben ein und dieselbe Energie-Essenz der Seele wirkt, die du bist. Du nimmst deine anderen Leben hier und jetzt nicht bewusst wahr, und in deinen anderen Leben nimmst du dieses jetzige nicht bewusst wahr. Aber die Botschaften gehen doch hin und her und werden unbewusst aufgenommen. Ist das klar genug?

Ja, schon, ich weiß ganz gut, was du meinst, aber vielleicht müssen wir es für unsere Leser doch noch etwas klarer machen. Ist es nicht im Moment besonders wichtig zu verstehen, dass wir von unserem gegenwärtigen Augenblick aus diese vierte Dimension des Friedens erschaffen können, in die wir übergehen werden?

Ja, so ist es. Das Ganze fängt mit euren Gedanken an. Wenn eure Gedanken in Richtung Licht gehen, bekommt die Schwingung der Menschheit und der Erde insgesamt eine höhere Stimmung, sodass euer Planet in seiner Gesamtheit in den Wandel eintritt. Wenn ihr euch zum Licht – zur Erkenntnis, zum Wissen – hin bewegt, wird eure DNA schließlich aus zwölf Strängen bestehen, wie ihr auch zwölf Chakren haben werdet. Die DNA-Evolution wirkt sich auf die zwölf Chakren aus, die sieben des Körpers und die fünf in seiner Umgebung.

Außerdem, wie bereits erläutert, erschaffen die Gedanken und Energien der Menschheit eure gesamte Umwelt mitsamt dem Klima und allem, was ihr darin als Realität wahrnehmt. Wenn die Schwingungsharmonie der Massen zum neuen Bewusstseinsniveau und zum Licht hin strebt, kann sich die Erde mit ihren Bewohnern höher entwickeln. Bewegt ihr euch in Richtung Dunkelheit oder bleibt dort, ist keine Erkenntnis möglich, weil Dunkelheit sie nicht zulässt. Ihr werdet bleiben, wie ihr jetzt seid, oder noch tiefer sinken:

Ihr werdet euch weder körperlich noch spirituell entwickeln. Ihr bleibt in der Dreidimensionalität gefangen.

Die Erde bewegt sich vorwärts, kein rückwärts gerichteter Bewegungsimpuls kann daran etwas ändern. Sie tritt in die nächste Phase ihrer Evolution ein. Wenn ihr euch den dunklen Mächten ergebt, opfert ihr nur die Evolution eurer Seele den Mächten auf, die euch in dem, was ihr wahrhaft seid, beschneiden und unterdrücken wollen. Strebt ihr jedoch nach dem Licht, wird alles Wissen, das immer schon für euch bereitgestanden hat, in euch wach werden. Ihr werdet über vieles Klarheit haben, was euch bisher unbegreiflich erscheint. Von euren Schritten auf das Licht zu hängt sowohl eure körperliche als auch eure seelische Evolution ab.

Jetzt fragst du vielleicht: »Wie kann ich mich denn auf das Licht zu bewegen?« Durch deine Gedanken. Wenn du ständig finstere Gedanken hegst, bleibst du im Dunkeln. Es steht in deiner Macht. Es stand immer schon in deiner Macht. Du kannst die Macht, die du so großzügig anderen Kräften überlassen hast, wieder als deine eigene erkennen und sie für die Evolution deiner Seele einsetzen – das ist der Anfang. Du musst dir die Überzeugungen der Massen, die durch Jahrhunderte systematischer Indoktrination entstanden sind, nicht länger zu eigen machen. Ihr alle fangt jetzt an aufzuwachen, manche schneller, andere langsamer. Wer sich willentlich widersetzt und sich von Habgier und Manipulation noch nicht abwenden möchte, wird in der Dreidimensionalität bleiben – und die, um auch das noch anzumerken, könnte ziemlich ungemütlich werden. Aber nur so lange, bis das Licht gesucht wird. Es geht einfach nicht an, dass die Unbelehrbaren die Menschheit länger manipulieren.

Die Grafik der simultanen Leben

Ich würde gern wissen, was man mit diesem Diagramm [siehe S. 154] machen kann.

Einfach visualisieren. Stell dir eine Art von dir ausgehenden und vor dir ausgebreiteten Fächer vor, während du dich darauf konzentrierst, diesen Leben Energie zu schicken. Mach dir keine Gedanken, ob diese Energie empfangen wird. Du machst es einfach, und dann bist du fertig damit und wendest dich wieder deinem Alltag zu. Es *wird* geschehen, du musst es nur tun. Du stehst Tag und Nacht in telepathischem Austausch mit anderen Anteilen deiner selbst, nur weißt du bewusst nichts davon. Es hat damit noch sehr viel mehr auf sich, aber das ist in der Dreidimensionalität unmöglich zu begreifen, und deshalb habe ich es für meine Leser so einfach wie möglich dargestellt. Das Bild zeigt also dich, wie du anderen Anteilen deiner selbst Energie sendest.

Das kommt auch ins Buch? Toll! Ich bin sicher, dass die Leute etwas Anschauliches, mit dem sie üben können, sehr zu schätzen wissen.

Ganz bestimmt. Du visualisierst dich selbst. In diesem Ich, diesem Punkt der Kraft, bist du jetzt zentriert, und von hier aus kannst du allen deinen anderen Leben heilende Energie schicken. Das wirkt sich auf die Gesamtheit aller deiner Erfahrungen in allen Leben aus, da sie alle miteinander verbunden sind.

Ja, Seth, ich verstehe, schließlich habe ich ja deine früheren Bücher gelesen. Aber wer nur das hier liest, wird sich vielleicht schwertun mit dem Gedanken, dass man sogar an früheren Leben etwas ändern kann. Die Vergangenheit ändern – das klingt unmöglich.

Vergangen ist etwas nur für euch Menschen, und das liegt an eurem linearen Denken und der ganzen Logik dessen, was ihr als Raum-Zeit-Kontinuum empfindet. Ihr seht euch in einem Zeitrahmen, und so glaubt ihr, die Vergangenheit sei vorbei und erledigt. Aber die Vergangenheit ist so wenig erledigt, wie die Zukunft noch aussteht. Sie existieren alle zusammen, sie sind alle *da*. Und Anteile eurer Gesamtenergie leben in all diesen Leben oder leben diese Leben.

Es lässt sich vielleicht so verstehen: Du hast dir ein ganzes Bündel von Lernaufgaben vorgenommen und dafür auch gleich geeignete Umfelder geplant. Du suchst dir ganz unterschiedliche Leben aus und dazu jeweils einen Zeitrahmen, in dem du geboren werden möchtest. Für ein Erdendasein beispielsweise stellst du dich einfach auf diesen Zeithorizont ein und richtest deine Aufmerksamkeit auf dieses bestimmte Leben aus. Ihr alle seid, während wir hier sprechen, auf diesen besonderen Zeithorizont ausgerichtet, auf den jeweiligen Bereich eurer Welterfahrung oder einfach, damit es nicht zu kompliziert wird, auf das, was ihr als die Wirklichkeit eurer Welt wahrnehmt. Ich möchte das hier so einfach wie möglich halten, und der Leser möge bitte versuchen, es genauso simpel aufzufassen.

Du hast also, um eine Zahl zu nennen, zwölf Leben vor dir stehen, und du hast dir gesagt: »Okay, jetzt nehme ich dieses hier. Viele andere Seelen werden ebenfalls in diesen Zeitrahmen gehen, und ich möchte dabei sein. Das ist das Leben, in dem ich lernen werde, was ich mir vorgenommen habe.« Je nachdem, wie weit du in deiner Gesamtevolution schon bist, wirst du in diesem Leben vielleicht von einem höheren Entwicklungsstand aus agieren als andere und kannst dein Wissen einsetzen, um andere in ihrer Entwicklung zu fördern. Weitere von dir gewählte Inkarnationen mit anderen Erfahrungen spielen sich vielleicht in Zeitrahmen ab, die du von hier aus als zurückliegend oder zukünftig betrachten würdest. Die Wahl des jeweiligen Zeitrahmens hängt ganz von deinem Entwicklungsstand ab, von dem aus du beurteilen kannst, was du in dieses Leben mitbringen möchtest.

Und wie gesagt, deine Leben spielen sich nicht nacheinander, sondern simultan ab. Wenn eines dieser Leben seinen Zweck erfüllt hat, löst du deine Aufmerksamkeit von ihm und gehst zurück in deine Heimatdimension, wo du dieses Leben Revue passieren lässt, um zu bestimmen, was dort zu lernen war. Musst du zurück, um dies und das zu wiederholen und zu ergänzen, oder hast du alles Geplante gelernt und erlebt und kannst mit anderen Lernaufgaben in einem anderen Leben und Zeitrahmen auf der Erde oder anderswo fortfahren? Du triffst deine Wahl. Alle Leben sind zugleich da, aber du kannst dich immer nur auf eines konzentrieren und deine Energie darauf sammeln; und das Leben, auf das du überwiegend ausgerichtet bist, ist deshalb dein Punkt der Kraft. Natürlich hast du auch in all den anderen simultanen Leben einen Punkt der Kraft, aber du als Mark in diesem gegenwärtigen Leben hier weißt nichts von ihnen. Du weißt nicht, dass du in diesen anderen Leben ebenfalls bist, weil Mark auf diesen Zeitrahmen hier ausgerichtet ist. Du empfängst von all deinen Ichs in all deinen Leben ständig Gedanken, nur nimmst du es nicht so wahr. Mit den Gedanken, die du jetzt bewusst und gezielt aussendest, möchtest du in diesen anderen Leben bei deinen anderen Ichs etwas ausrichten, nämlich die Gesamtevolution der Seele unterstützen. Ist das verständlich?

Ja, eine sehr eingängige Darstellung.

Gut, dann möchte ich einen Punkt vertiefen, den ich eben nur angedeutet habe: Wenn du dich in deiner Heimatdimension aufhältst und auf den Eintritt in eines deiner Leben vorbereitest, kann dein Lebensrückblick unter Umständen ergeben, dass du aus irgendeinem Grund nicht alles Vorgenommene gelernt hast – etwa wenn du dich durch Selbsttötung aus der Affäre ziehst. Du wirst dann in den gerade verlassenen Zeitrahmen zurückgehen, und zwar ziemlich bald, ohne große Vorbereitung. Selbstmord verstößt nun mal gegen das universale Gesetz, und Ausnahmen sind nur in ganz besonderen Fällen möglich, etwa im Endstadium einer tödlichen Erkrankung. Selbstmord aus anderen Gründen ist nicht zu rechtfertigen, und du würdest direkt in die Zeit, die Umstände und das Glaubenssystem zurückgeboren, aus denen du gerade kommst. Du wirst ein ganz ähnliches Leben vor dir haben wie das, aus dem du dich davongemacht hast, bis das Vorgenommene gelernt und die Abmachung erfüllt ist. Da die Menschheit nicht stehen bleibt, wirst du vielleicht ein bisschen von dem verpassen, was inzwischen passiert ist, aber es werden die gleichen Lerninhalte sein und die wahrgenommene Realität wird im Wesentlichen noch dieselbe sein.

Derzeit sind die Voraussetzungen insofern ein wenig anders, als eure Evolution sich gerade beschleunigt und es sein kann, dass eine weitere Erd-Inkarnation schon von höherer Dimensionalität ist. Die Veränderungen sind wirklich so gravierend, dass viele von euch nicht mehr in eine dreidimensionale Realität zurückkehren werden. Natürlich hängt alles davon ab, wie schnell die Bewohner der Erde ihr Bewusstsein den veränderten Verhältnissen anpassen. Die gewaltigen Energiemengen, die jetzt von den Lichtkräften in eure

Welt geleitet werden, bewirken große Veränderungen, während die Erde den Übergang in die Dimension des geeinten Bewusstseins vollzieht. Viele von euch werden deshalb schon bei ihrer »nächsten« Inkarnation in diese Dimension eintreten. Und viele Seelen, die jetzt unter euch geboren werden, sind bereits bis zu dieser Höhe entwickelt und werden nicht nur andere bei diesem Übergang unterstützen können, sondern auch die Umgestaltung der Zivilisation mittragen. Das mag im Augenblick genügen.

Es wäre für die Leser sicher interessant zu erfahren, wie das abläuft, wohin wir unterwegs sind. Wenn ich dich richtig verstehe, sind wir dabei, uns zu Lichtwesen zu entwickeln – oder greife ich damit zu hoch?

Nein, ihr entwickelt euch zu Lichtwesen. In der vierten Dimension werden eure Körper leichter, ätherischer sein, als sie es jetzt in ihrer dichten Stofflichkeit sind – eben »lichter«, auch im Sinne von Information oder Wissen. Ihr werdet euch aller eurer simultanen Leben und der darin gemachten Erfahrungen bewusst sein, ihr werdet euch an sie erinnern und sie fühlen können. Nicht um sie zu beurteilen natürlich, sondern um sie als das zu erkennen, was sie sind: Lernerfahrungen, die ihr so gewollt habt. Euer spirituelles Wissen ist euch schon viel zu lange vorenthalten worden. Nicht dass ihr es je verloren hättet; aber durch euer kollektives Weltbild, verschlimmert durch eure Kirchen und Regierungen, geriet es in Vergessenheit.

Mir geht es nicht darum, eure Religionen schlecht zu machen; sie haben die Menschheit in mancher Hinsicht gefördert, aber es lässt sich nicht leugnen, dass sie auch der Finsternis Vorschub geleistet haben. Die Ereignisse des 11. September haben ja auch dem Letzten klargemacht, dass die Terroristen ihre Aktionen religiös verbrämen und gern das Wort »Gott« im Munde führen. Das gilt vielfach auch für Regierungsverlautbarungen. Hinter all dem stehen Kräfte der Dunkelheit, die nicht möchten, dass ihr euch an euer angestammtes Wissen erinnert, und deshalb alles daransetzen, euch im Dunkeln zu halten. Sie wissen sehr gut, wie sie eure negativen Regungen dazu benutzen können. Es ist nicht zu übersehen, dass sie die Medien kontrollieren. Unwissentlich und gegen ihren Willen lassen sich viele von dieser Denkweise mitreißen und glauben wirklich, das Richtige zu tun, während sie bei ihrer Berichterstattung in Wahrheit von den Kräften der Finsternis manipuliert werden. Zu viele von euch haben das selbstständige Denken einfach an andere abgegeben, und das beschert euch jeden Tag Massen von Negativmeldungen in den Medien.

Die Chakren und die DNA

Und wenn die Menschen lesen, was du sagst, dann hilft ihnen das, wieder zu sich selbst zu kommen und nach der spirituellen Seite der Dinge zu fragen?

Bücher sind notwendig, weil ihr eine so sprachlich orientierte Spezies seid. Telepathische Kommunikation ist noch nicht in nennenswertem Umfang entwickelt worden. Die gedanklichen Anregungen, die aus Büchern kommen, tragen durchaus zur Öffnung der Chakren bei.

Kannst du dazu noch mehr sagen?

Je mehr Wissen ihr euch aneignet, desto mehr Wissen wird euch zugänglich. Je bewusster euer spirituelles Sein euch wird, desto mehr erinnert ihr euch an euer ureigenes Wissen. Das ist eine Sache der Evolution. In dem Maße, in dem euer spirituelles Wissen euch wirklich zu Eigen wird, kann sich eure Seele entwickeln. Die Evolution eurer DNA steht in direktem Zusammenhang mit der göttlichen Erkenntnis, die euch zuteil wird. In der DNA sind eure Geschichte und der Plan des Universums kodiert. Wenn ihr das euch gegebene Wissen annehmt, evolviert eure DNA und erschließt euch eure vieldimensionale Geschichte. Die Chakren sind energetische Informationszentren und unmittelbar mit der evolvierenden DNA gekoppelt. Die evolvierende DNA regt über das Zentralnervensystem die Chakren an. Sind eure zwölf Chakren angeregt, werdet ihr energetischen Kontakt mit anderen Zwölfergruppen von Chakren aufnehmen können, und das wird die Gesamtschwingung der Menschheit höher stimmen und euch den Schwung für den Übergang in die vierte Dimension geben.

Ich wüsste gern, wie es sich anfühlt, wenn einschränkende Überzeugungen transzendiert werden. Durch göttliche Weisheit wird irgendetwas in den Chakren ausgelöst. Du sagtest, glaube ich, dass wir sie durch die Hypophyse empfangen und dass sie dort übersetzt wird. Kann man das als eine Erfahrung der »Gnade« verstehen oder als »korrektive« emotionale Erfahrung, wie wir in der Psychologie sagen?

Jeder erfährt immer und überall Gnade. Ihr lebt im Stand der Gnade, nur wisst ihr es nicht. Ich bin mir nicht sicher, ob ich selbst von Gnade sprechen würde; ich will versuchen, eine für den Leser verständliche Formulierung zu finden.

Das Wissen beginnt zu fließen und erlaubt eurer Seele immer mehr klare Wahrnehmung. Ihr werdet einfach intuitiver, der Sinn eures Lebens und eurer ganzen Existenz wird euch umso deutlicher, je mehr die Chakren sich öffnen. Und es geht dabei um ein Wissen, das schon seit Jahrmillionen eures ist. Die Wirklichkeit eures vieldimensionalen Ich zeigt sich jetzt, und ihr nehmt sie wahr, ihr könnt sie in ihrer Ganzheit fühlen mit allem, was gut und schlecht daran ist. Die Seele führt in eurer DNA, ja, in der Molekularstruktur eurer Verkörperung stets alle eure Erinnerungen und all euer Wissen mit sich. Im Laufe der jetzt stattfindenden Evolution wird es euch leichtfallen, Zugang zu diesem Wissen zu finden. Euer Gehirn ist ein gigantischer virtueller Computerspeicher, dessen Informationsfülle ihr gerade erst angekratzt habt. Wenn eure DNA voll entwickelt ist, wird euer Gehirn seine Kapazität erst richtig ausschöpfen: Es wird alle seine simultanen Erfahrungen verarbeiten können und sich dem universalen Wissen annähern. Das Wissen ist da, es ist alles in eurer DNA. Eure Wissenschaftler erkennen die Funktionen eures Gehirns noch nicht, und mit der sogenannten nicht kodierenden DNA – die ihr auch einfach »Junk-DNA« nennt, weil ihr solchen DNA-Sequenzen noch keine Funktionen zuweisen könnt – ist es ebenso. Genau diese »Junk-DNA« wird aber während der anstehenden Evolutionsschritte aktiviert. Vieles davon könnt ihr bislang noch nicht feststellen, weil euer wissenschaftliches Instrumentarium nicht fein genug ist.

Im östlichen Denken werden sieben Chakren genannt. Eines befindet sich direkt über dem Kopf und stellt die Verbindung zum Göttlichen her; ein anderes befindet sich unterhalb des unteren Wirbelsäulenendes. Die Wirbelsäule entlang sind sieben Chakren angeordnet. Wie siehst du das?

Es gibt zwölf. Einige kennt ihr heute noch nicht.

Sind alle Chakren mit irgendeinem Teil des menschlichen Körpers assoziiert?

Die ersten sieben sind Punkte im physischen und ätherischen Körper, Zugangspforten, wenn du so willst, durch die Information aufgenommen oder bereitgestellt werden kann. Mit der Evolution der Menschheit zur Dimension des geeinten Bewusstseins, werden alle zwölf zur Verfügung stehen, und die DNA wird dann aus zwölf Strängen statt der bisherigen zwei aufgebaut sein. Wer diese Chakren aktivieren möchte, soll unbedingt meditieren und sich von emotionalem Ballast befreien. Hypnose ist auch eine Möglichkeit, insbesondere für Menschen, die sich mit dem Meditieren schwertun. Irgendwie müsst ihr euch darauf vorbereiten, mit den vielfältigen Erfahrungen, die euch bevorstehen, angst- und urteilsfrei umzugehen.

Die Körper-Chakren sind: Überleben, Sexualität, Emotionalität, Herz, Kehle, Drittes Auge und Kronen- oder Scheitel-Chakra. Dazu die spirituellen Chakren außerhalb des Körpers: Nummer acht befindet sich knapp dreißig Zentimeter und Nummer neun knapp einen Meter über dem Scheitel-Chakra; zehn stellt die Verbindung zum Sonnensystem dar, elf die Verbindung zur Milchstraße und zwölf die Verbindung zu anderen Galaxien, verankert jedoch in eurem Sonnensystem. In späteren Evolutionsschritten wird noch mehr hinzukommen, aber für den anstehenden Schritt braucht ihr nur das, was ich hier genannt habe.

Emotionen und Todesfurcht

Letzte Woche hast du während unserer privaten Sitzung den Zusammenhang zwischen Gefühlen und Krankheiten angesprochen und gesagt, dass Besserung hier in Aussicht ist, wenn unser Gefühlsleben eine »Verfeinerung« erfährt.

Verfeinerte Emotionen, ja, weil ihr dann nicht mehr von einer Grundstimmung der Angst bestimmt sein werdet. Die Angst wird in dieser Phase eurer Seelen-Evolution von euch abfallen. Angst ist die Gefühlsregung, mit der die dunklen Kräfte operieren. Die dunklen Kräfte sähen die Menschheit am liebsten in einem Meer der Angst. Viele, viele Bücher haben inzwischen Licht auf die Evolution der Seele geworfen, und die Angst des Menschen über sein Dasein und den bevorstehenden Tod beginnt sich zu lösen. Es gibt keinen Tod. Einer der ersten und größten Schritte der Menschheit besteht in der Erkenntnis, dass der sogenannte Tod einfach ein energetischer Übergang von einem Zustand der stofflichen Verkörperung in einen subtileren Zustand ist. Du bist jetzt toter als an dem Tag, an dem du stirbst, das heißt, an dem dein Körper seinen Betrieb einstellt. Der Bestand der Menschheit hängt von der Erkenntnis ab, dass ihr in einem friedvollen, harmonischen Umfeld weiterexistieren werdet, denn nur in diesem Wissen werdet ihr auf eurer Erde Frieden schaffen können. Viele Menschen verspüren keine Neigung, erneut auf eure Erde zurückzukehren und sich noch einmal all den Niedrigkeiten und Ängsten auszusetzen, die euer Dasein jetzt noch bestimmen. Aber wie du weißt, habt ihr euch alle diese Leben gewählt, und da wäre es doch sicher wünschenswert, sie in einer friedlichen Atmosphäre zu erleben, anstatt ständig den Kampf um das Überleben des Egos zu führen.

Die dunklen Kräfte haben so lange einen so furchtbaren Einfluss auf euer Denken und euren Körper ausüben können. Sie haben sich alle Mühe gegeben, die natürlichen Heilkräfte, mit denen der Körper ausgestattet ist, zu untergraben. Wenn man dem Körper nicht dreinredet, ist er absolut in der Lage, bestens für sich zu sorgen. Er braucht keine künstlichen Mittel, um ihn in Gang zu bringen; die hindern ihn nur, seine Arbeit zu tun. Er wurde in vollendeter Schönheit konzipiert, als Bereicherung und nicht als Belastung menschlichen Daseins. Er war so gemeint, dass er in seiner Gesamtheit eine zutiefst erfreuliche Erfahrung bietet und so dem Wachstum und der Evolution der Seele dienen kann.

Wird es im Buch eine Übung zur Bewältigung von Ärger geben?

Ärger, Zorn, Wut – das sind ganz natürliche Regungen. Lässt man sie einfach leben, ohne ihnen Gewalt anzutun, dann verfliegen sie von selbst wieder. Du musst deinen Ärger schon leben, um die auslösenden Energien freizusetzen, aber die Freisetzung muss natürlich ohne Verletzung anderer geschehen. Frag dich, woher der Ärger kam. Wie sah die Überzeugung aus, der zufolge du von dem oder den anderen ein bestimmtes Verhalten erwarten zu können glaubtest und dich nun, da dieses Verhalten ausblieb, zu Verärgerung berechtigt fühlst? Könnte es sein, dass du dir ein Realitätsverständnis zurechtgelegt hast, das sich nun als nicht stimmig und daher ärgerlich erweist? Ist es in solchen Fällen nicht einfach so, dass du halt nicht bekommst, was du erwartest, und dann um dich schlägst, weil du deinen Kopf nicht durchsetzen kannst? Die Menschen mögen sich einfach nicht deinem Realitätsverständnis fügen, und du brockst dir deine Verärgerung selber ein. Es ist in Ordnung, deine Wirklichkeit so wahrzunehmen, wie du sie nun mal wahrnimmst, aber gesteh dasselbe auch anderen zu. Wenn ihr das alle tun würdet, ohne die Dinge ständig mit euren Erwartungen zu befrachten, würdet ihr euch alle miteinander wesentlich besser fühlen. Ihr würdet einfach das nehmen, was zu haben ist, und euch daran freuen und weiterziehen.

Gut, dann wird es also eine Übung zum »Ärger-Management« geben?

Wenn du unbedingt willst.

Es ist ja nur, weil ich auf der Fahrt in die Praxis immer ein bisschen genervt bin.

Und da brauchst du ein kleines Werkzeug, das du immer bei dir haben kannst.

Genau. Und andere werden das sicher auch begrüßen. Seit dem 11. September mehr denn je ... wir fahren so schnell aus der Haut ... Ärger, Angst, Rassismus – was kannst du sonst noch dazu sagen?

Dazu habe ich schon einiges gesagt, aber es lässt sich natürlich noch vertiefen, wenn du möchtest. Rassen ... das sind Hautfarben, verschiedene Pigmentierungen, die sich aufgrund der klimatischen Bedingungen notwendigerweise entwickelt haben – wir sprachen bereits darüber. Gestern war die Rede von der Freiheit des Willens und des Denkens, die unterschiedliche Ideen entstehen ließ und damit Kulturen hervorbrachte, die sich ausbreiteten und im Zuge ihrer Ausbreitung Abwandlungen erfuhren, je nach den Bedürfnissen der jeweils Mächtigen. Soll ich das noch weiter vertiefen?

Nein, ich glaube, das ist nicht nötig. Ich will nur sehen, was alles in unserem Buch vorkommen wird.

Das Buch wird davon ganz ausführlich handeln. Ihr habt überall auf der Welt euren jeweiligen Volks- oder Massenglauben, der euch wie in Stein gehauen erscheint. Der Glaube wird von jeder Generation als »die Wahrheit« an die nächste weitergereicht, und schon die Frage, wo er überhaupt herkommt, erscheint abwegig. Niemand wagt je zu sagen: »Warte mal … wieso eigentlich?« Die Menschheit erwacht jetzt, und damit kommen auch die Fragen. Ihr lernt, dass die Macht bei euch selbst liegt, nicht bei anderen. Wer bei dem Glauben bleibt, die Macht müssen an andere abgegeben werden, tut nichts für die Evolution seiner Seele, sondern überlässt lediglich anderen, was eigentlich sein rechtmäßiges Eigentum ist.

Noch einmal: Kommunikation zwischen Leben und Lebensabschnitten

Wie kann man früheren Abschnitten des jetzigen Lebens Energie senden? Die Vergangenheit heilen – dazu würde ich gern mehr hören.

Du meinst die Vergangenheit dieses Lebens, zum Beispiel deine Kindheit?

Ja.

Es spielt keine Rolle, wo das im Raum-Zeit-Kontinuum, das es ohnehin nur auf der stofflichen Ebene gibt, angesiedelt ist. Mit der Gegenwart ist es nicht anders, du bist in diesem Augenblick im Jetzt. Es gibt keine Vergangenheit, es gibt keine Zukunft, in diesem Augenblick ist nur JETZT. Und was du jetzt tust, erschafft das, was ihr Vergangenheit und Zukunft nennt. Jeder Anteil deiner selbst – vergangen, gegenwärtig oder zukünftig – empfängt das, was du jetzt aussendest. Wenn du von deinem jetzigen Punkt der Kraft aus beispielsweise an deine Kindheit denkst, wirkt sich das auf deine Kindheit aus! Was du in deiner Kindheit erlebt hast, kann nicht wieder gelöscht werden, aber die Botschaft wird dort trotzdem empfangen. Sende zum Beispiel liebevolle, spirituelle Gedanken, wohlwollende, fördernde Gedanken für deine psychischen Fähigkeiten, deine geistige Stabilität, und all das wird empfangen. »Dort« merkt dein Ich nichts davon, dass solche Gedanken kommen, aber es empfängt sie doch. Genauso senden deine »zukünftigen« Ich-Anteile Botschaften an dich, der du jetzt hier sitzt und nichts davon merkst; für die »Vergangenheit« gilt dasselbe. Die bloße Vorstellung, dass du alle deine simultanen Leben visualisierst und ihnen gute Gedanken schickst, genügt, die Botschaft zu übermitteln und Veränderungen zu bewirken. Die Information wird überall aufgenommen, auch wenn du in allen diesen Leben nichts davon merkst. Einerlei, ob du den Vorgang verstehst oder nicht: Du schließt die Augen und visualisierst diesen Fächer deiner Leben, den ich gezeichnet habe, und sendest allen deinen simultanen Leben Energie. Der Gedanke und die Vorstellung reichen völlig aus.

In der dreidimensionalen Wirklichkeit muss euch das teilweise unverständlich bleiben. Deshalb habe ich es so simpel wie möglich formuliert: einfach ein Gedanke, eine visuelle

Vorstellung, die irgendwie in diesen Leben landet. Die meisten von euch wissen ja nichts von diesen anderen Leben, aber die Imagination fördert vielleicht doch etwas zutage. Eure Imagination weiß mitunter durchaus etwas über »frühere« Leben und kann hier die Führung übernehmen, ohne dass ihr viel davon versteht. Gibt das ein bisschen mehr Klarheit?

Ja, ganz bestimmt.

Wunder der vierten Dimension

Du hast einmal über gesellschaftliche Veränderungen gesprochen, die auch mit neuen Energiequellen und zum Beispiel anderen Transportmitteln zu tun haben. Wenn ich mir unsere Grundlagenforschung und die technische Umsetzung in den verschiedenen Anwendungsbereichen ansehe, kommt es mir so vor, als könnten all die Wissenschaftler und Ingenieure gewaltige Durchbrüche auf allen Gebieten erzielen, wenn sie deinen Aussagen einmal nachgehen würden. Steht so etwas in den nächsten Jahren bevor?

Ja, irgendwann. Sprechen wir von der vierten Dimension. Auf dem Weg der Menschheit in die Dimension des geeinten Bewusstseins werden viele eurer Fähigkeiten eine enorme Steigerung erfahren. Das geschieht im Verlauf dieses Prozesses auf ganz natürliche Weise. Ihr werdet eure eigene Energie und die Kraft eures eigenen Denkens verstehen lernen, ihr werdet diese Energie anwenden und zur Veränderung eures Denkens, aber auch eurer Umwelt nutzen.

Das ist bis jetzt noch nicht geschehen, weil es in der Dreidimensionalität immer Leute gibt, die solche Kenntnisse und

Fähigkeiten missbrauchen würden. Solches Wissen wir erst zugänglich, wenn man sein Denken in Ordnung gebracht und den Übergang vollzogen hat. Es ist alles sehr einfach und wird schnell zum geistigen Gemeingut werden, wenn ihr euch weit genug bewegt habt. In eurer dreidimensionalen Wirklichkeit sind diese Dinge schwer verständlich, aber die Mehrheit von euch wird ja nicht ewig in dieser Dreidimensionalität bleiben. Insgesamt bewegt ihr euch eindeutig auf die vierte Dimension des Friedens zu. Die Lichtwesen setzen alles daran, die Menschheit auf ihr Energiefeld aufmerksam zu machen, denn wenn es dazu kommt, wird eure Schwingung eine höhere Stimmung bekommen, sodass der Übergang beginnen kann.

Kristalle sind hoch effektive Energieakkumulatoren und werden eine tragende Rolle für die Energieversorgung spielen, aber die Technologie wird euch erst zugänglich sein, wenn ihr euer Denken von seinen unerfreulichen Schlacken befreit habt. Nach dem Übergang ins vierdimensionale Bewusstsein werden euch weitere Formen frei verfügbarer Energie zugänglich werden. Die Erde kann den Energiebedarf für eure primitiven Fortbewegungsmethoden nicht länger decken.

Sind das Kristalle, die hier auf der Erde natürlich vorkommen?

Ja, und diese Kristalle können die Energie der Sonne, aber auch die Energien der Lebewesen einfangen und bereitstellen. Aber ihr werdet sie erst in der Vierdimensionalität sehen und finden.

Kann man sich das wie bei einem Schamanen vorstellen, der Kristalle benutzt, um Menschen zu heilen oder ihnen zu helfen?

Das ist eine etwas primitivere Anwendungsweise. Trotzdem, ja, es gibt Übereinstimmungen. In der Zukunft werden die Kristalle unvergleichlich größer sein und gewaltige Energiemengen binden können, die über Gitternetze überallhin geleitet werden, wo Bedarf ist.

Das klingt nach der sagenhaften Technologie von Atlantis, über die in der esoterischen Literatur viel geschrieben wird.

Es ist die »Zukunft« eurer Welt. Stell dir diese Kristalle als gigantische Monolithe vor. Energie kann in ihnen akkumuliert und dann gezielt verteilt werden.

Die Riesenkristalle sind Energiesender, und die Leute werden die Energie zu Hause über irgendwelche Empfänger abrufen können?

Die Kristalle sind dazu da, Energie einzufangen und zu akkumulieren. Es gibt sie in verschiedenen Größen. Die größten von ihnen können wirklich gigantische Energiemengen bereitstellen. Kleinere dienen für Vorrichtungen und Gerätschaften in eurem unmittelbaren Lebensumfeld. Noch einmal: Sie sind jetzt noch unsichtbar für euch, aber ihr werdet sie sehen und anwenden können, wenn ihr den Übergang in die vierte Dimension vollzogen habt.

Heilen im Einklang mit der Natur

Cas und ich haben uns eben über Veränderungen auf dem Gesundheitssektor unterhalten. Die Menschen sind mit der Schulmedizin nicht mehr zufrieden, sie wollen nicht einfach nur Medikamente einnehmen. Sie suchen Alternativen, sie kehren zur Naturheilkunde zurück. Ist das die Richtung, die wir nehmen werden?

Allerdings. Pharmazeutische Medikamente behindern die natürlichen Selbstheilungskräfte des Körpers. Sie maskieren das Problem nur. Sie können es nicht bereinigen. Aber wir sprechen hier nicht nur über Medikamente. Die Grundüberzeugungen der Menschen werden sich ändern, und dann werdet ihr nicht mehr auf Mittelchen aus sein, ihr werdet nicht mehr anstehen, um die neueste Wunderkur zu erwerben, weil ihr einfach wisst, dass die Heilung in euren eigenen Händen liegt und niemals durch Mittel zu bewerkstelligen ist. Kein einziges Medikament in eurer Welt bewirkt tatsächlich eine Kur. Sie überdecken alle nur Symptome, und das geht immer nur eine Zeit lang, bis dann neue Symptome auftauchen und neue Medikamente gegeben werden müssen und so weiter – ein Karussell.

Das alles wird nicht mehr nötig sein, wenn die Menschheit in die vierte Dimension aufgebrochen ist. Ein Menschenleben kann dann bis zu zweihundert Jahre dauern, sofern es nicht durch irgendeinen Unfall vorzeitig beendet wird. Gleichzeitig werdet ihr aber nicht mehr so viele Nachkommen zeugen, um die Erde nicht durch allzu große Bevölkerungsdichte unnötig zu belasten. Schuldgefühle im Zusammenhang mit eurer Sexualität wird es nicht mehr geben, die religiöse Indoktrination zu Fragen der Geburtenregelung wird überwunden sein. Die Erde wächst aus der dreidimensionalen Wirklichkeit heraus, und so manche eurer uralten Gewohnheiten und Überzeugungen werden sich als entbehrlich erweisen.

Die nähere Zukunft

Bist du in der Lage, konkret über Ereignisse der Zukunft zu sprechen?

Wenn ich dieses Buch diktiere, muss ich vieles weglassen. Es wird trotzdem vieles zur Lage eurer Welt zu sagen haben. Ich habe das Gesetz der Nichteinmischung zu beachten, aber ich will auch nicht, dass das Buch wie eine Botschaft aus dem Weltall klingt. Weltall – da sind wir nämlich alle. Ihr Menschen versteht das noch nicht, deshalb kann ich dazu jetzt – leider – noch nicht allzu viel sagen. Viele eurer Gebäude, vor allem die ältesten, rühren von Erinnerungen an andere Dimensionen her. Das gilt für viele griechische Tempel, die Pyramiden und anderes. Hier sind sehr, sehr alte Erinnerungen durchgeschlagen und auf der Erde nachgebildet worden. Und manche dieser Bauwerke, etwa die Pyramiden, haben besondere Funktionen im Hinblick auf eure Evolution. Ich werde das irgendwann in der Zukunft vertiefen.

Der Mensch nutzt nur einen geringen Anteil seiner Fähigkeiten für sein schöpferisches Tun auf der Erde, aber ihr *seid* Schöpfer, ihr erschafft ständig, und das wird immer so sein. Ich habe hier wieder »der Mensch« gesagt, weil das eurem Weltbild entspricht und ihr nach wie vor Wert auf die Betonung von Unterschieden legt. Ich halte mich einstweilen noch an eure Sprachkonventionen, da mir klar ist, dass sich eure Anschauungen nicht über Nacht ändern werden. Es wird ein langsamer Prozess sein. Wir bleiben also mit Rücksicht auf eure Ansichten bei diesen Ausdrücken – die nicht meine sind, denn mir ist klar, dass es keine Unterschiede gibt. Männlich oder weiblich ist ohne Bedeutung. Ihr seid Seelen, und die Seele hat kein Geschlecht. Der Körper ist lediglich ein Medium des Ausdrucks und der Kommunikation, das ihr euch zur Erfahrung eurer Leben gewählt habt.

Ein langsamer Prozess, sagst du?

Ja, langsam im Rahmen eures Zeitverständnisses, in dem die Dinge nicht über Nacht geschehen. Eure spirituelle Evolution hat sich jetzt stark beschleunigt, jeden Tag wird euch die wahre Natur eures Daseins etwas bewusster. So etwas hat es in den Jahrmillionen eurer Evolution nie zuvor gegeben. Die Beschleunigung ist notwendig, damit ihr alle die vierte Dimension erreichen könnt. Hier und jetzt seht ihr in eurem einundzwanzigsten Jahrhundert, wohin das führt: Die Menschen sind bereit, etwas über sich zu erfahren, sie sind aufgeschlossener als jemals zuvor. Ihr bewegt euch in die richtige Richtung, und wir sind froh, weil wir sehen, dass unsere Bemühungen nicht umsonst waren. Euch stehen nicht Hölle und Verdammnis bevor, und nur wenige werden sich dem Übergang in die Dimension des geeinten Bewusstseins verweigern. Niemand kann ihnen helfen, nichts kann sie dazu bewegen, in Richtung Licht zu gehen – jetzt noch nicht. Sie klammern sich an den alten Materialismus, als ginge es um ihr Leben, aber es wird ihnen nicht viel Leben bleiben, wenn die Erde sich mit ihren Bewohnern in die vierte Dimension aufgemacht hat und sie in der schnöden Materialität des Dreidimensionalen und aller damit verbundenen Niedrigkeit und Angst zurückbleiben. Die allermeisten Menschen bewegen sich, während wir hier miteinander reden, in die richtige Richtung, ob es ihnen bewusst ist oder nicht.

Du persönlich weißt, Mark, dass du Gedanken von mir empfangen kannst. Du spürst, wie diese Gedanken zu dir kommen. Alle anderen Menschen empfangen ebenfalls Gedanken, und manche merken es, andere nicht. Die allermeisten fangen gerade erst an aufzuwachen. Sie spüren, dass irgendetwas ihre alten Überzeugungen verändert. Sie wissen nicht recht, was das ist, aber sie merken, dass etwas sich ändert. Viele von meiner Art bemühen sich gegenwärtig sehr intensiv um die Menschheit, weil wir alle an der Erschaffung und Erhaltung eurer so wunderschönen Erde beteiligt gewesen sind und nicht erleben wollen, wie sie mit Atombomben zerstört wird. Das ist nämlich immer noch die größte Bedrohung – neben eurem unglaublich schlechten Umgang mit den Ökosystemen der Erde, die bekanntlich zur Stabilisierung des Ganzen so eingerichtet wurden, wie sie sind.

Könntest du in dem Zusammenhang etwas über Erdbeben sagen? Sind das die kleinen Denkzettel, die die Erde ihren Bewohnern zukommen lässt?

Die Erde zuckt nur ein bisschen mit ihrer Haut. Ja, nehmt es als sanfte Warnung, dass sie keine Lust hat, sich noch länger so schlecht behandeln zu lassen.

Sind für die nahe Zukunft auch schon strengere Verweise in Sicht?

Wiederum, Mark, das Gesetz der Nichteinmischung verbietet mir, etwas darüber zu sagen. Und selbst wenn ich etwas kommen sehe, handelt es sich ja nur um eine wahrscheinliche Wirklichkeit. Nimm Kalifornien mit seiner aktiven Bruchlinie; es ist abzusehen, dass es hier immer wieder zu Erdbeben kommen wird, und meist in einer bestimmten Zeit des Jahres. Es herrscht nämlich der Glaube, dass es besonders nach Regenperioden zu Erdstößen kommt – und so ist es dann auch, weil alle damit rechnen. Das große Beben im April 1906 hinterließ im Bewusstsein der Kalifornier den Verdacht, dass es vor allem im Frühjahr zu Erdbeben kommt. Dieser Glaube besteht nun schon eine ganze Weile und kann sich auch kaum noch ändern, da er die Erdbeben hervorruft und sich praktisch selbst bestätigt und verstärkt. Dann ergreifen natürlich auch noch eure ach so kenntnisreichen Wissenschaftler das Wort und bringen ihre eigenen Deutungen ein, die nur dazu taugen, die Erwartung des nächsten Bebens zu schüren. Sieh dir das letzte große Erdbeben in Kalifornien an, das Loma-Prieta-Beben, und du wirst mühelos erkennen, dass es lange vor seinem Eintreten »geplant« war. Die Medien wurden nicht müde zu verkünden, dass jeden Tag mit dem »Big One« zu rechnen sei. Die Leute haben das geglaubt und das Beben regelrecht manifestiert. Und es könnte weitere geben, je nachdem, was die Medien euch in den Kopf setzen. Und die Erde selbst möchte natürlich auch für sich sorgen; deshalb gibt sie manchmal Hinweise, die euch auffordern, mit der Zerstörung ihrer Schutzhüllen aufzuhören. Bei vielen Erdbeben spielt eine dieser beiden Ursachen eine Rolle, manchmal sind es auch beide zusammen, je nach Lage und je nachdem, was die Medien euch gerade einimpfen.

Die Namen Gottes

Gott hat so viele Namen – wie wirst du im Buch von ihm sprechen?

In dem Ausdruck »Alles-Was-Ist« sind alle diesen Namen enthalten, das möchte ich sehr deutlich hervorheben. Meine Leser mögen davon ausgehen, dass ihre jeweilige Gottesvorstellung und der Name, den sie ihm oder ihr geben, mit »Alles-Was-Ist« angesprochen und gemeint ist. Alles-Was-Ist ist eine unerschöpfliche Energiequelle. Diese unvorstellbare Energiemenge könnte sich unmöglich in einer einzigen Lebensform manifestieren, nicht eine Minute lang. Ihr alle seid – nein, wir alle sind – Ausläufer von Allem-Was-Ist, da wir alle aus dieser einen Energiequelle schöpfen, um unser Leben zu leben, und indem wir uns entwickeln, entwickelt sich auch Alles-Was-Ist. Jeder Gedanke, jede Handlung, jedes Gefühl, jede Situation, jeder Augenblick in Zeit und Raum bedeutet für jeden Menschen etwas anderes. Keine zwei Wesen werden je dieselbe Situation genau gleich erleben. Aber Alles-Was-Ist erlebt alles, was es hervorgebracht hat, auf jede nur mögliche Weise und erweitert damit seinen wie euren Horizont. Alles-Was-Ist erweitert und vertieft unaufhörlich die Erfahrung und Erkenntnis seiner selbst, und es tut dies durch die Existenz aller Seelen in all den unzähligen Galaxien und Universen in der Endlosigkeit des Raums.

Angst und Liebe

Kannst du noch etwas mehr über Ängste sagen, insbesondere im Zusammenhang mit unserer Vorstellung vom Tod?

Wenn du es einmal genau betrachtest, haben sämtliche Probleme in eurer Gesellschaft mit Ängsten zu tun, nicht zuletzt mit der Furcht vor dem Unbekannten. Für die Evolution der Menschheit und die Überwindung eurer Ängste wäre es gut, wenn ihr einwilligen würdet, euer Bewusstsein zu erweitern und die wahre Natur eures Daseins zu erkennen, vor allem im Hinblick auf den Tod beziehungsweise eure Vorstellung davon. Es ist sicher nicht einfach, den Bann der religiösen Dogmen zu brechen, die euch so nachdrücklich eingetrichtert worden sind, aber ihr müsst zumindest einige dieser überholten Glaubenssätze hinter euch lassen, sonst werdet ihr kaum den Schritt in die nächste Dimension tun können.

Die Terrorisierung der Menschheit hat viele Formen und Verkleidungen. Aber eines haben doch alle Formen gemeinsam: Sie bedienen sich eurer Ängste, vor allem eurer Angst vor dem Tod. Dabei müsstet ihr den Tod gar nicht so sehr fürchten; wirklich, das Trauma der Geburt ist größer als das eures Todes. Akzeptiert die Wirklichkeit eurer Seele und geht einfach weiter. Ich kann kaum oft genug wiederholen, dass der Tod nichts Endgültiges ist und überhaupt nicht eurer Vorstellung entspricht. Jeder von euch muss die Herrschaft über sein Leben, die nur ihm selbst zusteht, wieder an sich nehmen, anstatt anderen die Entscheidung über sein Leben zu überlassen. Jeder lebt sein ganz einzigartiges Leben ausschließlich zum Zweck der Evolution seiner Seele. Aber bis jetzt habt ihr euch an den Ideen anderer orientiert, ohne sie auch nur zu hinterfragen.

In den heiligen Schriften des Christentums ist von Reinkarnation überhaupt nicht die Rede, weshalb viele von euch gar nicht in der Lage sind, die Endgültigkeit des Todes zu bezweifeln. Aber diese Texte wurden von Menschen verfasst und viele Male von Menschen umgeschrieben. Nicht Jesus, einer der aufgestiegenen Meister, der Körper und Geist mit der Christus-Wesenheit teilte, schrieb die Texte des Neuen Testaments; sie wurden von anderen verfasst, und jeder von ihnen hat den Ereignissen die Deutung gegeben, die ihm angebracht erschien. Und ihr glaubt immer noch, dass Gottes Sohn durch diese Leute zu euch spricht. Dabei ist längst nicht alles, was die Christus-Wesenheit in die Welt getragen hat, in euren kanonischen Schriften enthalten.

Aber zurück zur Angst: Die negativen Kräfte schlachten die Ängste der Menschheit weidlich aus. Und was sie an Unheil und Verwirrung stiften, versorgt sie wieder reichlich mit negativen Energien, durch die sie wachsen und gedeihen. Ihr könnt sie sehr schnell entmachten, wenn ihr ihnen das, was sie euch bieten, gar nicht erst abkauft. Du wirst sagen: »Das ist nicht so leicht, denn dieser Körper hat seine biologischen Schutzmechanismen, die schwer auszuschalten sind, wenn die Person sich bedroht sieht.« Wenn du in der Lage bist, dir klarzumachen, dass die Lage doch nicht gar so bedrohlich ist, hast du einen viel besseren Ausgangspunkt, um dich ohne Angst der Situation zu stellen und deine Überlebensinstinkte effektiv ins Spiel zu bringen. Und für den Fall, dass du nicht überlebst, sondern diesen Körper ablegst, kannst du dir sagen, dass du es selbst so geplant hast, dass sich hier eine der vielen Wahrscheinlichkeiten deines Todes verwirklicht hat. Eine dieser Wahrscheinlichkeiten wählst du schließlich, und das ist dann der Tod, den du erleben wirst.

Ihr alle seid in eurem Leben immer wieder an Punkte gekommen, wo solch ein wahrscheinlicher Tod hätte eintreten können, ihr euch jedoch anders entschieden habt. Wenn ihr bereit seid, wählt ihr euren Tod, und solange ihr nicht bereit seid, überlebt ihr alle Situationen. Manchmal seid ihr dem Tod sehr nahe, aber gerade in dieser Situation ist dann vielleicht etwas Wichtiges zu lernen. Manchmal erfährt euer Leben dann eine im körperlichen, geistigen, seelischen oder spirituellen Sinne entscheidende Wende und verläuft von da an ganz anders.

Es kann auch sein, dass du sagst: »Dieser Mensch, den ich sehr geliebt habe, war aber nicht bereit! Er stand voll im Leben, er war glücklich.« Ja, das kommt vor. Aber vielleicht blickst du dann ein bisschen weiter und siehst, dass dieser

Mensch starb, damit du in eine Lage kommst, in der du spürst, dass du lernen und reifen musst. Da hilft es dir, wenn du verstanden hast, dass alle diese wahrscheinlichen Leben ganz am »Anfang« in die Wege geleitet wurden, nämlich bei den Absprachen mit all den anderen Seelen, die sich immer zusammen mit dir inkarnieren. Wer das versteht, kann viel leichter loslassen, wenn es an der Zeit ist. Und er wird in vollen Zügen leben, er wird all die kleinen Freuden des Lebens genießen, die ihr euch sonst aufgrund eurer Ängste leider versagt. Leider, weil aus all diesen schönen Dingen so viel zu lernen ist, was der Evolution eurer Seele dienen würde.

Wenn du dir gestattest, das Wesen deiner Seele als Wirklichkeit zu erkennen und anzunehmen, wirst du sehen, dass Terroristen keine Macht mehr haben. Du hast sie ihnen genommen, weil du dich nicht der Angst ergeben hast. Die dunklen Mächte kämpfen schon lange darum, die Erde zu ihrem Stützpunkt zu machen. Aber die Lichtwesen werden das nicht zulassen, denn die Erde war nie als Basis für die dunklen Kräfte gedacht. Jetzt bewegt sich die Erde insgesamt aus der Dreidimensionalität heraus, und in ihrer neuen Dimension werden sich die dunklen Kräfte nicht halten können. Der Prozess ihrer Abkapselung in ihre eigene Dimension ist bereits im Gang. Zurzeit üben sie jedoch noch Einfluss auf euch aus. Und wenn ihr ihnen gestattet, euer Denken zu manipulieren und Ängste und andere ungute Regungen zu erzeugen, ernährt und versorgt ihr sie mit allem, was sie sich nur wünschen können.

Ihr Sieg wäre es, wenn es ihnen gelänge, Hoffnung und Liebe im Menschen abzutöten. Umfangt die Angst mit Liebe zueinander und zur Erde mit allen Lebewesen, und ihr werdet sie entmachtet haben. Sie werden die Welt nicht mehr terrorisieren können, sobald die Welt sie nicht mehr fürchtet, sobald ihr das Geschick eurer Seele selbst in die Hand nehmt und den Übergang in die vierte Dimension vollzieht. Dabei könnt ihr euch der Mittel bedienen, die ich euch in diesem Buch an die Hand gebe. Eure Regierungen und Medien müssen eure Kommunikationsmittel künftig für die Menschen und nicht zur Versorgung der dunklen Kräfte benutzen. Ihr könnt das alles ganz leicht ändern, wenn ihr zusammenkommt und mit *einer* Stimme sprecht und die dunklen Kräfte klar als das benennt, was sie sind. Dabei wird jeder Einzelne von euch seine Schwingung anheben und in Licht und grenzenlose Erkenntnis eintauchen.

Gut und Böse

Seth, was denkst du über unsere Vorstellungen von Gut und Böse? Manche halten ja alle für böse, die anders denken als sie. Was hältst du davon?

Ja, ihr alle seht dies als gut und jenes als böse, aber Gut und Böse gibt es in Wirklichkeit nicht. Gut und Böse sind einfach Erfahrungen, oft genug fehlgeleitete Erfahrungen, aber doch Erfahrungen, ein Gefüge von negativen und positiven Kräften, das insgesamt der Evolution der Seele dient. Aber betrachte eure Vorstellungen vom Bösen, und du wirst einen gemeinsamen Nenner finden: Es geht immer um negative Kräfte, die das Bewusstsein der Menschen kontrollieren möchten. Sie gehören zwar wie gesagt zum Kräftespiel auf eurem Planeten, aber sie haben sich verselbstständigt und gehen jetzt *gegen* den göttlichen Plan des Schöpfers. Sie haben euch zu Sklaven des materialistischen Denkens mit all seinem Drum und Dran gemacht. Die Bewohner reicher und mächtiger

Länder haben sich ihren Konsumbedürfnissen ergeben und das, worauf die Seele eigentlich aus ist, vergessen.

Die negativen Kräfte in eurer Welt werden kein Mittel scheuen, um den Übergang der Erde in die vierte Dimension des Friedens zu verhindern, aber der Schöpfer wird das nicht zulassen. Eben jetzt bemühen sie sich, überall in der Welt kleinere Kriegsherde zu entfachen. Und daneben besteht eines ihrer Hauptziele darin, die ärmeren Länder immer mehr unter das Joch politischer und wirtschaftlicher Ausbeutungsinteressen zu bringen. Es ist höchste Zeit, dass ihr euch das genauer anseht und bei eurer politischen Führung echte Hilfe für diese unter wirtschaftlicher Ausbeutung leidenden und zunehmend vom Terrorismus unterwanderten Länder einfordert und durchsetzt. Wer das Offensichtliche nicht sieht, der *will* es nicht sehen. Aber wie wollt ihr euch entwickeln, wenn ihr die Augen schließt?

Es steht euch frei, euch weiterhin aus allem herauszuhalten und den dunklen Kräften das Feld zu überlassen oder Stellung zu beziehen, für die Rechte der Menschheit einzutreten und euren Brüdern und Schwestern jetzt zu helfen. Wie ich schon sagte, wir werden uns einschalten, wenn es notwendig wird, aber wir sind dabei an strikte Regeln gebunden. Das universale Gesetz erlaubt uns zwar in bestimmten Situationen zu intervenieren, aber solche Fälle werden sehr genau und kritisch beobachtet. Glaubt nicht, dass wir einfach auftauchen und euch raushauen werden, das müsst ihr schon selber tun. Wir werden nicht zulassen, dass die Erde zerstört wird, aber eure Lektionen müsst ihr einer wie der andere selbst lernen.

Es ist nicht auszuschließen, dass in naher Zukunft bis zu dreißig Millionen von euch untergehen. Das gehört, falls es geschieht, zu den wahrscheinlichen Wirklichkeiten, die von eurem eigenen Tun abhängen. Und es wird eine Lernerfahrung für die gesamte Menschheit sein, der nächste Weckruf, die nächste Aufforderung, euer Bewusstsein wieder an der wahren Wirklichkeit zu orientieren. Es ist in der Geschichte des Planeten Erde eine Zeit der Entscheidung. Eure Wirklichkeit, wie ihr sie bis jetzt gekannt habt, geht ihrem Ende entgegen. Ihr habt es als Einzelne und als Menschheit in der Hand, ob es ein friedvoller Übergang wird oder nicht. Bringt eure Gedanken und Überzeugungen in Übereinstimmung mit der wahren Natur der Seele, die ihr seid, und es wird so sein. Separiert euch nicht länger, sondern richtet euch auf ein friedliches Zusammenleben mit allen Menschen aus, und es wird so sein. Ihr alle in den Ländern der Macht und des Reichtums, seht zu, dass ihr die Güter eurer Erde mit den Ländern teilt, die wenig oder nichts haben, anstatt alles rücksichtslos an euch zu reißen. Und fangt endlich an, eurer Umwelt die Ströme von giftigen Chemikalien und strahlenden Substanzen zu ersparen, die ihr alle selbst in Gang gesetzt habt. Es ist so wichtig für euer Leben und Überleben. Gibt es dazu noch Fragen?

Oh, Fragen habe ich immer.

Es ist schon traurig zu sehen, was ihr Menschen einander antut. Es besteht keinerlei Anlass oder Notwendigkeit dazu.

Tja, Menschen ändern sich wohl manchmal erst, wenn die Angst groß genug wird.

Allerdings. Und immer wieder. Aber es geht wirklich nicht darum, der Menschheit Angst einzujagen; ich möchte zum Nachdenken anregen, damit mehr Bewusstsein entsteht. Solange euer Denken nicht mit dem Willen des Schöpfers im

Einklang ist, richtet ihr gegen die negativen Trends dieser Zeit wenig aus, und mit der Entwicklung eurer Seele zur nächsten Dimension hin ist es dann auch nicht weit her.

Muss es erst um Kopf und Kragen gehen, bevor Menschen sich ernsthaft auf Veränderungen einlassen?

Das versuche ich zu vermeiden und gebe deshalb Anstöße, den Tod und seine Bedeutung neu zu sehen und zu akzeptieren und das alte Weltbild überhaupt abzulegen. Gedanken besitzen so viel Macht, und bis jetzt kommt die Botschaft noch nicht recht bei euch an. Eure negativen Gedanken schwirren nach wie vor durchs Universum und bremsen eure Evolution. Ich wiederhole eindringlich: Es ist sehr, sehr wichtig, was ihr denkt; viel hängt davon ab, dass es reine, liebevolle Gedanken sind. Eure Gedanken entscheiden über eure Zukunft, und das betrifft sogar euer Überleben.

Menschen sind ein sehr störrisches Völkchen. Schon vor vielen Jahren habe ich darüber gesprochen, dass ihr mit euren Gedanken eure Wirklichkeit formt, aber viele haben das wieder vergessen und sind zum alten Schlendrian zurückgekehrt. Damals wollte ich eine Initialzündung geben, um euch in Bewegung zu bringen, aber ihr habt euch nicht viel bewegt. Jetzt läuft die Zeit ab, und ich versuche erneut, euch zum Umdenken und »Umglauben« zu bewegen. Manchen wird wohlbekannt sein, was ich jetzt hier sage, aber viele andere sind einfach wieder eingeschlafen. Und wer jetzt noch einmal einschläft, könnte den bevorstehenden Aufbruch verpassen und zurückbleiben. Es liegt ganz bei euch. Nur ihr selbst könnt diese Entscheidung treffen. Ihr habt Willensfreiheit. Ich kann euch alle notwendigen Instrumente an die Hand geben, aber wenn ihr sie nicht benutzt, kann niemand etwas daran ändern.

Holografische Einblendungen

Du hast von holografischen Einblendungen gesprochen. Um was handelt es sich da?

Ja, darüber sollten wir sprechen, es hat nämlich in der Weltgeschichte viele solcher holografischen Einblendungen gegeben. Holografische Einblendungen werden gern als Vorspiegelungen eingesetzt, wenn es gilt, den Horizont des Menschen zu erweitern oder auf breiter Basis etwas mitzuteilen, was zum Umdenken anregt. Es kann sich also bei einer holografischen Einblendung um ein von der Hierarchie genehmigtes Massenereignis handeln, das gar nicht wirklich stattgefunden hat. Damit werden manche Leser zweifellos ihre Schwierigkeiten haben; trotzdem, es ist so. Ich nenne keine Beispiele, das ist nicht nötig.

Holografische Einblendungen spielen auch in der Phase zwischen deinen Leben eine Rolle. Du kannst mit ihrer Hilfe durch ein Portal deiner Wahl in eines deiner vielen von dir selbst geplanten Leben probeweise eintreten, um zu sehen, was da alles geschieht oder geschehen könnte, und dann zu entscheiden, ob du dieses Leben in diesem Zeitrahmen leben möchtest oder nicht. Das ist nicht schwierig. So kannst du zwischen den Inkarnationen drei oder vier solche Leben, die als holografische Einblendungen erfahrbar gemacht werden, »besichtigen« und dir dasjenige aussuchen, das der Evolution deiner Seele deinem Gefühl nach gerade am besten dient. Diese Leben finden alle statt, ob nun deine Seele oder die eines anderen in diesen Körper eingeht. Du bestimmst mit deinem freien Willen, zu was für Erfahrungen und Ergebnissen die im Leben dieses Körpers getroffenen Entscheidungen führen werden. In den meisten Fällen wird dieser Körper tatsächlich erschaffen, ob nun deine Seele oder die eines anderen ihn bewohnt. Durch das Hologramm jedenfalls bekommst du einen Eindruck von den Umständen und Bedingungen der betreffenden Wirklichkeit. Dann entscheidest du, ob du jetzt in dieses Weltbild und die zugehörigen Zeitumstände eintreten willst oder nicht.

Nun erschafft die Menschheit alles, was sie in ihrer Welt wahrnimmt, eigentlich selbst. Sie erschafft ihre Wirklichkeit, doch die bleibt veränderbar. Wenn wir zum Besten der Menschheit intervenieren müssen, können wir ohne Weiteres mit solchen holografischen Einblendungen nachhelfen. Es hat wie gesagt etliche Massenereignisse in der Geschichte der Menschheit gegeben, die holografisch vorgespiegelt waren. Aber dabei möchte ich es einstweilen belassen.

Beziehungen

Was denkst du, Seth, werden die Menschen sich wirklich um Veränderungen bemühen oder wird es beim Business as usual bleiben?

Wenn ihr euer Weltbild einmal bewusst hinterfragt, werden die meisten von euch keine allzu großen Schwierigkeiten mit den Aussagen dieses Buchs haben. Manches mag ein wenig futuristisch klingen, zumal wenn ich es nur anspreche und nicht groß erläutere, aber ich glaube, es ist nichts dabei, was irgendwem wehtun könnte. Es soll die Leser anregen, sich ihre Überzeugungen anzusehen, deren Gründe zu erforschen und zu verstehen, warum es so wichtig ist, einander ohne Ansehen der »Verpackung« zu lieben – denn mehr ist es ja nicht als Verpackung oder ein Fortbewegungsmittel, durch das ihr Erfahrungen machen und miteinander Umgang haben könnt. Unverständlich, weshalb ihr diese Unterschiede der Verpackung derart aufgebauscht habt, dass ein falsches und destruktives Realitätsverständnis daraus geworden ist.

Das Universum vermittelt überall dieselbe Botschaft, wenn ihr nur hinschaut: Liebe und Miteinander. Für uns ist das selbstverständlich, nur Menschen haben Schwierigkeiten damit. Dieses Buch möchte euch helfen, eure Ängste zu überwinden und eure Überzeugungen zu überdenken und den wirklichen Verhältnissen anzupassen. Der Mensch stellt seiner eigenen Erleuchtung immer wieder Hindernisse in den Weg, wobei er allerdings tatkräftig unterstützt wird. Und damit sind wir wieder bei den dunklen Kräften – und bis zu welcher Höhe sie die Kunst der Manipulation entwickelt haben.

Könntet ihr es von der Warte der Lichtwesen aus betrachten, die den göttlichen Willen und Plan des Schöpfers leben und mit Allem-Was-Ist übereinstimmen – ihr würdet verstehen. Es gibt in eurer Welt noch so viel mehr zu erfahren, das euch ins Licht führen kann. Ist dir je aufgefallen, wie gut es sich anfühlt, wenn du jemandem uneigennützig Liebe geschenkt hast? Wenn ihr euch dazu durchringen könntet, ihr würdet alle in einem Zustand der Ekstase durch die Gegend laufen. Keine Droge der Welt ist der Liebe vergleichbar. Es ist reine Euphorie. All die mit euren zahllosen Institutionen verbundenen angstbesetzten Dogmen – wäre es nicht schöner, in der Glückseligkeit der wahren Natur eurer Seele zu leben? Ihr könnt es. Es ist nicht unmöglich. Es bedarf dazu nicht weiter, als eure Energien nach innen zu richten und das Seelen-Licht leuchten zu lassen. Was bisher geschaffen worden ist, kann rückgängig gemacht werden, denn ihr seid Mitschöpfer eures Universums.

Immer und überall Ekstase?

Immer und überall.

Ja, das war immer wichtig auf meinem Weg: Herauszufinden, wie ich es für mich selbst schaffen kann, um dann anderen zu vermitteln, wie sie es auch schaffen können. Meinst du, dass ich die Menschen in meiner therapeutischen Praxis an das heranführen kann?

Jeder kann das, und wenn es einmal gelingt, vergisst man es nicht mehr. Versuch es für dich selbst. Tu irgendetwas für Wildfremde. Gib ihnen Geld. Du kannst auch ihren Einkauf bezahlen. Durch ganz simple Akte der Freundlichkeit findest du die Freude, um derentwillen deine Seele sich hier verkörpert hat. Und die Reaktionen der Leute, die du mit Freundlichkeiten bedenkst, werden in der Regel entsprechend erfreulich ausfallen. Sie rechnen ja nicht mit so etwas.

Ganz bestimmt nicht.

Und zweitens kann sich ihre Einstellung ändern, und vielleicht geben sie die Freundlichkeit an andere weiter. Dann entsteht ein Kreislauf des wachsenden Vertrauens und der wachsenden Wertschätzung der Menschen untereinander. Dieses ewige Misstrauen ist bei euch so eingefahren – aber es liegt nicht allein an euch, die dunklen Kräfte haben immer fleißig mitgemischt und dafür gesorgt, dass einer den anderen fürchtet, dass ihr Liebe fürchtet, dass ihr Nähe fürchtet – ich könnte ja gekränkt werden, ich könnte vernichtet werden, vielleicht trampeln sie auf mir herum, nein, da ziehe ich mich lieber in mein Schneckenhaus zurück. Du hoffst, dass niemand dich da anrühren kann, dass niemand in diese kleine harte Schale eindringen kann, in die du dich einkapselst, und so gehst du in einen Kokon eingesponnen durchs Leben und möchtest ihn eigentlich sprengen, aber immer wenn es beinahe so weit ist, stürmen deine Ängste auf dich ein, und du machst schnell alles wieder dicht. Und du denkst: »Ich muss das nur einfach durchstehen, es wird dann schon irgendwie besser.«

Menschen nehmen Liebe sehr gern an, wo sie offen, frei und bedingungslos geschenkt wird. Mit Bedingungen kommen sie nicht zurecht, weil sie dann glauben, dass mit jeder Freundlichkeit Erwartungen verbunden sind, dass sie immer einen Haken hat. Sie sollen da etwas liefern, wozu sie nicht bereit sind. Es muss nicht so sein. Jeder kann Liebe schenken, ohne auf eine Gegenleistung aus zu sein – nur auf die Freude, die eure Seele empfindet, wenn ihr einfach schenkt. Dieser Lohn stellt jeden anderen Gewinn in den Schatten.

Ihr seid hier in der Dreidimensionalität, um zu lernen, einander in dieser Verkörperung zu lieben, während gleichzeitig die Kräfte der Finsternis von allen Seiten auf euch eindringen. Das ist der Zweck der Inkarnation, eine hohe Aufgabe. Die Seele möchte sich durch ihr Fortbewegungsmittel, den Körper, bekunden. Sobald ihr das beherrscht, lasst ihr die Körperlichkeit hinter euch und wählt das ätherische Dasein. *Tatsächlich liebt ihr einander immer schon!* Wenn ihr nicht in eurem dichten, erdenschweren Körper seid, wenn euer Geist sich im Traum frei im Universum bewegt, liebt ihr ohne Unterschied. Erst wenn ihr in die körperliche Wirklichkeit zurückkehrt, errichtet ihr all die Straßensperren. Die Erde ist ein Lernumfeld, in dem ihr mitunter ziemlich herumgestoßen werdet, aber es muss nicht so sein. Ihr habt es aufgrund des Bildes, das ihr von euch selbst habt, so eingerichtet, und ihr belasst es bereitwillig dabei, weil ihr die Macht an andere abgegeben habt. Ihr habt euer Leben nicht selbst in die Hand genommen und so gestaltet, dass sich eure Evolution darin friedlich und harmonisch vollziehen kann. Dabei könntet ihr die Erde so leicht in ein Paradies zurückverwandeln und den Himmel auf Erden verwirklichen. Wirklich, es steht in eurer Macht, aber leider halten zu viele von euch an Angst, Terror und einer negativen Grundhaltung fest. Alle Anregung, die ihr euch nur wünschen könnt, steht euch direkt zur Verfügung und muss keineswegs aus finsteren, negativen Gedanken kommen. Gedanken und Taten der Liebe tun es genauso und besser. Ihr seid adrenalinsüchtig geworden. Und selbst darin sucht ihr eigentlich die mit den Erinnerungen eurer Seele verknüpften Gefühle: die euphorischen Gefühle eurer Liebe zueinander und eures Einsseins mit Allem-Was-Ist, die Gefühle, die ihr in eurem kosmischen Schlaf vergessen habt und die jetzt wach werden wollen, wenn ihr sie lasst.

Das Gesetz der Nichteinmischung

Du hast vom Gesetz der Nichteinmischung gesprochen, das dir verbietet, Näheres über die laufenden und anstehenden Ereignisse zu sagen. Was genau beinhaltet dieses Gesetz?

Ich bin nicht befugt, in das Geschick der Menschheit einzugreifen. Ich kann euch Informationen geben, die euch vielleicht nachdenklich machen und aktiv werden lassen, aber ich habe nicht vor, euch bei der Hand zu nehmen und Schritt für Schritt vorzukauen, was jeweils zu tun ist. Ihr inkarniert euch auf der Erde, damit die Seele aus sich selbst heraus Erfahrungen sammeln und wachsen kann, ohne Eingriffe von außerhalb. Ich meine, wozu würde man dieses Erdendasein erleben wollen, wenn doch alles »von oben« geregelt wird?

Wir haben uns in letzter Zeit ein bisschen eingemischt, weil bei euch einfach alles drunter und drüber geht. Der Übergang in die vierte Dimension geschieht *jetzt*. Ihr wart aber noch nicht so weit, und deshalb spreche ich jetzt wieder zu euch. Ich bin einer von vielen, die schon mit Menschen gesprochen haben, um ihnen zu erklären, was zu geschehen hat, damit ihr den Übergang bewältigen könnt. Und jetzt ist es wieder an der Zeit, euch auf die Wirklichkeit eurer Seele aufmerksam zu machen, denn die Zeit – was ihr als Zeit seht – kommt in diesem Kapitel eurer Evolution an ihr Ende. Der Übergang in die vierte Dimension des Friedens verlangt einen gewissen Stand der Evolution, wenn er gelingen soll. Und er geschieht jetzt, ob ihr so weit seid oder nicht. Deshalb ist es mein Anliegen und das vieler anderer, euch so schnell wie möglich fit zu machen; ihr habt euch viel zu lange in den Regionen der Finsternis aufgehalten.

Junge Seelen, alte Seelen

Cas und ich haben uns gefragt, was es mit dem »Seelenalter« auf sich haben mag. Neuerdings ist viel von jungen Seelen und alten Seelen die Rede. Betrachtest du die Dinge auch unter diesem Gesichtspunkt, gibt es da eine Hierarchie?

Nein, Seelenalter bedeutet nicht unbedingt ein Mehr oder Weniger an Seelen-Entwicklung und folglich Reife. Alte Seelen haben sich lediglich schon viele Male inkarniert. Man denkt natürlich, eine alte Seele sollte erfahrener und weiser sein, aber das ist durchaus nicht immer der Fall. Es kann auch sein, dass sie ihre Lektion einfach noch nicht gelernt hat und immer wieder neue Anläufe macht. Die Vorstellung, eine alte Seele müsse mehr Weisheit besitzen, ist also nicht so logisch, wie sie aussieht.

Junge Seelen sind genau das, was der Ausdruck besagt, oftmals Seelen, die sich zum ersten Mal auf der Erde inkarnieren. Sie haben etwas von Neugeborenen oder ganz kleinen Kindern. Oft erkennt ihr sie an ihrem kindlichen und irgendwie unsicheren Verhalten. Sie gehen durchs Leben wie Kinder, die in einem Märchenland spielen. Das Leben ist für sie keine so ernste Sache, eher ein Spiel, das Spaß machen soll. Sie geraten aber oft in lauter Schwierigkeiten, weil sie noch nicht über die Fertigkeiten verfügen, die euch helfen, auf der physischen Ebene zurechtzukommen. Einerseits fehlt es ihnen an Erfahrung mit dem Inkarniertsein, andererseits sind sie es aus ihrer Heimatdimension gewohnt, dass für alle ihre Bedürfnisse gesorgt ist – und dann kommen sie in die Welt und verstehen überhaupt nicht, weshalb ihre Bedürfnisse hier nicht automatisch befriedigt werden. Mit dem Negativen auf eurer Erde tun sie sich ganz besonders schwer, denn sie erinnern sich viel besser als die älteren Seelen an die Verhältnisse in ihrer Heimatdimension, wo Liebe eine Selbstverständlichkeit ist.

Nun, nach vielen weiteren Inkarnationen finden sie allmählich heraus, wie die Dinge in einer dreidimensionalen Wirklichkeit und unter dem Einfluss dunkler Kräfte laufen. Dann kommt der Punkt, wo sie sich entscheiden müssen, wie schnell sie sich entwickeln wollen; Evolution ist nämlich aufgrund des Einflusses negativer Kräfte auf eurer Erde eine viel schwierigere Angelegenheit als anderswo. Manche dieser Seelen inkarnieren sich sogar nur einmal auf der Erde und wählen sich dann lieber andere Umgebungen, in denen sie es leichter haben. Irgendwann werden sich jedoch alle mit den negativen Kräften der Dreidimensionalität auseinandersetzen müssen, wenn sie sich weiterentwickeln wollen, sei es auf der Erde oder anderswo.

Es liegt ganz bei jedem Einzelnen von euch, wie schnell oder langsam ihr euch fortbewegen wollt, und beides – schnell oder langsam – ist völlig in Ordnung. Innerhalb eurer Gruppe von Seelen gibt es immer Anstöße, die insgesamt eine Bewegung nach vorn bewirken. Und da in eurer Heimatdimension, in der ihr euch zwischen den Inkarnationen aufhaltet, alle Bedürfnisse absolut mühelos befriedigt werden, vergesst ihr dort nur allzu leicht, wie rau es auf der Erde zugehen kann. Dann kommt es vor, dass ihr euch für eure nächste Inkarnation einfach zu viel auf den Teller ladet, obwohl euch davon abgeraten wurde. Die meisten von euch haben sich schon viele Male inkarniert, weshalb ihr viele Leben simultan lebt und dabei aus jedem Einzelnen lernt. Wird die Sache dir jetzt verständlicher?

Und wie. Vielen Dank, Seth.

Leben in der vierten Dimension

Ich möchte immer noch mehr über den Wechsel in die Dimension des geeinten Bewusstseins wissen. Vielleicht kannst du noch etwas dazu sagen, wie es nach dem Übergang sein wird.

Ja, gern. Die Erde entwickelt sich wie gesagt zur vierten Dimension des Friedens hin. Das ist die Dimension des geeinten Bewusstseins. Ihr werdet gerade aufgeweckt, damit ihr euch in dieser Dimension halten könnt, und wenn ihr das wollt, wird alles davon abhängen, dass ihr euer Denken in den Griff bekommt. Wer das nicht schafft, wird dort nicht bleiben können. Das Wissen, das ihr braucht, um eure Lebensstrukturen so zu verändern, dass ihr mit der Erde in diese Dimension überwechseln könnt, wird euch gegeben. Die Erde wird weiterhin an Ort und Stelle sein, aber nicht so, wie ihr es gegenwärtig erlebt.

Mit »vierte Dimension« oder »Vierdimensionalität« ist eine Bewusstseinsebene gemeint, auf der sich Gedanken augenblicklich als Realität manifestieren. Wenn du dir beispielsweise Ängste erlaubst, werden sie sich sofort umsetzen und vielleicht jemanden töten. In so einem Fall wirst du dort nicht bleiben können. Deshalb schreibe ich wieder. Ich möchte erreichen, dass ihr auf eure Gedanken und Überzeugungen aufmerksam werdet. Davon wird abhängen, wer bleiben kann und wer nicht, denn negative Gedanken haben dort keinen Platz.

Es wird sich wahrscheinlich nicht so abspielen, dass ihr plötzlich »da« seid, während ihr eine Straße entlanggeht – aber es *könnte* sich so abspielen. Es ist ein Evolutionsschritt, wie er noch nie unter diesem Erfahrungshorizont stattgefunden hat, und so weiß niemand genau, wie er sich abspielen wird. Es gibt in eurer Welt einzigartige modifizierende Faktoren, sodass der Übergang anders vonstattengehen wird als in der Vergangenheit. Es ist für alle in meiner Dimension ein Ereignis, das wir gespannt verfolgen. Und wir sind vollauf beschäftigt, euch mit Informationen zu versorgen, die ihr braucht, um euer Denken neu auszurichten *und* zu verstehen, weshalb das notwendig ist.

Es wird wie immer und überall einige geben, die sich dem Schritt verweigern, und ihnen wird es so gehen, wie ich bereits angedeutet habe: Wenn diese dreidimensionale Inkarnation zu Ende ist und es nach dem energetischen Übergang um eine neue Verkörperung geht, werden sie sich – und zwar in der geistigen Verfassung, in der sie jetzt sind – in irgendeinem dreidimensionalen Bereich erneut inkarnieren. Es muss so sein, denn die Erde und die übrigen Planeten eures Sonnensystems vollziehen jetzt gerade den Übergang in höhere Dimensionen. Ich selbst bin ebenfalls in einen gerade stattfindenden übergreifenden Evolutionsprozess eingebunden.

Es steht jedem frei, sich zu verweigern, aber ihr werdet dann nicht mitgehen können, wenn eure Erde den nächsten Schritt tut. Ihr werdet, wenn es an der Zeit ist, wieder in einer Wirklichkeit auftauchen, wie ihr sie euch auf der Erde geschaffen habt. Aber sehr viele von euch schwenken bereitwillig auf die Linie von Allem-Was-Ist ein; sie werden auf ihre Gedanken aufmerksam, sie machen sich gezielt bewusst, wie ihre Gedanken sich auf das Ganze auswirken. Wir haben allerlei in eure Bücher und Filme eingestreut, und viele von euch haben das aufgenommen und bemühen sich um ein bewussteres Leben. Das wird so weitergehen, bis es nicht mehr nötig ist.

Hellseher, Medien und Channels

Neulich habe ich im Radio einen Parapsychologen sprechen hören, der meinte, man müsse zwischen medial begabten Menschen, Hellsehern und Channelern unterscheiden.

Wunderbarer Stoff zum Nachdenken.

Ja, aber wirklich nur Stoff. Ich habe eher das Gefühl, dass es da keine echten Unterschiede gibt. Es sind einfach lauter Namen.

Keine Unterschiede, ja.

Okay. Jetzt war im Fernsehen einer, der mit Verstorbenen spricht. Kannst du dazu etwas sagen?

Es kommt immer darauf an, wie jemand seine Fähigkeiten ausrichtet. Manche tendieren eher in okkulte Bereiche, andere sprechen mit Seelen, die sich auf der astralen Ebene aufhalten. Jeder von euch kann all das auch. Ihr habt nur diese vertrackte Neigung, alles in Schubladen einzuordnen. Irgendwie bildet ihr euch ein, ihr würdet es besser verstehen, wenn es erst in einer Schublade mit einem Schildchen ist. Eure begrenzte Wirklichkeitswahrnehmung scheint das erforderlich zu machen.

Noch einmal zu diesem Typ im Fernsehen: Er spricht mit verstorbenen Angehörigen und Freunden von Prominenten. Wie siehst du das?

Er kann sich wohl in die Dimension der astralen Ebene einklinken. Das ist nicht schwierig. Jeder könnte das. Die Menschheit versucht sich ständig ihrer Vorstellungen von ihrer Sterblichkeit zu versichern. Man braucht dazu nur die Bereitschaft, genau hinzuhören und die Stimmen derjenigen herauszuhören, zu denen man Kontakt aufnehmen möchte. Das ist alles. Und wirklich nicht schwer. Du sammelst deine Aufmerksamkeit auf dieses Feld der Kommunikation und musst dann nur noch ablenkende äußere Reize wegfiltern. Man könnte es auch als ein hohes Meditationsniveau bezeichnen, denn derjenige, der Kontakt aufnehmen will, muss dazu ein gewisses Maß an Disziplin aufbringen. Aber ihr alle könnt das ohne Weiteres erreichen. Da ist gar nichts Geheimnisvolles dabei.

Darum ging es im Großen und Ganzen in dieser Sendung.

Die übrigens nicht das vollständige Bild bot. Hättest du die ganze Mitschrift lesen können, wären dir Fehler aufgefallen. Nicht unbedingt seine Fehler, sondern Lücken in der Kommunikation zwischen seinen Klienten und diesen anderen Wesenheiten. Die sind nämlich nicht unbedingt Kommunikationsexperten. Der Empfänger der Botschaften muss schon selbst klären, was er da hört. Die höheren Dimensionen der astralen Ebene sind ein Bereich des Abwartens und Lernens. Wenn eine der hier wartenden Wesenheiten mit einem sogenannten Medium kommuniziert, geschieht es oft, dass eine Aussage, die der Wesenheit selbst vollkommen logisch erscheint, auf der anderen Seite trotzdem nicht so ankommt. Sie wird mitunter etwas verzerrt empfangen.

Aber das hier ist wirklich nicht hohe Wissenschaft, sondern für alle Menschen ziemlich leicht zu bewerkstelligen. Sammlung und dann lauschen, mehr braucht man dazu nicht. Es kann auch schwierig werden, wenn zu viele Wesenheiten auf einmal mit dem Medium sprechen wollen. Wie gesagt, sie sind auf diesem Gebiet nicht unbedingt Könner und neigen zum Dazwischenreden, weil sie so gern etwas anbringen möchten – und da entsteht das Durcheinander. Und noch etwas: Viele von euch wollen solche Kontakte gar nicht, weil eure religiöse Indoktrination dergleichen mit Ängsten belegt. Es ist nichts dabei, aber wenn ihr nicht wollt oder nicht daran glaubt, ist es gegenstandslos.

Der Zerfall der Machtapparate

Hast du Fragen?

Ein paar Tausend.

Den Eindruck hatte ich.

Alles, was wir besprechen, regt so viel an, und dann können Fragen nicht ausbleiben. Aber ich stelle dir eine, die sehr viel umfasst: Unser Weltbild, unsere Überzeugungen, unsere religiösen Glaubenssysteme, etwa das katholische, werden brüchig und zerfallen?

Die Unterdrückung der Menschheit bröckelt Stück für Stück weg.

Und das gehört zum Übergang der Erde in die Dimension des geeinten Bewusstseins?

Die Menschen werden mit ihrer Seele ins Reine kommen und erkennen, dass sie sich nicht von den manipulativen Gedanken anderer beherrschen, dass sie sich keine Schuldgefühle einreden lassen müssen. Gerade diese Schuldvorstellungen, mit denen euer religiöser Glaube durchsetzt ist, sind für die Verzögerung eurer Seelen-Evolution verantwortlich. Ihr habt nach dem 11. September erlebt, dass die Leute wieder verstärkt in die Kirche gingen. Aber jetzt geht es mit den Kirchen erst recht bergab, weil sie einfach keine Antwort haben. Die einzig mögliche Antwort liegt darin, dass ihr euch sehr genau umseht und erkennt, dass ihr alles ringsum selbst erschaffen, selbst so eingerichtet habt, wie es jetzt ist. Ihr könnt eure Probleme niemand anderem anlasten. Ihr könnt nicht zum lieben Gott rennen und erwarten, dass die Dinge für euch in Ordnung gebracht werden.

Ihr habt euch ins Bockshorn jagen lassen. Ihr seht euch aufgrund eurer religiösen Überzeugungen hilflos eurer eigenen Sterblichkeit ausgeliefert und seid entsetzt. Eure Gedanken, eure Ideen, euer Bild der Wirklichkeit erschaffen das, was ihr als eure Wirklichkeit seht. Das ist jetzt so und war immer so. Wenn ihr eure Welt verändern wollt, müsst ihr bei euch selbst anfangen. Viele von uns arbeiten daran, euch aufzuwecken. Und es dämmert euch auch schon, was es mit dem Sein eurer Seele wirklich auf sich hat. Ich sage es noch einmal, und sorge bitte dafür, dass es im Buch hervorgehoben wird: *Ihr seid Seele mit einem Körper, nicht Körper mit einer Seele.* Ihr habt euch immer als Körper gesehen, der in irgendeinem Hinterstübchen des Geistes auch eine Seele beherbergt, die man sonntags zum Kirchgang herausholt und anschließend in ihr Kämmerlein zurückschickt. Im »wirklichen« Leben, so habt ihr gedacht, spielen nur der Körper und das Ego eine Rolle, aber so ist es wahrlich nicht. Euer Körper, noch einmal, ist lediglich ein Ausdrucks- und Kommunikationsmedium. Würde die Seele, die ihr in Wirklichkeit seid, nicht in ihm wirken, würde er den Anblick eines Menschen im Koma bieten. Er würde zwar vegetieren, aber die Lebenskraft könnte keinen Ausdruck als Kommunikation mentaler, emotionaler oder spiritueller Art finden. Es wäre einfach ein physiologisch funktionierender Körper, fertig.

Ich würde gern die Dynamik verstehen. Wir wehren uns gegen Unterdrückung, und das erzeugt dann noch mehr Unterdrückung?

Unterdrückung setzt wie gesagt bei eurer Angst an, und die Angst entsteht aus dem Missverhältnis zwischen dem, was ihr als Seele als wahr erkennt, und all dem anderen, was euch systematisch eingetrichtert wurde und wird. So ist es ein ständiges Ringen zwischen dem, was ihr im Tieferen wisst, und all den Dingen, die andere – die Mächtigen, die Manipulierer – euch glauben machen wollen. Ihr versucht euch die Wirklichkeit irgendwie zurechtzulegen, aber die Seele, die ihr seid, weiß es besser. Der Druck wird nur immer größer, denn hier kämpfen ja zwei Wirklichkeiten um Anerkennung und Ausdruck: die wahre Wirklichkeit der Seele und die Wirklichkeit des Ego-Ich. Der Druck wird nachlassen, sobald ihr euch von der systematischen Indoktrination mit angst- und schuldbesetzten religiösen Vorstellungen frei macht und auf euch selbst blickt.

Ich will eure Kirchen nicht schlechtmachen, aber was sie lehren, scheint euch nicht wirklich weiterzuhelfen. Haben sie nicht die Evolution eurer Seele eher behindert? Wie wollt ihr in Richtung Licht gehen, wenn ihr euch dieses Lichts nicht würdig fühlt, weil ihr euch als grundsätzlich schuldbehaftet seht? Hier setzt die ganze Unterdrückung an. Bekanntlich legen die meisten Kirchen strenge Maßstäbe an euer Verhalten an und wissen sehr genau, welche Erfahrungen die Seele machen darf und welche nicht. Ich bin bestimmt nicht dafür, dass ihr jetzt loszieht und Verbrechen begeht, weil ihr plötzlich glaubt, ihr hättet das Recht dazu; ihr habt es nicht, und ein Verstoß gegen das universale Gesetz bleibt immer ein Verstoß gegen das universale Gesetz. Aber ich sage: Überprüft eure Glaubenssätze, seht euch alles genau an, was andere euch sagen. Dient es euch dazu, dem Licht des Schöpfers entgegenzugehen, oder lädt es euch nur weitere Schuldgefühle und Ängste auf? Es ist euch eine Wirklichkeit bereitgestellt worden, die auf Angst gebaut ist, und ihr habt sie akzeptiert, sie ist euch selbstverständlich geworden.

Da ihr jetzt aufwacht, wird euch nicht verborgen bleiben, dass die meisten eurer Probleme auf Angst beruhen: die Angst zu erkennen, wer ihr wirklich seid; die Angst vor dem anderen; die Angst, euer Wirklichkeitsverständnis infrage zu stellen; Angst, die Existenz eurer Seele zu erkennen; Angst vor allem, was nicht der beschränkten Wahrnehmung eurer eigenen kleinen Wirklichkeit entspricht. Ihr würdet lieber in der Bequemlichkeit eures eingefahrenen Denkens bleiben, wo ihr keine Verantwortung übernehmen müsst und alles anderen überlassen könnt. »Damit habe ich nichts zu tun, das ist Sache des Pfarrers. Ich gehe einfach zur Beichte und hole mir meine Absolution und sehe zu, dass ich mit meinem Leben weiterkomme.« Business as usual – das funktioniert jetzt nicht mehr. Es bringt euch nirgendwohin. Immer noch dieselbe Wirklichkeitswahrnehmung wie vor der Beichte.

Hast du noch Fragen? Möchtest du eine Pause, um alles zu notieren?

Ja, eine meiner Fragen schließt hier gleich an. Ich kenne eine Menge Katholiken, denen zwar der Verfall ihrer Kirche nicht verborgen bleibt, die aber trotzdem sagen, dass sie bis zum bitteren Ende bleiben werden.

»Bis zum bitteren Ende« – das spricht doch Bände, oder? Was brauchen die Kirchen wohl noch, um aufzuwachen und endlich zu sehen und zuzugeben, was sie den Menschen angetan haben? Sie waren dazu noch nie bereit, deshalb musste jetzt eingegriffen werden. Es geschieht, während wir miteinander sprechen. Mehr kann ich dazu jetzt nicht sagen. Du siehst den Niedergang einer Kirche, aber schau dich um, und du wirst im Islam das Gleiche sehen. Religion war nie als das gemeint, was sie jetzt ist. Religion ist nicht dazu da, die Menschen gefügig zu halten. Religion ist nicht dazu da, die Menschen so sehr zu ängstigen, dass sie sich nicht mehr trauen, ihr Leben zu leben und der Entwicklung ihrer Seele Raum zu geben. Nein, so war es nie gemeint.

Die Christus-Essenz ist in vielen Gestalten aufgetreten, aber niemals um euch mit Glaubenssätzen zu manipulieren, wie es die organisierten Religionen getan haben. Du erinnerst dich, ich habe gesagt, dass die Christus-Essenz sich wieder in eurer Welt manifestieren wird, und das ist bereits geschehen, er ist seit zwanzig Jahren unter euch. Mit ihm kommen viele andere Meister, um die Beziehungen der Menschen zueinander neu auszurichten. Er wird um die zweitausend Jahre bleiben.

Die katholische Kirche und andere Religionen werden nicht völlig zusammenbrechen: Sie werden alle in Wahrheit und Einheit neu errichtet. Die spirituelle Hierarchie eures Planeten ist zurzeit mit dieser Umorientierung befasst. Alte Vorgehensweisen müssen abgeschafft und Wahrheiten müssen offenbart werden, damit die Einung des Bewusstseins zum Zuge kommen kann. Das Weltbild der Bewohner eures Planeten befindet sich mitten in einem gewaltigen Umbau. Irgendwann werden sich alle Religionen und Kirchen zu der einen Wahrheit zusammenfinden, in welcher der Wille und Plan des Schöpfers zum Ausdruck kommt. Das mag im Augenblick genügen.

Eine neue Wirklichkeit

Was steht dem »Mann auf der Straße« in diesem Prozess des Umbaus seines Weltbildes bevor? Mir scheint, dass da eine Menge Angst zu erwarten ist.

Bei diesem Mann auf der Straße ist die Angst sowieso schon kurz vor dem Siedepunkt. Deshalb sind die Lichtkräfte jetzt damit beschäftigt, eure Medien in die Schranken zu weisen; es geht einfach nicht an, dass ihr weiterhin mit Angst- und Hassmeldungen überschüttet werdet. Die Gegenbewegung wird bereits erkennbar. Die Menschheit ist zutiefst verängstigt und wünscht sich eigentlich nur noch, dass endlich mit all dem Schluss gemacht wird. Lichtkräfte stehen bereit und werden das ihre zur Demaskierung derer beitragen, die euch ständig täuschen, um euch ausnutzen zu können. In eurem Wirklichkeitsverständnis mit allem, was an Überzeugungen und scheinbaren Selbstverständlichkeiten dazugehört, wird kaum ein Stein auf dem anderen bleiben. Was ihr beinahe von Geburt an für wahr gehalten habt, wird vor euren Augen zu Staub zerfallen. All das muss geschehen, bevor euch die Dimension des geeinten Bewusstseins erkennbar werden kann. Ja, es ist mit viel Angst zu rechnen. Die Menschen werden zwischen dem alten Weltbild und dem neuen Bild der Wirklichkeit ihrer Welt hin- und hergerissen sein. Manchen wird es schwerfallen, von der Lust des Negativen zu lassen und sich dem Licht zuzuwenden, dem Einklang mit Allem-Was-Ist. Sie werden sich auf ihren freien Willen besinnen müssen, sie werden sich entscheiden müssen.

Wenn du nach innen lauschst, solltest du erkennen können, dass bereits eine Bewegung in Richtung einer neuen, höheren Sicht der Wirklichkeit in Gang ist. Die neue Wirklichkeit entfaltet sich in dein Bewusstsein hinein. Bald wirst du anfangen, deine alte Denk- und Lebensweise abzulegen, und dem natürlichen Zug in Richtung Licht folgen. Was du bisher für absolut wahr gehalten hast, verliert einfach seine Gültigkeit, und du wirst keinen Grund sehen, daran festzuhalten – du wirst dich sogar fragen, wie du jemals so etwas glauben konntest. Dann wird scharf und klar hervortreten, was du für deine eigene Entwicklung tun musst, und du wirst den Wunsch spüren, etwas für die Evolution deiner Welt zu tun. Du wirst große Verbundenheit mit deinen Brüdern und Schwestern spüren, eine Liebe, die du in deiner Erdenwirklichkeit noch nie erlebt hast, eine Liebe, die nicht endet. Nie gekannte Schönheit. Die Energien der spirituellen Hierarchie eurer Erde strömen in die Welt ein und bekunden sich in eurer Wirklichkeit. Ihr werdet schließlich ganz aufwachen und in die nächste Phase eurer Evolution eintreten.

Wir sind angekommen. Oder möchtest du deinen Lesern noch erzählen, was sie in der neuen Wirklichkeit erwartet?

Nein, es genügt vorerst. Von dieser Wirklichkeit wird in meinem nächsten Buch ausführlich die Rede sein.